Sobre la Autora

María Antonieta Collins es la presentadora del programa *Cada Día* en Telemundo. Durante casi doce años fue presentadora del *Noticiero Univisión Fin de Semana* y corresponsal principal de *Aquí y Ahora*, en los que tuvo oportunidad de cubrir los eventos más importantes de las últimas décadas. Ha recibido numerosos premios, entre ellos dos Emmys y el premio Edward R. Murrow en 1997. Sus libros, *Dietas y Recetas, ¿Quién Dijo Que No Se Puede?, Cuando el Monstruo Despierta, En el Nombre de Comprar, Firmar... y No Llorar* y *Cómo Lidiar con los Ex* encabezan las listas de bestsellers en todo Estados Unidos. Vive en Miami.

Dijiste *que me* Querías

Otros Libros por María Antonieta Collins

Dietas y Recetas

¿Quién Dijo Que No Se Puede?

Cuando el Monstruo Despierta

En el Nombre de Comprar, Firmar... y No Llorar

Cómo Lidiar con los Ex

Dijiste *que me* Querías

Cómo Sobrellevar lo Impensable

María Antonieta Collins

rayo

Una rama de HarperCollins*Publishers*

Spanish
362.196
C712
5/08

Diseño del libro por Joy O'Meara

PRIMERA EDICIÓN RAYO, 2007

ISBN: 978-0-06-088471-0
ISBN-10: 0-06-088471-1

07 08 09 10 11 PA/RRD 10 9 8 7 6 5 4

Índice

Segunda Parte
La Vida Sigue... Cómo Recuperarse

Hay Que Dar las Gracias

A Don y María Browne, presidente de la cadena Telemundo y su esposa, así como a Jorge y Mabel Hidalgo, que me apoyaron para no caer en los peores momentos del temporal.

Gracias Frank Mármol, por ser como pocos, y por tu ayuda valiente, sin la cual nunca hubiera llegado a desenredar la maraña.

Al doctor Carlos Wolf, el amigo que siempre va un paso adelante.

Al doctor Mark Soloway, Jefe de Urología de la Universidad de Miami y sus asistentes Elvis y Cecilia por su ayuda invaluable. Al personal del Sylvester Comprehensive Cancer Center, porque todas y todos supieron que hacer para darnos aliento.

A la doctora Rebeca Fernández, la doctora Adela Camarotta, Olivia Vela, los abogados Osvaldo Soto y José Izquierdo, Claudia Foghini, Camilo Egaña y Laura Rey.

Al personal médico, enfermeras y asistentes del piso 12, del ala Oeste del Jackson Memorial Hospital de Miami, que nos sostuvieron a Fabio y a mí con la esperanza hasta el último instante.

A todo el personal del pabellón de Rehabilitación del Jackson Memorial Hospital de Miami, por enseñarnos a luchar contra la parálisis y la desesperanza. A la doctora Mabel Wahab y el personal de Radiología Oncológica del mismo hospital por no ceder un solo milímetro cuando había poco por qué luchar.

A la doctora Ana María Polo por su gran defensa al honor de Fabio.

A mis compañeros técnicos y de producción de la cadena Telemundo, porque ni un solo instante me dejaron sin su apoyo.

Al padre Fernando Herías, al padre Raúl, a María Gabriela, a Mauricio Zeilic, a Patricia Wilson, a Kim Parish y a Amalia Iztueta por haber hecho por nosotros todo lo que pudieron.

A María Celeste Arrarás por su cariño y apoyo.

A todos los que generosamente contribuyeron en este libro: Julio Bevione, José Díaz-Balart, Diana Montaño, Mayte Prida, Rebeca Fernández y Antonietta González-Collins.

Gracias también a mi suegra Adys Estrada viuda de Fajardo, a Yuyita mi cuñada, a Jorge Rey (Jorgito sobrino) y al socio de mi vida, mi hermano Raymundo Collins por saber siempre estar ahí.

Y sin lugar a dudas, a los que no han faltado en ninguno de mis seis libros: mi perro Dumbo y mis gatos "Pepe Cabecita," "Lupillo," "Botas," "Lancherita," "Abisinio," "Mantecosa" y "Gritoncito" que mas que nunca me han acompañado cuando la soledad quiso apoderarse de mi vida.

Gracias a todos por ser los ángeles que me prestaron sus alas cuando las mías ya no podían volar…

Prólogo

por María Celeste Arrarás

No sé si un prólogo se escribe así, pero lo hice de un solo golpe, con mucho cariño.

Porque la lealtad es, en mi opinión, la más bella de las virtudes y, al mismo tiempo, la más difícil de encontrar; además, porque siempre me he considerado una amiga leal, lo cual me enorgullece, es que cuando María Antonieta me llamó pidiéndome que escribiera el prólogo de su sexto libro, no sólo acepté de inmediato, sino que, al terminar mi conversación telefónica con ella, comencé a azotar el teclado de mi Blackberry, inspirada por nuestra conversación.

En los últimos años nuestras vidas tuvieron caminos, en cierta forma, paralelos. Ambas tomamos decisiones profesionales contundentes y ganamos. Ambas apostamos al amor... y perdimos.

No hay nada más devastador que sufrir una desilusión a causa de una deslealtad, y no hay nada más edificante que poder perdonar a la persona querida que nos hirió. ¿Por qué? Porque cuando el perdón es sincero uno se siente liviano, capaz de conquistar el mundo y, sobre todo, se recobra la fe en el amor.

En este libro, María Antonieta muestra cómo superar una traición y cómo se puede llegar a ser compasivo y piadoso con la persona que nos falló. No puedo pensar en nadie mejor que ella para explorar el tema: Su vida pasó por una dolorosa metamorfosis ante las cámaras de televisión y, sin embargo, supo sobrellevar esa prueba tan dura con dignidad. Además de un gran cariño, siento por ella gran respeto y admiración.

Sé que la vida nunca deja de ponernos a prueba y que seguramente aún le quedan muchos libros más por escribir con base en ello; por el momento, éste tiene mucho que enseñarnos.

María Celeste
Miami, Florida, 30 de mayo, 2007

A todos aquellos que nos dijeron que nos querían mucho
y a pesar de eso... nos traicionaron.

Dijiste *que me* Querías

Primera Parte

No Hay Telenovela Más Perfecta

Ni el mejor guionista de telenovela podría haber creado una historia más macabra y trágica: cáncer, infidelidad, bigamia y yo, como la ingenua espectadora que nunca sospechó que se convertiría en la actriz principal.

I

Aeropuerto Internacional de Miami

La silueta de Fabio, alto, guapo, de buen cuerpo y siempre tan familiar de reconocer, me fue en esta ocasión difícil de divisar, mientras me acercaba a recogerlo en el aeropuerto como acostumbraba cuando volvía de sus viajes. Venía de Suramérica en su usual oficio de inspector de barcos, el que en esta ocasión lo había tenido ausente durante dieciséis días.

Cuando estuvo frente a mí, dos cosas llamaron de inmediato mi atención: había perdido, calculé, unas veinte libras, y el anillo de bodas no lo llevaba en su dedo anular.

"¿Y el anillo?" le pregunté.

"Tuve que quitármelo," me dijo. "Tú sabes lo peligroso que es allá, roban a todo el mundo cerca de los astilleros donde estuve, y antes de que se me perdiera, preferí dejarlo aquí en la oficina."

Mi estómago dio un vuelco, pero mi ojo fue más rápido que aquella explicación no del todo esperada.

"¿Y te quitaste el anillo para que no te lo robaran, pero te dejaste el reloj Cartier que vale más que el anillo?" le dije, molesta. "Un reloj es más fácil de robar que un anillo de bodas."

Fabio quedó mudo. Su rostro siempre ilegible, no tuvo respuesta, y yo sentí que recibía un balde de agua helada. Entonces sólo alcanzó a decirme, "Estoy mal... llévame al hospital porque siento que me muero."

Comienzo a escribir este libro cuando ya han pasado más de cuatro meses desde que murió Fabio, y cuando todavía no entiendo la tragedia que me llevó diariamente de ida y vuelta al infierno de los celos: a la sinrazón, a lo incomprensible y, sin lugar a dudas, a la trama de una telenovela que ni el mejor libretista pudo haber imaginado.

No sólo le pedí a Fabio en vida el permiso para escribir nuestra experiencia, sino también le pedí permiso a la tragedia, que un día sin más, me empujó a un protagonismo nunca jamás solicitado.

Se asemeja a la historia de miles de hombres y mujeres que son traicionados, pero ésta es la mía, la que nadie más que yo sabe con cuánto dolor transcurrió. Y es mi turno contar lo que me pasó. Creo que más allá de mi sufrimiento, también es una historia de amor y supervivencia. Espero que les sirva de apoyo y esperanza.

2

Hasta que la Muerte
Nos Separe

*E*l trayecto del Aeropuerto Internacional de Miami hasta el Doctor's Hospital en la zona de Coral Gables me pareció eterno a pesar de que aquella distancia se recorre en menos de quince minutos. A mi lado, en el asiento del pasajero, Fabio se revolcaba por el mismo dolor en el costado izquierdo con el que, dos semanas antes, se había ido a Suramérica. A pesar de mis súplicas de que no lo hiciera hasta no ver un médico, él me respondía, "Imposible. Los barcos ya entraron a los dos astilleros y sólo esperan mi llegada. ¿Sabes cuánto cuesta que un barco se detenga por mi culpa? Es algo que debo hacer." De nada valieron entonces mis argumentos pidiéndole que le diera prioridad a su salud, que no fuera al viaje, que no valía la pena pasar por encima de su bienestar. Igual me contestaba, "Por nada del mundo puedo dejar a esa gente colgada ahí... te repito que me están esperando... entiéndeme, si voy ahora tanto como antes es porque ahí está el trabajo. Cada día en el río Miami las cosas están peor y no hay barcos; los tengo que buscar donde estén y el lugar es allá."

Lo único que pude hacer en los días anteriores al viaje fue ponerle parches medicados y pomadas, que obviamente no calmaban aquella molestia que iba en aumento. Él me decía, "Seguramente es un músculo que se me lastimó con un movimiento brusco y pronto va a componerse, no hay necesidad de más." Con todo y ese doloroso cuadro se fue, y de acuerdo a lo que me contaba en cada llamada, (de las tres que en promedio me hacía al día), aquel dolor se le había corrido del costado izquierdo hasta la zona de la tráquea. Y agregaba, "No me ha dejado dormir. En estos dieciséis días del viaje, apenas he comido; ni me he tomado un solo traguito. Fui al médico y me dio algo para el dolor, pero no me lo ha podido calmar."

Desesperado, mientras Elsa Figueredo del Doctor´s Hospital telefónicamente me daba instrucciones para llegar al Servicio de Emergencias, Fabio comenzó a tener taquicardia y dificultades para respirar. "Creo que me está dando un ataque al corazón," gemía.

Sin saber qué hacer, trataba de calmarlo y de calmarme. "Podría ser una hepatitis, y no un infarto," me dije, mientras observaba su color entre bronceado de playa y cenizo, al tiempo que trataba de verlo fijamente a los ojos y él me esquivaba la mirada. De pronto, en un cuarto lleno de aparatos saltó el primer signo de alarma: presión arterial de 180 sobre 130, y fiebre de 103° Fahrenheit. Alarmados, los médicos comenzaron a tratar de estabilizarlo mientras ordenaban radiografías de la zona de la que Fabio se quejaba cada vez más. Las medicinas para el dolor comenzaron a hacer efecto y a su lado en aquel cuarto empecé a vivir las horas más largas de mi vida.

Habíamos llegado alrededor de las cuatro de la tarde y a las siete de la noche, mientras los resultados se hacían esperar, decidí investigar los hechos por mi cuenta. Uno de los médicos de guardia revisaba un expediente al tiempo que respondía mis interrogantes. "¿Por qué la presión alta, la fiebre y el dolor en el costado?" le pregunté.

"No es nada anormal dado el cuadro avanzado de cáncer que padece su esposo," me respondió el doctor.

"¿Cuál cáncer? Mi esposo no padece de ningún cáncer."

El médico me miró fijamente y me dijo, "¿A su esposo no le ha sido diagnosticado un cáncer?"

"¡No!" respondí contundente. "Hemos venido porque él cree tener un infarto y yo, sin ser médico, más bien creo que tiene una hepatitis o malaria que probablemente contrajo durante su viaje, de donde hoy acaba de regresar."

Se armó un "corre-corre" y Fabio fue llevado nuevamente a que le sacaran placas y le hicieran estudios. Alrededor de las nueve de la noche, las caras largas de los médicos que entraron a la habitación me hicieron ver que algo malo estaba pasando.

"Señor Fajardo," dijo uno de ellos, "vamos a pasarlo a un cuarto en el hospital. Nos hemos demorado porque fue necesaria la consulta de varios especialistas. Las placas y estudios muestran una masa de 12 por 10 centímetros alojada en el riñón izquierdo, y tenemos la sospecha de que hay más tumores. Mañana, de acuerdo a los especialistas consultados, le haremos otra serie de exámenes y, por supuesto, una biopsia."

Fabio y yo quedamos noqueados con la noticia. "¿Cáncer?" preguntó angustiado.

"Es probable," dijo el médico, "pero no puede asegurarse nada hasta que los estudios no lo confirmen. Hay tumores que son benignos a pesar de su apariencia, sólo nos queda esperar a realizar los exámenes y tener los resultados." Y habiendo dicho eso, los médicos salieron y nos dejaron en la desolación más completa.

Sólo alcancé a abrazarlo mientras él sollozaba en silencio. Había comenzado la más dolorosa empresa que me haya tocado asumir en las últimas décadas. Mientras nos asignaban una habitación, yo trataba de calmarlo, porque me pedía obsesionado que le diera su billetera y el celular, ya que los quería tener cerca. En ese momento, no entendí la urgencia por aquellas dos cosas, ni por qué le surgió en el momento en que se enteró que sería hospitalizado.

Pero yo tampoco entendía otras cosas, comenzando por aquello que me acababa de pasar. En cuestión de horas mi vida había tomado un giro dramático cuando todo parecía sonreírme. Salí de la habitación para que Fabio no me viera llorar. Recostada en una pared, comencé a deslizarme hasta quedar en cuclillas en el piso. Tan solo cuatro meses antes, con Fabio junto a mí, había comenzado en Telemundo mi programa matutino *Cada Día* y la vida nos era grata. Con los hijos ya grandes, Antonietta, Antón y Adrianna encaminados, Fabio y yo solitos comenzábamos a vivir la holgura de la bonanza económica. Viajábamos tanto como podíamos, éramos una buena pareja, y había algo más: en dos días, el 10 de marzo, cumpliríamos diez años de casados habiendo superado las etapas de adaptación de toda pareja que planea pasar el resto de su vida junta. Ambos habíamos planeado envejecer juntos, pero aquella madrugada del 7 de marzo de 2006, por primera vez tuve la sensación de que eso no sucedería nunca.

Alejé los malos pensamientos y decidí volver al cuarto para realizar el resto de la difícil tarea que me quedaba por enfrentar ese día: decirle a la familia Fajardo que Fabio tenía cáncer. ¿Cómo hacerlo? Comencé con su hijo Antón y, contrario a lo que temí, las cosas no fueron tan difíciles. Días antes me había llevado a almorzar e inexplicablemente me había dicho cosas a las que no les presté atención en ese momento, pero que ahí en el hospital me habían hecho reflexionar. Me dijo, "Soñé que mi papá se moría, y no sé por qué, pero está haciendo cosas raras." Cuando le pregunté cuáles, no me las quiso decir y yo no insistí. De cualquier forma traté de calmarlo y le expliqué que seguramente Fabio estaba pasando por la andropausia, que es la menopausia masculina, y esa era la razón por la que se había comprado un auto deportivo, que hacía ejercicio, que estaba a dieta, que tenía un desenfreno por ir a fiestas, bailes, conciertos, y que probablemente el haber cumplido cincuenta y dos años le había hecho aterrarse por llegar a viejo, pero que no pasaba nada más. Aquella noche en el hospital recordé una a una sus palabras mientras Antón me miraba fijamente, sin acertar a decir palabra alguna. Lloramos juntos, como lloró el resto de la familia al saber lo que pasaba. Yuyita, mi cuñada, se resistía a creer lo que su único hermano padecía y decía, "Por Dios, no hay que ser fatalistas, verás que mañana cuando el médico realice los exámenes se darán cuenta que a lo mejor sí es un tumor enorme, pero no maligno. Fabito no puede tener cáncer. En mi familia nadie lo ha tenido, ¿por qué habría de ser él a quien le tocara?"

La madrugada me tomó por sorpresa en medio de aquellas dramáticas diligencias. Ahora vendía mi mayor reto: ¿Cómo funcionar a pesar de todo? ¿Cómo hacer mi programa con semejante golpe recibido tan solo horas antes? ¿Cómo salir riendo en la televisión nacional, en un show donde hay que darle los buenos días a la vida, como si nada pasara? Jorge Hidalgo, vice presidente senior de noticias y deportes, y Diego Longo, productor ejecutivo del programa—a Dios gracias, antes que ser mis jefes, sin lugar a dudas eran mis amigos—reaccionaron como familia. "¿Qué quieres hacer, Collins?" preguntó Hidalgo. "Si quieres dejar de trabajar unos días hazlo, cuentas con todos nosotros."

Diego y todo el equipo de *Cada Día* salieron a mi rescate. Aquella madrugada del 8 de marzo de 2006 sólo alcancé a balbucear lo que había resuelto: que no faltaría ni un solo día al programa porque eso significaba abandonar el proyecto de mi vida, que además se terminaría convirtiendo en mi única tabla de salvación para seguir sana.

Nadie a mi alrededor podía entender lo que sucedía en mi mente, ni yo misma. Catriel Leiras, otro de mis grandes apoyos, mi maquillador y confidente, aquella madrugada estaba conmocionado con la noticia del cáncer, al tiempo que me aplicaba más y más maquillaje que borrara el dolor del alma que ya tenía grabado en el rostro. En el *set*, todo era silencio y conmiseración. El día transcurrió lento esperando la biopsia, que finalmente tuvo que ser pospuesta un día más, es decir, para el día siguiente, 9 de marzo, fecha por demás importante para Fabio y para mí, ya que era el décimo aniversario de nuestra boda. De inmediato supe que mi marido no sería dado de alta del hospital y cancelé las reservaciones de un hotel a donde, de sorpresa, lo iba a llevar para festejar nuestra década juntos.

El 9 de marzo de 2006 comenzó, por tanto, como los dos días anteriores: mandando por televisión besos y amor al hombre de mi vida, a Fabio. Le di las gracias por los diez años maravillosos que habíamos vivido juntos hasta esa fecha. ¿Por qué no hacerlo si así creía que habían sido? En el programa se me acabaron los adjetivos para que él sintiera cuánto lo quería y como siempre, le reafirmé que a pesar de todo íbamos a estar juntos. Al terminar el programa salí corriendo al Doctor's Hospital donde, para mi sorpresa, ya le habían hecho la biopsia, porque la habían adelantado. Llegué a la habitación y encontré a Fabio dormido por la anestesia y por el cansancio de horas de espera. Decidí, entonces, sentarme a su lado, acariciarle la cabeza y cuidarle el sueño. Era gratificante poder hacerlo, especialmente porque debido a nuestros trabajos, pasábamos poco tiempo juntos, pero en ese momento lo tenía sólo para mí. Así estuve un largo rato, hasta que mi vista se fijó en los dos objetos que Fabio tenía bajo las sábanas: la billetera y su celular, el que en la modalidad silente se iluminaba frecuentemente anunciando una llamada. Como el código correspondía a un país en Suramérica, y sabiendo la cantidad de trabajo que mi esposo tenía allá, en varias ocasiones intenté responder los llamados por si el mensaje era urgente, pero fue inútil; del otro lado de la línea nadie me respondía. "Probablemente las comunicaciones están malas," me dije para callar cualquier duda que hubiera surgido.

Junto al celular estaba la billetera. La tomé en mis manos para ver si encontraba la razón para tenerla tan cerca, cuando algo salió de ésta. Era un pequeño envoltorio de papel con la mitad de una pastilla azul. Al recogerla mi corazón se paralizó. Era fácil de reconocer (especialmente para una reportera como yo que había hecho decenas de historias sobre el medicamento). En mis manos tenía la mitad de una pastilla azul de Viagra. La angustia comenzó a activar mis mecanismos de alerta. ¿Vi-a-gra? ¿Viagra contra la impotencia masculina? ¿Para qué podría quererla Fabio, si en los últimos tiempos por tanto trabajo que teníamos "aquello," es decir, el sexo, no era lo más importante entre nosotros? ¿Por qué traerla en la billetera? ¿Por qué una sola mitad de la pastilla? ¿Dónde y con quién había utilizado la otra que faltaba? Mi cerebro trabajaba a mil revoluciones por segundo soltando toda una batería de preguntas, mientras mis ojos se fijaban en Fabio, quien, dormido, ignoraba lo que yo estaba descubriendo.

Sentía que el corazón me latía tan rápido que se me iba a salir del pecho. De pronto, (y como no lo hice nunca antes en más de diez años juntos) la desesperación me hizo revisar el celular que tan celosamente estaba guardando. Me sorprendió que tuviera fotos en el aparato, y comencé a verlas.

La primera me derribó el castillo de mi vida en un instante. Ya no cabía la menor duda... ¡Ahí estaba Fabio, en primer plano, besándose en la boca con una mujer que por supuesto no era yo!

Sentí que estaba a punto de desmayarme, pero mis dedos, furiosamente y sin control, siguieron apretando más teclas de aquel teléfono para ver las fotos restantes.

Una a una iban quitándome el aliento:

Fabio en una playa con la joven mujer.

Fabio con la mujer y una niña en una moto.

Fabio con la mujer aquella en una foto nocturna que parecía tomada en Río de Janeiro, y para colofón, un video donde se veían ellos en algún balneario. El recuadro de esta imagen los mostraba juntos, mientras una voz de fondo les gritaba, "¡be-si-to! ¡be-si-to!" Y ambos parecían complacer la petición ¡dándose el besito en la boca!

Pensé que el dolor me iba a volver loca. "Dios mío, Dios mío..."

Todo aquello estaba pasando en medio de la angustia mas silente que alguien pudiera imaginar, mientras mi maravilloso esposo de una década plácidamente se recuperaba de una biopsia para diagnosticarle cáncer y estaba ajeno a aquello que yo abruptamente había descubierto, algo que nunca creí que él fuera capaz de hacer: Tra-i-cio-nar-me. Así sonaba esta palabra en mi mente, lenta y afilada como un sable.

Temblando de rabia, transferí aquellas imágenes de su celular al mío para tenerlas como prueba. De no hacerlo, seguramente Fabio, al verse descubierto, hubiera dicho que todo era producto de mi imaginación. Que vi mal, que no era cierto, que con los años me había vuelto celosa sin motivo. No sé cómo ni de dónde, pero unas fuerzas extraordinarias me sostuvieron. Con toda la calma terminé la terrible tarea, mientras él seguía profundamente dormido. Asqueada y con ganas de caerle encima a bofetadas salí de la habitación para hacer unas llamadas telefónicas. La primera fue a Yuyita, mi cuñada, contándole lo que había descubierto; la dejó al igual que a mí, sin respiración. La segunda llamada fue a Jorge Rey, hijo de Yuyita, mi sobrino confidente, el que más me había apoyado siempre en cualquier problema que hubiera surgido con su tío. La otra llamada fue a Antón, quien al igual que con la noticia del posible cáncer de su padre, y para mi sorpresa, no pareció sorprendido con mi descubrimiento.

Decidí dejar a Antón fuera de esta última situación para no lastimarlo más (ya tenía bastante con la noticia de la enfermedad de su padre como para cargar con algo adicional). Les pedí, entonces, a Yuyita y a Jorgito que vinieran al hospital a cuidar a Fabio, porque yo estaba a punto de volverme loca de angustia, dolor y desesperación, y quería salir corriendo dejando todo abandonado.

Jorge Rey me encontró destrozada afuera de la habitación. Llegó, vio las fotos, le conté lo de la pastilla de Viagra que estaba en la billetera, y preocupado me pidió que esperara ahí afuera mientras él entraba a hablar con su tío.

"No lo hagas," le aclaré. "Él sigue dormido después de la biopsia."

"No importa, yo lo despierto," me contestó Jorge. "Tiene que dar una explicación a esto. Además, debe saber que te quieres ir.

Esto que ha hecho es demasiado; tiene que darte su versión y, por supuesto, ustedes dos tienen que hablar."

Mientras Jorgito estaba con Fabio, yo hice la última de esas llamadas que nunca, nunca hubiera querido hacer; llamé a Adys, mi suegra, para contarle lo que había pasado. Hice eso por dos poderosas razones. Primero, porque la infidelidad que descubrí era por sí misma lo suficientemente grave y, después, porque todo esto de las fotos era la respuesta perfecta a una llamada que ella me hizo con una inusual petición, precisamente el día anterior a que Fabio saliera para el último viaje a Suramérica, "Fabito estuvo por aquí en casa y lo vi muy nervioso, María Antonieta, lo veo desesperado y yo quiero pedirte un favor. Él me dice que cada vez tiene más grave la soriasis nerviosa, puesto que cada mes, cuando tiene que ir a los astilleros, no sabe qué decirte porque siente que te vas a enojar. Quiero que lo entiendas mejor. Es cierto que sus viajes a ese país se están haciendo más frecuentes; es cierto que de un tiempo para acá te deja sola los fines de semana, pero no pasa sólo contigo; mira, a mí tampoco me habla como lo hacía antes, también me tiene descuidada, pero las cosas son como él me explicó: cada día hay menos barcos en Miami y el único trabajo que encuentra está allá. No seas celosa, por Dios, que a estas alturas con el buen matrimonio que tienen, como él me dijo, con lo que él te quiere no hay razón alguna para perder el tiempo en esas boberías. Fabito sería incapaz de hacer algo tan malo como serte infiel."

La dolorosa realidad de lo que yo le contaba aquel 9 de marzo la dejó sin palabras. A gritos, y fuera de mí le pregunté a mi suegra, "Usted decía que Fabio no podía hacer nada malo, entonces, ¿qué es esto? ¿Por qué tenía esas fotos en su celular? ¿Por qué guardaba tan especialmente aquella donde se estaban besando en la boca?" Ella se sumió en ese desesperante silencio al que tuve que acostumbrarme cada vez que aparecían nuevas evidencias. A fin de cuentas era su hijo, hiciera lo que hiciera. Era su hijo, y madres como ella disculpan cualquier cosa. ¡Qué dolor, Dios mío, qué dolor!

Mientras que en la habitación la plática entre tío y sobrino continuaba, yo volví una y otra vez a ver aquellas imágenes. Mi cabeza parecía estar a punto de estallar con tantas preguntas que me hacía. ¿Cómo pasó? ¿Cómo un hombre tan correcto y serio como Fabio había sido capaz de hacer algo semejante y, además, dejar la evidencia guardada con aquellas imágenes en su teléfono?

Mis pensamientos se detuvieron por la presencia de uno de los médicos, el urólogo Augusto Tirado, un hombre que me observaba con piedad mientras se acercaba a informarme sobre los resultados preliminares de los exámenes de Fabio. "Es muy probable que todo el cuadro que su esposo presenta se deba a un cáncer de riñón que ha hecho metástasis, y que se encuentra en un estado avanzado," me explicó.

Aunque yo sospechara lo del cáncer, la posible confirmación me golpeó en seco, y le pregunté, "¿Es un cáncer agresivo?"

"A primera vista, dependiendo de los resultados, sí, sí lo es," me contestó el doctor. "Si se tratara de un cáncer de riñón en las condiciones que presenta, las cosas serían muy complicadas, especialmente porque hay algo que aparece en el pecho y en el cuello donde tiene el tumor."

"¿Estamos hablando de algo mortal?" le pregunté y el doctor Tirado, únicamente asintió con la cabeza mientras yo le acribillaba con más preguntas, "¿Si fuera cáncer, estaríamos en una etapa terminal?"

"Es probable, pero como le digo, todo eso se tiene que comprobar con más estudios."

Todavía le tenía una pregunta más, "¿De ser cierto lo peor, cuánto tiempo podría vivir Fabio? Y el doctor me respondió, "En casos como este, desgraciadamente, cuando todo se descubre en una etapa tan avanzada, quizá de seis meses a un año, pero como le repito, falta investigar más."

"¿Van a hablar con él?" le pregunté.

"Todavía no, es mejor esperar a no tener dudas y tener respuestas a sus preguntas." El médico calló y yo también, y salió tan rápido como había llegado.

Desde el momento en que descubrí las fotos hasta la plática con el urólogo habían transcurrido a lo sumo cuatro horas. ¡Cuatro horas habían bastado para devastar mi mundo! No supe qué hacer, quería gritar, quería salir corriendo, quería desmayarme, quería hablarle a Catriel, a Yuyita, al mundo, quería quedarme callada, quería que alguien me dijera que todo aquello había sido una pesadilla y que, por tanto, no era verdad; quería que mi mundo mágico siguiera intacto. Jorgito sobrino interrumpió mi conmiseración automática al llamarme a la habitación. Fabio quería verme.

Se había levantado de la cama y corrió a abrazarme. "¡Perdóname por favor, perdóname!" me suplicó. "Esa fue sólo una aventura con la que únicamente me vi un par de veces, nada más que eso. ¿Acaso te he dado motivos para que desconfíes de mí? Dice Jorgito que quieres dejarme, no lo hagas, ¿no ves cómo estoy? Yo sé que te he dejado sola durante todo este tiempo, pero te prometo mamita que a partir de ahora no va a suceder nunca jamás. Si tengo que ir de viaje, tú vienes conmigo, y vas a ver que poco a poco las cosas se irán olvidando. No seas bobita, que en todo este viaje no dejé de llamarte tres veces al día, siempre te conté cómo me estaba sintiendo, y yo sé que si me hubiera enfermado en el fin del mundo, hasta ahí hubieras llegado tú a rescatarme; entonces, ¿vas a dejarme por esta aventura?"

Sabía cómo manipularme.

"No sé cómo llegaron esas fotos a mi celular. Tú sabes que nunca lo he escondido, que siempre ha estado a tu alcance por si hubieras querido descubrir algo. Hazme caso, es probable que esa mujer haya decidido dañarme y las envió, pero vamos borrándolas, por favor," me dijo, extendiendo su mano para que le diera mi celular. Se lo entregué.

Rápidamente comenzó a borrarlas de mi aparato y del suyo. Cuando terminó la tarea volvió a abrazarme para convencerme de que aquello no era nada que no pasara en una relación de tanto tiempo como la nuestra. "¿Te podrías olvidar de que a estas alturas del partido ya tenemos los hijos grandes, que hemos pasado tantas cosas?"

"Eso es lo que aparentemente tú has olvidado al atreverte a andar con esa tipa de la foto," le repliqué con furia. "¿Cuando sucedió, Fabio, y por qué?"

"Pasó como le sucede a muchos hombres, que de pronto tienen una tentación cerca y la toman, pero fue algo pasajero que, te repito, sucedió hace dos años," me dijo.

"¿Y por dos años has guardado esas imágenes en tu celular?" No pudo responderme y la llegada de mi cuñada Yuyita fue la campana que lo salvó en el ring. Yuyita entró en la habitación, y Fabio, llorando, comenzó a hablar con ella de lo que intuía, "Todo parece ser que se trata de un cáncer. Tienen que ser fuertes, porque especialmente me preocupan papi y mami."

Los dejé hablando de todo lo que había pasado y salí a llamar por teléfono a los míos: Jorge Hidalgo, Catriel, José Díaz-Balart, mis hijas, aunque a éstas decidí no contarles nada de lo que había encontrado por el momento. Catriel no podía creer mi descubrimiento ni siquiera cuando le envié por *e-mail* las fotos que tenía en el teléfono celular antes de que Fabio las destruyera. Me decía, "Nada tiene lógica porque siempre se comportó como un esposo normal, aunque era alguien ilegible."

Jorge Hidalgo y José Díaz-Balart también habían quedado sin palabras, y me advirtió Jorge, "Por tu bien no averigües más. Es probable que encuentres más cosas feas, porque situaciones semejantes sólo traen mas detalles que lo mejor es ignorarlos. No busques nada y acepta su explicación. Cosas como estas suelen suceder, pero no investigues más."

Las conferencias telefónicas se cortaron cuando vi salir a los Fajardo de la habitación y escuché que Fabio me llamaba.

Al entrar y acercarme esquivé el abrazo que quería darme, pero tuve que sentarme al lado de su cama, ya que así quería que durmiera esa noche junto a él, sin importar lo que yo estaba sintiendo. "Lo importante es que estamos juntos," me decía.

Al momento me vino a la mente algo que había olvidado. Me levanté, lo miré de frente, a los ojos y pregunté, "¿Y la Viagra que tenías en la billetera?"

Sin quitarme la mirada me dijo con su voz, que nunca subía de tono, "Me contó Jorgito que habías encontrado la mitad de la pastilla. No seas bobita. Por esta ocasión, y porque no quiero que terminemos mal este día de nuestro aniversario, voy a responderte dos preguntas que quieras hacerme. Mi respuesta será el regalo por estos diez años de matrimonio."

No tuve que pensar mucho. "OK," le dije. "¿Fabio, por qué traías pastillas para la impotencia, mejor dicho por qué había una sola mitad de la Viagra? ¿Dónde estaba la otra mitad?"

"De un tiempo para acá he tenido problemas, por eso evitaba que tuviéramos sexo, alguien me las recomendó y sólo pude conseguir esa mitad," respondió rápidamente, listo para el próximo interrogante.

"¿Para qué la querías?"

"¿Para qué la voy a querer?" me contestó. "¡Para usarla contigo! ¿Con quién más? ¿Contenta?"

Dicho esto, conmigo al lado, rápidamente se quedó dormido o fingió estarlo. No tuve tiempo de decirle que no estaba contenta, y que por tanto, no le había creído nada. En ese momento nunca imaginé que aquella noche era sólo la primera de decenas de noches interminables en mi vida, en las que la rabia, la impotencia y la desesperación serían mis compañeros de cama y de sueños.

3

Traición con
Amor se Paga

No he encontrado a nadie a quien odie tanto como para desearle una sola de las veinticuatro horas de aquellos días que siguieron al descubrimiento de la infidelidad y del cáncer. Así, en ese orden de importancia: infidelidad y cáncer. Dos días después, el 11 de marzo, comenzaría otra más de las mil torturas junto a Fabio. Por razones de trabajo tuve que viajar todos los fines de semana durante dos meses en una gira para hablarles a mujeres de Estados Unidos. Una gira que era el sueño para cualquiera. Como bien me dijera Fabio en su momento, "No puedo más que estar orgulloso de ti y felicitarte. ¿Imaginas estar en New York, Chicago, Miami, Los Ángeles, Houston, San Antonio, siempre en contacto con tu público que es lo que tanto te gusta? Además, ahí voy a estar yo. Te prometo que los viajes de inspección de barcos van a cambiar, porque, aunque yo ande lejos, cada fin de semana de esta gira estaré ahí contigo para verte triunfar y aplaudirte antes que nadie; así que separa boleto para mí que no voy a faltar por nada de este mundo."

De más está decir que en este punto, es decir, después del fatídico 9 de marzo ya todo se había ido al precipicio y que "los mejores hoteles, los mejores lugares y aquellos fines de semana juntos," a pesar de que me prometiera "no faltar por nada de este mundo a la gira," simplemente no existieron nunca más. Por el contrario, "la gira de mi vida" se convirtió en una pesadilla que iba a ir en aumento cada día. Viajaba, o bien el viernes al terminar *Cada Día*, o el mismo sábado de la presentación y después de ésta, de inmediato regresaba a Miami, en muchas ocasiones apenas durmiendo unas cuantas horas. El inicio de aquella gira fue terriblemente triste: era el fin de semana planeado para celebrar nuestro décimo aniversario de bodas viendo *Mamma Mia* en Broadway y cenando románticamente en el Rennaisance de Times Square con la ciudad a nuestros pies; todo para que ese sábado 11 de marzo ya no existiera ningún motivo para celebrar sino todo lo contrario. Karla Rossi, mi asistente en Telemundo, quien había cancelado todas las reservaciones de Nueva York, me vio partir como autómata a un viaje no imaginado. Nunca hubiera podido tener un testimonio más crudo de lo que estaba viviendo que el de mi delgada libreta negra, que nunca me abandona para escribir las ideas que surgen para mi show, y que en aquel entonces sirvió para algo bien distinto: para anotar día a día la tortura que estaba viviendo.

Esto fue lo que escribí.

New York City

SÁBADO 11 DE MARZO, 2006

Tengo rabia. Mucha rabia y no me puedo controlar. Han pasado dos días desde que descubrí las imágenes que ahora me persiguen como una pesadilla. No puedo evitar repasar una y cien veces la foto donde se está besando en la boca con esa mujer, mientras durante dos años fue el esposo intachable, recto, serio, el que criticaba las inmoralidades de otros, el que me hizo creer en lo que él dijera, y, más aún: el que tenía el descaro elevado a la millonésima potencia para recriminarme que "en los últimos tiempos" me había vuelto celosa sin ningún motivo. ¡Esto es más de lo que pensé que podría aguantar! Sé que no me equivoco a menudo cuando de presentimientos se trata, y tengo uno que no me deja un solo momento. Es un gran temor de algo que Fabio me oculta. Es más, no sólo es temor, estoy segura de que algo está pasando y no sé qué es ni mucho menos qué voy a hacer. Además, tengo miedo de mí misma porque no sé cómo voy a reaccionar en los próximos días. Tengo ganas de correr y dejarlo... pero no puedo. Fabio está muy enfermo. No, por supuesto que no lo voy a dejar. ¿Acaso no juré estar con él hasta que la muerte nos separara? No, tampoco la muerte nos va a separar. Ni una mujer ni la enfermedad que va a vencer, y, por supuesto, ninguna muerte que le pronostiquen serán capaces de separarnos. ¡No y no!

Miami

DOMINGO 12 DE MARZO, 2006

Apenas regresé de New York hice lo que la ansiedad me dictaba: busqué el momento en que Fabio durmiera para revisarle el celular. Yo, un ser negado para toda la tecnología, capaz de funcionar sólo con lo necesario para marcar el aparato, aprendí en el tiempo récord de cinco minutos a encontrar las llamadas hechas y las recibidas, y no me equivoqué. En el aparato había una decena de llamadas procedentes de un número en Suramérica, aunque para decir verdad ninguna hecha por él. Quise preguntarle de quién eran, pero su deterioro físico me tentó el corazón. Estaba débil a más no poder y su piel comenzaba a tornarse gris. Fabio está sin energía alguna y sólo duerme y duerme durante el día y la noche. ¿Qué puede hacer en las condiciones en las que se encuentra?

"Absolutamente nada," me respondo para calmar mis dudas. En el fondo sé que las llamadas eran de aquella mujer desconocida, "una mujer de la calle," como el mismo Fabio la llamara. Pero nada me calma.

LUNES 13 DE MARZO, 2006

Me levanto en la madrugada para ir al programa y lo primero que hago desesperada es tomar el celular, mejor dicho, tomarlo no, *ro-bár-me-lo* momentáneamente. Me encierro con él en el baño. Lo envuelvo en una toalla para acallar el ruido que hacen las teclas cuando las marco. Desesperada chequeo y vuelvo a chequear las llamadas que recibe y las que hace. Descanso al ver que nuevamente ha recibido llamadas de Suramérica, pero que él no ha hecho ninguna. Por lo menos eso me da la sensación de que está cumpliendo lo que prometió: no volver a tener contacto con aquella "tentación pasajera." Ella lo llama pero él no es quien lo hace.

Un momento. Él no hace las llamadas, pero las recibe y escucha, ¿o no?

Es entonces cuando recuerdo a una de las "voces de mi conciencia," José Díaz-Balart, mi copresentador y amigo, y quien se convirtió en mi "*coach* emocional de tiempo completo."

"Por favor, por-fa-vor- deja el 'cranke,'" me dice José. "Sí, sí, deja de darte cuerda tú misma. Te conozco bien y eres 'la reina del cranke.' Mira que lo que más les molesta a los hombres en la situación de Fabio, especialmente cuando reconocen el error que han cometido tal y como lo ha hecho él, que te ha pedido perdón por el 'desliz,' es que la mujer siga y 'dale que dale' con el mismo tema todo el tiempo. Eso cansa y déjame decirte, si no te dejó, es porque te quería, y si tú sigues en la recriminación y buscando cosas, a lo mejor se cansa y se va. Así que mira qué haces pero nada de 'cranke' ¿OK?"

Le digo que sí a José, aunque no muy convencida. Pero no hay tiempo de recriminaciones durante el día porque, al margen de todo, Fabio sigue empeorando. Tiene fiebre, la masa que se le ve en el lado izquierdo del cuello le sigue creciendo, cada vez puede tragar menos y está siempre poniéndose la mano en el pecho como para ayudarse a pasar los líquidos. Llamo a Millie De Molina, la esposa del periodista de espectáculos Raúl de Molina, ex compañero de trabajo en Univisión, y de inmediato me tiende la mano. Raúl mismo fue víctima, un año antes, de cáncer de riñón, pero tuvo la suerte extraordinaria de ser atendido por el Dr. Mark Soloway, jefe de urología del Jackson Memorial Hospital, y además, uno de los grandes especialistas en este tipo de cáncer en el mundo entero. A

Raúl se lo detectaron a tiempo, le removieron el riñón enfermo y está totalmente recuperado. Por eso el Gordo de Molina (como es conocido) y su esposa, eran mi mayor esperanza.

"El doctor Soloway los va a recibir pasado mañana, y no lo hace hoy porque se encuentra fuera de la ciudad," me decía Millie de Molina por teléfono. "No se preocupen, que todo lo que haya que hacer, ya está en las manos del doctor. Nosotros le debemos a él y a Dios la salud de Raúl, y con ustedes va a suceder lo mismo. Sólo tengan fe."

Las palabras de Millie son un ansiolítico para mi alma. Sólo tendremos que esperar algunas horas.

Martes 14 de marzo, 2006

La tentación es grande. Me levanté mucho antes de las cuatro de la madrugada, hora normal en la que me alisto para ir a Telemundo, y lo primero que hice fue ver el celular de Fabio sobre su mesa de noche y, "para variar," en modalidad silente. Veo que tiene recados pendientes. Lo tomo desesperada, sin precaución alguna de que me sorprenda revisándole las llamadas, y comienzo furibunda a teclear en la oscuridad. Llamadas recibidas, llamadas perdidas, llamadas hechas. De pronto, mi corazón está a punto del infarto... Fabio está detrás de mí.

"Dame mi teléfono. ¿Por qué lo sigues revisando?" me dice. Se había levantado sigilosamente a vigilarme. "¿No te basta mi promesa de que no voy a volver a buscar a la tipa de la foto ni a nadie más?"

Me muero de la vergüenza. Le entrego el aparato sorprendida *in fraganti*.

"¿Qué quieres lograr con eso?" me pregunta. "¿Que me vaya de la casa, porque no resisto los celos a pesar de que te he pedido perdón? ¡Ya te dije que yo no he hecho nada diferente de lo que otro hombre haría! Está bien, te 'puse los cuernos', sí. Pero te pedí perdón. ¡Que me muera si hay algo más que te esté ocultando! Te lo repito para que no te quede ninguna duda: ¡Que me muera si hay algo más que te esté ocultando! Pero ¡por favor! Cree en mí otra vez ¡y ya no me tortures!"

Sorprendida lo observaba, y para mi sorpresa, a pesar de que Fabio intentaba aparentar que estaba furioso por haberme pillado revisándole el teléfono, y de su fanfarronería, su tono de voz lo hacía lucir aterrado de que yo encontrara algo más; parecía tener más prisa por quitarme el maldito celular de las manos para guardarlo que yo en revisarlo. Sin decir una palabra más me lo arrebató, dio la media vuelta y se fue a la cama. Aquella madrugada quedé avergonzada, humillada, descubierta en medio de un desconcierto total y tirada en el piso, de paso, cuando faltaban a lo sumo dos horas para que comenzara mi programa de aliento y optimismo para un nuevo día. ¡Qué horror, cómo funcionar! Manejé hasta Telemundo llorando de celos, rabia, vergüenza, humillación. Yo que siempre seguí la norma de "No busques para que no encuentres" (y que además, nunca quise buscar nada), de pronto estaba en medio de aquella comedia. ¡Nunca, nunca en diez años le revisé a mi marido un solo sitio! Nunca fui de sorpresa a su oficina, ¡nunca en diez años! Nunca le pregunté por qué no llegaban a casa los estados de cuenta de sus tarjetas de crédito, ni los del banco ni abrí su billetera, sus agendas o siquiera miré de reojo el desgraciado teléfono móvil; ahora, de pronto, me encuentro haciéndolo muchas veces al día ¡como si se tratara de una droga que me hace falta para sobrevivir! Reviso el aparato y me calmo momentáneamente para, horas más tarde, volver a hacerlo, y todo para comprobar si llama o lo llaman. Sé que estoy viviendo una demencia temporal que me domina, pero no puedo parar. Llego al estudio, me veo en el espejo y me espanto. Tengo la cara hinchada de tanto llorar.

"Ahora sí que estás metida en problemas," me advierte la voz de José Díaz-Balart al contarle lo sucedido. "No sé cómo vas a componer esto. Llegaste al límite. No sé qué decirte, mi amiga, pero si yo fuera Fabio, te pondría un alto total y quizá hasta me iría de la casa, porque no se puede vivir en esa desconfianza. ¡Por Dios!"

Las tres horas del programa me hacen olvidar el problema, al punto de reír apenas se enciende la cámara. Al salir, se me ocurre un plan para componer el desastre aquel de la revisión del celular. ¿Cómo se pide paz y se rinde al enemigo en la guerra? Sencillo: con una bandera blanca, ¿no? Eso mismo hice. A falta de bandera, rompí una sábana, le corté un pedazo y lo amarré a un palo de escoba. Abrí lentamente la puerta de la recámara y dejé pasar por delante aquel artefacto, es decir, la bandera blanca de mi "rendición." Fabio comenzó a reír a carcajadas con mi ocurrencia, y, nuevamente para mi sorpresa, aquello que pudo ser un incidente de gravísimas repercusiones, como bien me había prevenido mi amigo Díaz-Balart, se convirtió en un asunto menor que me dejó con la boca abierta.

"No seas bobita. Ya deja de revisar el teléfono y confía en mí. No hay nada ni nadie que nos pueda separar, ¿OK?"

Y ahí terminó el problema. No hubo amenazas de irse de la casa ni enojos ni absolutamente nada más que no fuera una "gran benevolencia y un entendimiento de parte de Fabio hacia mí, lo que me dejó perpleja. El otro gran desconcertado al enterarse del desenlace fue José Díaz-Balart.

"¿Que no te dijo nada?" exclamó. "¡No puede ser! Tú me estás diciendo mentiras. Es que lo debió haber hecho simplemente porque la mejor defensa es el ataque. Pero, en fin, probablemente Fabio ya no quiere problemas contigo y ha entendido que lo que hizo es muy feo, y bueno, ésta te la está dejando pasar... ¡pero no puede haber otra!"

Mis demonios me persiguen. Le prometí a Fabio olvidar y es el primer día en que no le reviso el celular, pero eso es una cosa y otra es el sufrimiento de tener la certeza de que hay algo que me oculta a mí, pero que no es secreto para otros. Lo veo hablar en voz baja con los amigos y parientes que vienen a casa a visitarlo y cree que no me doy cuenta de que cuando me acerco, aprovecha de inmediato para llamarme a voz en cuello, "Venga para acá mi amor, quédese aquí que no estoy hablando de nada que usted no pueda ni deba enterarse."

No aguanto más y disparo mi más directa recriminación, "¿De cuándo acá un cubano como tú le habla de 'usted' a su esposa? ¿Por qué hablas con ese acento que les provoca tanta risita a todos ustedes?"

Se hizo un silencio sepulcral y todos los presentes se miraron unos a otros sin saber qué hacer, pero les faltaba escuchar algo más.

"¿De cuándo acá, Fabio Fajardo, has cambiado tu tradicional linguismo cubano post-revolucionario de 'Acere ¿que volá?' para saludar diciendo, '¿Q'iubo m´hijo?' como acabas de decirle a tu sobrino? ¿Acaso la aventura que tuviste te enseñó a hablar con otro acento y te borró Cuba?"

Lo que en otro tiempo hubiera sido una terrible discusión, para mi asombro se convirtió en una especie de armisticio. Los amigos se callaron y Fabio, inexplicablemente, de nuevo cedió terreno y dejó el fanfarroneo.

"No vuelvo a hablar así mamita, perdóname," me contestó. "No me di cuenta, pero no vuelvo a saludar a nadie de esa forma.

Tienes razón, no me había dado cuenta que estoy hablando con otro acento, no sé por qué, pero no lo voy a hacer más."

Irónicamente ni siquiera esa explicación me satisfizo. Me quedé con la impresión de que hay algo que no cuadra en este rompecabezas, pero algo sí he ganado. Hoy fue el primer día que no revisé el celular y ese es mi gran triunfo.

Jueves 16 de marzo, 2006

Ha sido un terrible día de hospitales. Por esto y porque lo veo sufrir tanto es que dejo atrás mis dudas. ¡Qué dolor! Fabio cada vez se deteriora más. Hoy nos recibió el doctor Soloway, una persona sencillamente maravillosa, un hombre piadoso que dedica a sus pacientes una gran cantidad de tiempo y nosotros no fuimos la excepción. Lo que Millie y Raúl De Molina me habían dicho de él era verdad. Elvis y Cecilia, asistentes del médico, me habían advertido lo que sería la espera: las citas son demoradas porque el doctor toma un buen tiempo con cada paciente. La calidez de su trato y la enorme esperanza de hallar una cura para Fabio fueron el bálsamo para aliviar nuestra angustia al pasar la puerta del edificio del Mount Sinai Hospital. Mis ojos se detuvieron frente al primer letrero de los muchos similares que habríamos de ver en los meses venideros: Cancer Comprehensive Center. Fue la primera vez que vi a Fabio quebrarse ante su enfermedad. Ha sido como reconocer que tiene cáncer y que hasta este momento eso no lo tenía muy claro. El doctor Soloway fue preciso: ordenó una biopsia, aunque el panorama lo tuvo claro desde un principio.

"La biopsia confirmará lo que estos análisis dicen," aclaró el doctor. "Desgraciadamente yo no puedo hacer nada más. Me explico mejor: el tumor se ha diseminado, es decir, ha hecho metástasis a la parte superior del pecho. Lo que en otras circunstancias hubiera requerido únicamente de la operación para remover el riñón maligno, y probablemente nada más, en este caso no es posible. No puedo operarlo. Lo que habrá que hacer es lo siguiente. Los voy a remitir a uno de los mejores oncólogos que existen en los Estados Unidos, el doctor Pasquale Benedetto, también de la Universidad de Miami en el Sylvester Comprehensive Cancer Center, quien evaluará y aplicará lo más conveniente, que sin lugar a dudas será: primero, controlar el avance de la enfermedad con quimioterapia, y una vez logrado, lo que tomará más de un año y medio, y de acuerdo con el doctor Benedetto, habrá que remover el riñón izquierdo que es el que tiene la masa. Antes no puedo hacer nada, únicamente referirlos a los especialistas y seguir de cerca este caso."

Era la primera vez que teníamos en claro el panorama oscuro de lo que estaba sucediendo. Nos tomamos de la mano y así salimos al estacionamiento. Una vez dentro del auto, ambos, Fabio y yo, nos pusimos a llorar sin parar... él por su enfermedad y yo por dos razones: por eso mismo, por la enfermedad, y porque sabía que tarde o temprano me quedaría sin él.

Viernes 17 de marzo, 2006

Llegué a Telemundo como una autómata. Catriel, mi maquillador, no sabe qué hacer. En el estudio mi entrada causa un silencio absoluto y yo entiendo que es signo de respeto. Hay una diferencia abismal entre la que era yo, llena de ilusiones y con mi esposo al lado siempre apoyándome, cuando llegué a mi nueva y generosa casa Telemundo, y otra la que estaba aguantando todos los embates de algo inimaginable, mientras tenía que hacer un programa diario en televisión nacional.

"¿Qué voy a hacer, Catriel, qué voy a hacer?" le exclamé. "Esto viene a pasar cuando *Cada Día* ¡tiene sólo cuatro meses al aire! ¿De qué manera funciono si estoy partida por la mitad, por la infidelidad y por la vida de mi marido?"

Con semejante interrogante, mientras mi cara dibujaba sonrisas, aquel viernes terminé el programa para salir corriendo y recoger a Fabio en la casa. Sería otro largo día de hospitales. Primero la biopsia ordenada por el doctor Soloway y después, ese mismo día, la cita con quien se convirtió en el centro de nuestro universo: el doctor Pasquale Benedetto, Profesor de Medicina en la Universidad de Miami y Director Clínico del piso 12 del ala oeste del Jackson Memorial Hospital. En la primera impresión, Benedetto inspira una gran confianza. Simpático, certero en sus comentarios, dueño de un estupendo buen humor, con una bien ganada fama de ser un "mago de las quimioterapias" (ya que sin lugar a dudas las conoce todas) es un médico de los llamados *pro-patient,* es decir aquellos que sin tener en cuenta días festivos ni horarios están totalmente pendientes de sus pacientes. Salvarlos, curarlos o, por lo menos, mejorarlos es su principal misión. Pero también al margen, lo más importante para Benedetto es hablar con la verdad, sea cual fuere, la verdad que mantiene la confianza entre médico y paciente sin importar lo oscuro del panorama.

"Si algún familiar me pide ocultar al paciente la verdad de su enfermedad, entonces mi respuesta siempre es la misma: busquen a otro médico, porque lo que ustedes quieren no va conmigo," nos advirtió el doctor Benedetto.

Luego de recibirnos, de haber revisado todos y cada uno de los estudios y placas que traía conmigo, y de auscultar a Fabio, la cara del doctor anticipaba lo que temíamos.

"Bueno, pues no hay mucho más que hacer que lo que el doctor Soloway les ha dicho," nos explicó. "El cáncer de riñón es especialmente difícil para los tratamientos. El riñón está preparado para filtrar las toxinas que entran al cuerpo, por lo tanto, rechaza la quimioterapia. La radiación tampoco funciona en este tipo de cáncer, así que dependiendo del resultado de la biopsia, algo que definitivamente tendremos que esperar para comenzar cualquier tratamiento, la realidad es que sólo tenemos disponibles dos tipos de quimioterapia. Una opción es Interlukin, un tratamiento agresivo en el que el paciente es hospitalizado durante cinco días a la semana y conectado a la máquina que está dispensando la medicina, la cual produce fiebres muy altas y escalofríos terribles, ardor en la piel, en fin. Y la otra, Sutent, una quimioterapia recién aprobada, que no es inyectada, es una sola pastilla que se toma diariamente y que reduce el tamaño de los tumores y no conlleva reacciones secundarias. Con Interlukin en por lo menos dos pacientes que tengo, ambas mujeres mayores de edad que usted, y con metástasis en todo el cuerpo, entraron en remisión de los tumores hace más de dieciséis años y ahí están, gracias a Dios, sin problemas. Usted deberá decidir que hacer, pero eso tienen que decírmelo porque si se deciden por Interlukin hay que hacer arreglos para internarlo."

Fabio me hizo señas para que yo formulara la pregunta que él no tenía valor de hacer. Armada de coraje le pregunté al doctor Benedetto, "¿En qué etapa se encuentra el cáncer?"

"Cuarto. *Stage four*," contestó el Doctor.

Etapa cuatro, lo que significaba que el tumor había hecho metástasis, es decir, se había diseminado por todas partes, y que las mejores instancias de atacarlo se habían agotado. O lo que es lo mismo, Fabio había vivido las etapas de cáncer número uno, dos, tres y casi cuatro sin darse cuenta de que lo tenía. Nuevamente me hizo señas que preguntara más.

"¿Qué posibilidades tiene Fabio de salir adelante con Interlukin?" pregunté.

"Un 15 por ciento," respondió el Doctor.

"¿Es decir que tiene un 85 por ciento en contra?" le pregunté.

"Así es," dijo Benedetto mirándonos de frente. "Con Sutent no podemos saber nada, porque como he dicho ese medicamento sólo reduce el tamaño de los tumores y es muy nuevo para saber qué otros beneficios pueda producir."

Esto último le dio a Fabio fuerza para hablar, "Mire doctor, creo que todo está claro: no tengo más opción que comenzar con Interlukin no importa lo agresivo del medicamento, quisiera comenzarlo ya. Si yo vine de Cuba a los Estados Unidos remando en una balsa en medio de un huracán y vencí los pronósticos de que de cada tres balseros sólo uno llegaba vivo, sé que voy a remontar este mismo marcador en contra. Si es posible quiero comenzar esta misma noche con el tratamiento."

El doctor Benedetto, complacido por el valor de mi marido, nos dijo, sin embargo, que no, que las cosas tendrían que ser diferentes. Habría que esperar los días que fueran necesarios para los resultados de la biopsia y en el momento en que nos llamaran, en ese preciso instante tendríamos que hospitalizarlo para comenzar.

"Es una buena decisión," dijo Benedetto. "Si Interlukin falla, tenemos el recurso de Sutent. En su lugar, yo hubiera hecho lo mismo."

Ahí terminó la consulta. Cuando el doctor Benedetto salió del consultorio, y mientras Fabio se vestía, salí tras él.

"¿Cuánto tiempo de vida le queda a Fabio?" le pregunté sin dar más vueltas.

Sorprendido por mi valor o por lo directo de la pregunta, también me respondió sin rodeos, "Si bien nadie puede decidir con certeza algo tan importante como la vida y la muerte, lo que este tipo de cáncer nos ha enseñado en la etapa en la que él se encuentra es que el promedio de vida es un año, año y medio, quizá."

"Quiere decir que si todo esto fallara, ¿podría llegar a tener hasta un año de vida?"

Benedetto, honesto hasta el dolor, me asintió con la cabeza y me dijo, "Tenemos que tener fe en que los medicamentos funcionen y que, entonces, podremos darle una mejor calidad de vida si no hay complicaciones. Ahora sólo nos queda esperar el resultado de la biopsia para comenzar la quimioterapia."

Ese intenso viernes terminó con la gran empresa que nos esperaba. Sólo dos quimioterapias disponibles. Sólo dos. ¿Por qué? Dios mío, ¿por qué?

Sábado 18 de marzo, 2006

Muy de madrugada salí de viaje a San Antonio con la gira Crest y dejé a Fabio encargado a sus padres. Jorgito, su sobrino, lo llevaría a donde él quisiera. Yo regreso por la noche porque no lo voy a dejar solo, no importa lo que haya hecho; he decidido que más que nunca estaré cerca de él en estos momentos terribles de angustia por los que está pasando. Fabio sabe que va a morir y lo peor es que lo calla; no abre su alma y no comparte ese terror que por lo menos comunicándolo a otros disminuiría. Me sorprende saber que Jorgito lo llevó a su oficina. "¿Para qué fuiste?" le pregunto cuando hablamos por teléfono.

"Ya te dije que no voy a volver a trabajar, pero necesitaba ir a hacer unas diligencias que nadie puede hacer por mí."

"Hazme caso Fabio y no gastes la poca energía que tienes," le dije. "Vete a recostar, que yo llego esta noche."

No entiendo y me sobresalta esa obsesión de Fabio por ir a esa oficina. Según él, no le pagan a tiempo o, mejor dicho, con bastante retraso; usualmente su cheque llegaba cada dos o tres meses o por lo menos eso era lo que a mí me decía. Entonces, ¿por qué cumplir con un patrón tan mal agradecido en estos precisos momentos de gravedad inconmensurable? No obtengo respuesta y por el contrario, tengo una rara sensación de que lo hace para ocultar algo dentro de esa oficina.

Como de costumbre, apenas salí del evento volé de regreso a Miami. Fabio estaba en casa y al verme me pidió que me quedara junto a él. Sé que quiere decirme algo importante, pero lo interrumpe una llamada de su celular. Escucho una voz de mujer del otro lado del auricular.

"Es de allá. Es una sirvienta," me dijo tapando el aparato. "Es la señora que nos hace la limpieza en el departamento que el ruso, el dueño de los barcos que estoy inspeccionando desde hace meses, dispuso para mis estadías de trabajo."

De aquella plática me llamó la atención que alcancé a escuchar que ella le decía, "Amor, ¿cómo está?" Nervioso, Fabio le respondió repetitivamente, "No se preocupe, yo voy a estar bien. No se preocupe, yo voy a estar bien. No se preocupe, yo voy a estar bien."

No dijo ni una palabra más y acto seguido terminó la llamada. En estado de alerta, le pregunto, "¿Por qué esa mujer te dijo amor? ¿Por qué tanta explicación sin muchas palabras?"

"No seas bobita, que esa es la forma de hablar en aquel lugar," me respondió en seguida. "No me dijo 'mi amor', me dijo 'amor', porque esa gente habla así. Te repito que es la sirvienta del apartamento en el que vivo allá cuando voy a inspeccionar barcos. Alguien de la oficina debió decirle que tengo cáncer y estará preocupada porque días antes me vio con los dolores. Ella estaba llorando, sí, pero te repito que es debido a que ella y su esposo me han tomado mucho cariño. Es una infeliz que me lava la ropa, me atiende por unos cuantos dólares que para ellos son una fortuna; no me digas nada más, que también me preguntó por ti."

"¿Por mí?" le dije, incrédula. "Si ni siquiera me mencionaste."

"Sí, me preguntó por ti, porque le he dicho en muchas ocasiones cuánto te quiero. ¿Acaso no te he repetido suficientemente cuánto te quiero? Es más, lo que te quería decir es que deseo que me prometas que el tiempo que falte para comenzar las quimioterapias lo pasemos juntos disfrutando. Vayamos a los mejores restaurantes, a donde podamos pasarla muy bien, pero juntitos para recuperar el tiempo que hemos perdido, ¿OK mamita?"

No sé por qué, pero no le creí nada, sólo que con el panorama médico tan desolador decidí que lo primero era ayudarlo, por encima de mis celos. Total, ¿a qué mujer que no sea yo puede interesarle Fabio en las condiciones en las que se encuentra? No puede tener sexo, difícilmente puede estar de pie, no tiene trabajo, no puede irse de fiesta en fiesta como acostumbraba, tampoco tiene dinero, en fin, yo solita me respondo... a ninguna más que a mí, que lo quiero tanto, le puede interesar; además, el vínculo más grande del mundo, el de estar juntos ya por casi doce años sólo lo tiene conmigo.

Domingo 19 de marzo, 2006

Por lo menos algo bueno he sacado de estos días. Con tanto tiempo y preocupación que pasamos en los hospitales he dejado en el olvido "la aventura" de mi marido y ni siquiera me ocupo de revisarle el celular. Parece que estoy en el mejor de los caminos. Es más, las cosas están tan bien guardadas en el pasado que hoy recibimos a María Morales y a Armando Correa, periodistas de la revista *People en español* para hacer un reportaje, en el que ni por un instante se me vino a la cabeza la tipa de las fotos, porque las cosas son como antes entre nosotros, tal y como Fabio lo quiso dejar en claro.

"En nuestra vida todo ha sido felicidad," les dijo Fabio. "Ella es el mejor regalo que la vida me ha dado. Me siento muy bendecido por Dios por habérmela puesto en el camino. El cáncer es sólo un obstáculo más que vamos a vencer. Hasta el día que salí de viaje, caminaba dos horas al día, tenía una energía increíble. Todo esto se fue de pronto."

Cuando llegó mi turno de responder, por supuesto que las cosas no fueron menos que solidarias, al decirles, "Yo no pienso que Fabio se esté muriendo de cáncer. Yo sé que Fabio va a ser uno más que va a vivir con cáncer. Fabio es mi compañero, mi socio. Es todo. Yo no estoy preparada para que él se vaya de aquí. De ninguna manera. No estoy lista."

Fabio, a mi lado, tenía los ojos llenos de lágrimas mientras yo terminaba mi oración, "Sin él mi vida no tiene significado. Gramaticalmente el pronombre "él" no existe en singular. Existe "nosotros" y nosotros pronto vamos a estar bien."

Cuando los periodistas se fueron y nos quedamos solos, le repetí a Fabio lo que había decidido: los días que faltan para que lo hospitalicen serán los mejores para contrarrestar todo lo demás que nos espera.

Me explicaron todos los detalles del tratamiento con Interlukin, que suenan aterradores porque nos cambiarán la vida. Durante treinta y cinco semanas, de lunes a viernes, nuestra casa será un cuarto en el piso 12 de la ala oeste del Jackson Memorial Hospital, del cual el doctor Benedetto es el Director y donde él interna a sus pacientes para seguir cuidadosamente su evolución. La quimioterapia será en ciclos de tres semanas, seguidos cada uno de una semana de descanso antes de reiniciar uno nuevo. Cuento las treinta y cinco semanas en el almanaque y me espanto pues ¡la cuenta da hasta la primera semana de diciembre! Es decir, ahí pasaremos Semana Santa, mi cumpleaños y el suyo, el 4 de julio, día de la independencia de Estados Unidos, el *Thanksgiving* o Día de Acción de Gracias, y quizá la Navidad. No importa. Ahí estaremos. He decidido, además, que siempre que me refiera a su tratamiento no hablaré en singular, sino en plural, es decir, "viviremos ahí," "iremos a las citas médicas," "nos internaremos para la quimioterapia," en fin. Esa es mi solidaridad para que entienda que no está solo. Fabio me abraza por la nueva decisión gramatical que he tomado y comienza a llorar como un niño.

"Gracias por ser tan buena y por seguir conmigo a pesar de lo que he hecho," me dijo entre lagrimas. "Perdóname y entiende que dejar a la tipa esa fue lo correcto. No podía haber pasado de ninguna otra forma. ¡Créemelo por favor!"

Lunes 27 de marzo, 2006

Dejé de escribir por más de una semana porque Fabio y yo nos dedicamos a salir a restaurantes, al cine, a donde más podamos, y a donde su cuerpo le permita antes de que tenga que comenzar la quimioterapia. Como pareja nos fue muy bien, porque su arrepentimiento parece estar a flor de piel, pero como persona lo veo muy mal y, sobre todo, el tumor del cuello va en aumento, ahora parece una pelota de béisbol; por otra parte, cada día tiene que comer más lento ya que los tumores de la tráquea siguen creciendo y no le dejan pasar bien los alimentos, aunque no se vean. Hemos tenido que licuarle algunos en forma de papilla, pues ya no come muchas cosas sólidas. Casi a diario estoy en contacto con el doctor Benedetto para saber si ya están los resultados de la biopsia. Fabio está desesperado porque quiere comenzar el tratamiento. Benedetto responde lo mismo: sin los resultados de la biopsia no se puede hacer nada. Sin embargo esta tarde, mientras comíamos, en el restaurante La Casita de la pequeña Habana, finalmente llegó la llamada, "Tienen que reportarse de inmediato al piso 12 de la ala oeste en el Jackson Memorial Hospital. Ya tenemos los resultados de la biopsia y esta misma noche el doctor Benedetto comenzará el tratamiento. Usted ya conoce los detalles, y habrán otros más de los que tendrán que hacerse cargo, por ejemplo, la importancia de hacer un *living will*. En fin, cuánto más pronto lleguen mejor, porque hay que hacer un papeleo que no se puede evitar."

La llamada era del doctor Belisario Arango, médico panameño, graduado en la Universidad Autónoma de Guadalajara en México y asistente cercano del doctor Benedetto. Le hicimos caso, y en menos de lo que canta un gallo Fabio y yo llegamos al hospital. ¡Qué momento tan difícil! Fabio estaba adolorido y aterrado por lo que iba a comenzar, y como todos los comienzos éste fue de pesadilla. Alrededor de las nueve de la noche y luego de cuatro horas de larga espera, finalmente fue conectado a la máquina que durante los próximos cinco días le dispensaría gota a gota la quimioterapia con Interlukin. Se ha sentido tan mal con los tumores que me ha parecido que esta noche, a pesar de la quimioterapia y lo que nos han advertido que serán las reacciones secundarias, él está feliz. En el momento en que el medicamento comenzó a entrar en su cuerpo lo tomé de la mano y comencé a rezar.

"Así de sencillo ha terminado el martirio de la espera," me dijo Fabio. "Tú verás que me pondré bien y que volveremos a ir a Europa, y nunca más te dejaré sola. Nunca más."

No supe qué responderle. Mejor que haya decidido no saber los detalles que yo sí conozco.

"Te voy a decir algo que he callado," me dijo. "No necesito saber de este cáncer más de lo que yo intuyo o de lo que tú sepas. De cualquier forma, aunque estuviera muriendo en el fin del mundo, sé que tú tienes la fuerza para irme a buscar allá y salvarme."

Esa ha sido la declaración más grande que Fabio, siempre parco en expresar sus sentimientos, haya sido capaz de pronunciar. Él sabe que yo lo salvaría hasta en el fin del mundo. Y es verdad. Porque tiene miedo de pronunciar la palabra cáncer, porque tampoco tiene valor de hablar con su familia, soy yo, por tanto, la que tiene que hacer las llamadas a todos: a Adys y Fabio, mis suegros; a Jorgito, mi sobrino; a Yuyita, mi cuñada, y a Antón, su hijo, para decirles que ya está en quimioterapia. Trato de hablar fuera del cuarto para no molestarlo. Le calmo sus preocupaciones y regreso a la habitación. Fabio se ha dormido con calmantes que le recetó esta noche el doctor Benedetto, luego de que junto con el doctor Arango vinieran a verificar que todo marchara bien. Es casi la medianoche y me muero de cansancio, a fin de cuentas tengo que dormir cuatro horas más para recobrar fuerzas e irme a Telemundo a prepararme para el programa. Esta es la primera noche que me quedo en un sillón al lado de su cama. Sé que así será de ahora en adelante. ¡Ah! y sin que se me olvide anotarlo, por supuesto que junto a él tenía el "fregado" celular prendido, pero no lo he revisado. ¿Para qué? ¡Bravo Collins! ¡Eres una campeona!

Viernes 31 de marzo, 2006

Terminó la primera semana de Interlukin. Fabio se siente muy cansado, tiene la piel enrojecida por la reacción secundaria de la quimioterapia, más bien parece que ha pasado días enteros bajo el sol. En realidad es una quemadura en la piel y, como tal, se trata con lociones refrescantes. Por lo demás, este viernes salimos del Jackson exactamente cuando se cumplieron cinco días de tratamiento, es decir hacia las diez de la noche. Tengo que viajar mañana muy temprano y me quedan pocas horas de sueño. Manejo con Fabio a casa y en el camino me suelta la pregunta que en otro tiempo me hubiera hecho brincar de gusto, pero que en estos momentos en realidad me incomoda por lo falso que suena.

"¿Sabes que no te he dicho cuánto te quiero?"

Sorprendida le respondo, "No, en realidad yo no sé cuánto me quieres."

Me quedé mirándolo de frente y me esquivó. Quise decirle que si me quisiera tanto no hubiera hecho lo que descubrí. Quise echarle en cara cuánto tiempo me ha dejado sola en nombre "del trabajo inspeccionando barcos por todas partes." Quise gritarle que mi dolor era muy grande porque sus ausencias—que comenzaron con un viernes, luego se convirtieron en viernes y sábado, después viernes, sábado y domingo, y finalmente en una y hasta dos semanas fuera de casa al mes—me habían sumido en una soledad tan grande como una catedral. Quise hacerle uno y mil reproches, pero al verlo en tan deplorable estado no dije nada. Sólo respiré fuerte y recordé: terminó la primera semana de quimioterapia. Vamos por treinta y cuatro más.

4

Un *Tsunami* Emocional

Tal como las imágenes del *tsunami* o maremoto en Indonesia me llenaban de terror al ver a la gente indefensa escalar árboles y paredes para salvarse de las inmensas olas que la iba a ahogar, los acontecimientos que comenzaron a sucederse en mi vida me hicieron sentir permanentemente que estaba en medio de algo parecido a un maremoto emocional que amenazaba con exterminarme a diario, y, cómo no, si esta telenovela que jamás se le ocurrió a un guionista empezó a producir capítulos que no me permitieron ni un respiro a partir de abril de 2006.

La segunda semana de quimioterapia fue terrible, pero ahí estaba yo junto a Fabio, siempre firme. Lo hospitalizaba de lunes a viernes, y también en esta segunda semana y para siempre, nos llegaron tres ángeles que viven en el Jackson Memorial Hospital: Yolanda Hernández, Zenaida Pérez y Diamela Corralis, quienes me dieron la ayuda en tantas cosas que sin ellas no sé que hubiera hecho en medio de un horario de locura: hacía el show y al terminar, a eso de las diez de la mañana, salía volando al hospital para quedarme a su lado todo el día; ahí, entre medicinas y doctores revisaba los temas del programa del día siguiente, y así sucesivamente hasta que anochecía y nuevamente daban las cuatro de la mañana del día siguiente para salir rápidamente hacia mi casa. Ahí me cambiaba, y de inmediato volvía a salir a Telemundo para hacer el programa. A partir de esos días y mientras Fabio vivió, no volví a dormir en una cama, ni mucho menos a ponerme un pijama para descansar. Mi sueño, cuando podía conciliarlo, se volvió ligero y me permitía vigilar cualquier cosa que molestara a mi marido gravemente enfermo. Fabio comenzó a tener depresiones permanentes, no quería comer y, por consiguiente, empezó a perder peso aún más rápido. Tenía fiebre y se ponía rojo como si estuviera hirviendo; así, sólo quedaba el recurso de bajar la temperatura con hielo y a mano: compresa tras compresa durante tres y cuatro horas por la madrugada hasta que la calentura cediera. Ese era mi panorama durante por lo menos cuatro de las cinco noches con la quimioterapia.

Pero aún no había vivido lo peor; esto siempre estuvo unido a su enfermedad desde entonces. Había comenzado abril y con él, un rumor insistente en la prensa de espectáculos que me dejó sin saber qué hacer. Un día, fría de la angustia y temblando, leí una revista que, hablando de mi esposo, decía que antes de enfermarse de cáncer, Fabio iba a dejarme por una amante que tenía en Suramérica. Blanca Tellería, mi publirrelacionista, había quedado igual que yo: boquiabierta.

"¿De dónde puede venir todo esto?" preguntó angustiada Blanca. "¿Qué es lo que en realidad Fabio oculta? He recurrido a todas mis fuentes y todas coinciden en que son voces anónimas que llaman a las redacciones de revistas y estaciones de radio y televisión local de Miami."

"¿Quién puede ser?" insistía Tellería.

"No lo sé Blanca, pero lo voy a investigar con quien debe saberlo: con Fabio."

Sin saber cómo reaccionar, pero con rabia y humillación por ser el blanco de los chismes, decidí enfrentar la verdad en la soledad de aquel cuarto de hospital donde nos encontrábamos y mostrarle el artículo. Lo leyó sin inmutarse, y viéndome de frente me respondió, "¿Qué quieres que te diga? Esto es un chisme que han sacado tus enemigos para atacarte."

"¿Mis enemigos?" le respondí. "Pero... si yo no tengo enemigos. ¿A quién puede interesarle hacerme daño de esta forma, asegurando que mi marido tiene una amante por la que me iba a abandonar? Si me quieren hacer daño basta con que digan que soy pésima en el programa o cualquier cosa que se relacione con él, o en todo caso ¡que la que tiene un amante soy yo! pero no esto, Fabio, no tú, ¡por Dios!"

"No lo sé, pero detrás de todo esto hay alguien que te tiene envidia, o bien en Univisión o bien en Telemundo, y que ha echado a volar el rumor," me contestó Fabio.

Le dejé en claro que ni en Univisión había gente que me deseara mal, sino todo lo contrario, que ahí siguen siendo mis amigos hasta el día de hoy y que en Telemundo, mi nueva casa, mucho menos. Allí todos estaban ayudándome a sacar adelante el programa, no haciendo semejante maldad para sabotearme.

Sus palabras me dejaron mal, muy mal, porque no tenían lógica. Y las cosas se complicaron cuando, en lugar de acallarse, los rumores siguieron creciendo inexplicablemente. No hubo medio que no se ocupara de lo mismo: al margen de que me había enterado que mi esposo era víctima de un cáncer mortal, también había descubierto que me había sido infiel en Suramérica, donde tenía una joven amante por la que me iba a abandonar antes de conocer el diagnóstico del cáncer.

"No hay día que pase," me decía Blanca Tellería, "sin que no tenga una petición para que hables de lo que Fabio te ha hecho. ¿Qué hacemos? ¿Qué es todo esto?"

El *tsunami* emocional arreció a mediados de abril con oleadas de comentarios que me defendían, sí, pero que yo no entendía de quién provenían, ni por qué. En el programa radial matutino miamense *Zona Cero*, con Javier Ceriani, el presentador anunció que me ofrecía su apoyo en medio de la "infidelidad" de mi esposo, al que, sin embargo, dijo Javier, María Antonieta sigue atendiendo en el hospital sin prestar atención a los rumores. Por su parte, el periodista Gustavo Rodas en *TVNotas* publicó un artículo sobre mi último libro (*Cómo Lidiar con los Ex: Hombres, Mujeres y Fantasmas del Pasado*), añadiendo que mi esposo y yo atravesábamos "una crisis" debido a problemas matrimoniales. *TVyNovelas* no se quedaba atrás hablando de los llamados anónimos que habían recibido, tanto la redacción como su entonces reportera Jessy González, para advertirle de la "doble vida que llevaba Fabio," retándoles a hacer reportajes para que investigaran. Y en el programa *Paparazzi*, de la programadora MegaTV de la televisión local de Miami, los entonces presentadores Graciela Mori, Fernando Castell, Frank Cairo y Lourdes Ruiz Toledo, ex compañeros míos en alguna etapa de Univisión, hicieron la defensa más grande que hasta hoy haya recibido y que todavía agradezco: todos dijeron al aire que una cosa era que Fabio estuviera enfermo mortalmente de cáncer y otra lo que supuestamente había hecho al cometer adulterio.

"Total, para los tres meses de vida que le quedan a Fabio," dijo textualmente Frank Cairo.

En lo más profundo, como siempre, le agradecí a Frank Cairo su sinceridad, lealtad y apoyo, pero Fabio, al igual que mis suegros, mi cuñada y mi sobrino, vieron el programa con incredulidad, hasta que mi sobrino Jorgito, furioso, reaccionó contra el periodista, "Tío, no sé qué pudo haber pasado para que te hayan inventado tantas cosas, porque alguien está meneando toda aquella información; lo que estuvo bien feo fue decir que te quedan tres meses de vida. Se le fue la mano a Frank Cairo."

Ahí entré yo en defensa de Cairo y de todos aquellos periodistas que estaban cubriendo este chisme, "Ellos viven del escándalo, y Fabio se lo ha dado. Mi pregunta a todos ustedes es: ¿Cómo se supo que Fabio me fue infiel? ¿Por qué en lugar de hablar de una aventura, todos ellos dan por hecho que tuviste una amante? Y otra cosa, ¿por qué hablan de crisis? ¿Cuál crisis Fabio? ¿Tú y yo estamos o estuvimos en medio de una crisis? Porque si es así yo no me he enterado. ¿Quién sabe más de lo que sé yo? ¿Quién?"

Mientras Jorgito sobrino miró duramente a su tío, yo tuve la impresión de que lo estaba obligando a que me confesara algo, pero la sensación me duró un instante porque se perdió en medio de los comentarios de mis suegros, de mi cuñada y del propio Fabio, que comenzó a hablar, "Ahora se lo digo a ustedes como se lo dije a María Antonieta cuando comenzaron todos estos rumores. No tengo nada que ocultar, estos son los enemigos que ella tiene que la han cogido contra mí y nada más."

De paso, además de ofendida, aquello me hizo sentir culpable de ponerlo en el *spot* por ser yo una persona pública. Cuando la familia salió del hospital, tal y como pasaba cuando éramos niños, cuando descubríamos las mentiras al pedirle al sospechoso que

jurara decir la verdad so pena de que se murieran padres, hermanos o el mismo señalado, como relámpago le pregunté a Fabio,
"¿En verdad no tienes nada que ocultar? ¿Que te mueras si no es
cierto lo que dicen?"

"¡Qué me muera si estoy diciendo mentiras!" me replicó.

Al margen de todo y con el escándalo a flor de piel, como en
realidad yo no había dado declaraciones a ningún medio de televisión, la petición para hacer una entrevista con el programa *Al Rojo
Vivo*, con María Celeste Arrarás, vino de maravilla. Se hizo dentro
del mismo cuarto del Jackson Mermorial Hospital, y María Celeste controló magistralmente la situación.

"¿Por qué le fuiste infiel a María Antonieta?" le preguntó a
Fabio.

"Porque ella trabajaba mucho y a veces yo estaba solo. Eso no
es disculpa porque no lo merecía, pero estoy arrepentido," respondió Fabio.

A su lado, sentada y tomándole la mano, yo estaba pasando los
peores momentos, pero tenía que enfrentar la situación o ésta me
seguiría tomando por sorpresa como estaba sucediendo. Cuando
las cámaras se apagaron, María Celeste, a quien me une una amistad de años, me preguntó si era cierto que Fabio me iba a dejar.
Rauda, me volteé hacia él, y le dije, "Mi vida, María Celeste quiere
saber si me ibas a abandonar por una supuesta amante. Es mejor
que lo digas tú. No es cierto, ¿verdad?"

Fabio sólo respondió, "No, no es cierto," y esquivó su mirada
clavando la suya en el piso. Por un segundo sentí escalofríos, pero
obvié la respuesta porque comenzó a palidecer y a sentirse mal.
Aquella noche, al contrario de otras ocasiones, la fiebre no cedía y
Hyacinth, la enfermera de turno en el piso 12, me advirtió dulce-
mente, "Si la fiebre no baja con las compresas tendré que sacarle

sangre de varias partes de su cuerpo, para ver si hay alguna bacteria que está causando problemas. Personalmente creo que no se trata de eso, pero sólo lo sabremos si no hay fiebre o con el examen de sangre."

"¿Picarlo varias veces con lo lastimado que está? ¡No! Así pase la noche poniéndole hielo en todo el cuerpo, por favor no, que ya está sufriendo lo inimaginable," le supliqué.

No tuvo que decírmelo dos veces. Nunca importó lo que yo estuviera viviendo por las mentiras de Fabio, porque siempre puse todo lo malo en el sótano de mi memoria para poderlo ayudar. Esa madrugada en particular mi actitud ayudó, porque la situación se tornó peor, pues Fabio estaba consciente de lo que sucedía.

"Es viernes, día de salir del hospital en cuanto se acabe la última bolsa de quimioterapia," me dijo. "Sácame de aquí apenas me retiren las agujas. Quiero irme a la casa a descansar no importa la hora que sea."

Alrededor de la medianoche, cuando la quimioterapia terminó, la fiebre seguía altísima y yo tenía las manos entumidas de tanto ponerle hielo en la frente, en las manos, en la cabeza. Finalmente, alrededor de las cuatro de la mañana, entre Hyacinth y yo vencimos la temperatura corporal de mi esposo. Sentíamos haber ganado el campeonato mundial de boxeo.

"No me quedo ni un segundo más de lo que tengo que estar," ordenó el enfermo.

Por supuesto que a esas horas de la madrugada nos fuimos a casa.

Las próximas dos semanas venían con un descanso para que su cuerpo se recuperara y pudiera así reiniciar la segunda ronda de tres semanas con Interlukin. En realidad, ese fin de semana Fabio tendría que haberse sentido mejor porque los tumores del cuello habían disminuido notablemente, pero no fue así. Las reacciones secundarias lo atacaron sin clemencia. No comió, no se le antojaba nada, no tenía fuerzas. Pasó todo el día tirado en el sillón del *family room* durmiendo. Su cara había cambiado. Tenía el rostro hinchado, pero no le dije nada para no preocuparlo. Cuando ese fin de semana regresé de la gira supe que algo raro pasaba, a pesar de que Jorgito sobrino me telefoneó a San Antonio, donde me encontraba para darme la noticia que yo esperaba, "Quiero decirte que mi tío mandó al diablo a la mujer esa que lo llama de Suramérica."

"¿Y cómo lo sabes?" le pregunté a Jorgito.

"Lo vi hablando furioso por teléfono con ella y escuché cuando le dijo, 'No quiero verte ni saber de ti nunca más.'"

"Yo pensé," le respondí a mi sobrino, "que el-ya-no-hablaba-con-ella desde hace un mes, no ahora en pleno abril."

Jorgito, sin querer meterse en más problemas y, por supuesto, para no involucrar más a su tío, omitió más detalles y sólo agregó que debía estar tranquila porque "eso" se había terminado.

Nuevamente la rabia se apoderó de mí. "¿Hasta ahora Fabio tiene el valor de decirle a la tipa esa que no quiere hablar con ella? Y ¿qué es "eso" que Jorgito dijo que se había terminado entre ellos?" Ufff, que desesperación.

Desprotegida y clamando para que viniera el Chapulín Colorado en mi auxilio, decidí callarme esta novedad, porque, a fin de cuentas, Fabio finalmente había cumplido lo que me había prometido: dejarla. Además, en un par de días vendrían los premios Billboard a la música latina, el evento anual de Telemundo, donde él, por nada de este mundo, dejaría de ir conmigo. Y así, decidí guardarme el trago amargo y seguir de frente.

Mientras todos pensábamos que Fabio no sería capaz de asistir a la ceremonia de los premios Billboard, nuevamente me sorprendió: estuvo conmigo en la alfombra roja, acompañándome orgulloso. Cuando bajamos de la limosina, me tomó de la mano y me repitió, "Quiero que sepas esta noche que nada de lo que he hecho es culpa tuya. Tú no tuviste nada que ver. Perdóname, por favor, perdóname."

No quise entrar en detalles en ese momento y gocé como nunca aquella noche. Mónica Noguera y Poncho de Anda nos entrevistaron en el programa especial anterior a la entrega de los Billboard y en el que, por supuesto, Fabio Fajardo a voz en cuello dijo que era ¡el esposo más orgulloso de su mujer! ¿Qué más podía pedir yo? Fabio me había puesto en ridículo, sí, me había humillado públicamente también, pero esa noche todo era distinto. Esa noche, en televisión nacional e internacional, a través de Telemundo, sus palabras llegaron a todas partes, incluido el país donde una mujer vio con rabia aquellas imágenes del matrimonio Fajardo tomado de las manos y feliz, en lo que yo creía que era el fin de la tormenta.

Durante la ceremonia Fabio resistió las molestias de su cuerpo heroicamente, pero no por mí, sino por él. Le encantaba la fiesta como a nadie más y ahí estuvo. Al terminar el evento, y mientras salíamos, María Andrea Friedman, de *TVNotas* nos entrevistó directa, sin rodeos.

"Fabio, después de la nueva prueba de amor que te dio María Antonieta al dejar a un lado tu infidelidad y acompañarte en esta lucha por la vida, ¿te tocó pedirle perdón?"

"Si, le pedí perdón desde lo más profundo de mi corazón y hoy estamos más unidos que nunca," le respondió. "Nadie se puede imaginar cuánto nos unió mi enfermedad, somos el uno para el otro."

"¿Cómo te sientes ante este gesto incondicional de tu mujer?" le preguntó María Andrea.

"Es increíble, porque yo siempre supe que era una gran mujer pero ahora, a pesar de todo el amor que le tenía, me ha demostrado que puedo sentir por ella algo que no podría sentir por ninguna otra persona."

Al escucharlo se me erizó la piel, aunque me volvió la duda: ¿A quién se refería cuando dijo "puedo sentir por ella algo que no podría sentir por ninguna"?

Después del evento de Billboard, Fabio comenzó a recuperar fuerzas antes de iniciar otra ronda de quimioterapia; al margen de esto, la prensa volvió a la carga y un medio informativo en especial prometió que "al día siguiente, si el esposo de María Antonieta Collins no le confiesa la verdad que oculta, nosotros se la vamos a revelar." No supe nada de lo que estaba pasando en el programa hasta que, llorando, Karla Rossi, mi asistente, me llamó para contármelo todo. Quedé con la boca abierta, al igual que cuando hablé con mi cuñada Yuyita y me contó lo que le habían dicho a ella.

"Fíjate que una maestra sustituta que trabaja en mi escuela me dijo que vio a mi hermano Fabito en el aeropuerto de aquel lugar en Suramérica. Iba a saludarlo cuando de pronto se dio cuenta que no estaba solo... estaba acompañado por una mujer. He pensado mucho en decírtelo o no, pero es mejor que lo sepas y que investiguemos qué pasa," me confesó Yuyita.

"¿Dónde?" le pregunté asombrada. "¿Qué tiene que ver esa ciudad, que está en las montañas, si tu hermano viaja dos veces por mes a la costa y es el lugar donde están los barcos?"

"Eso le dije a la profesora," me respondió Yuyita. "Es más, también le dije que pudo haberlo confundido y me dijo que no, que era él porque, incluso, como él no la conocía, pudo acercarse a verificar si se trataba de un error. Fabito estaba allá con una mujer."

¡Bendita Yuyita! Siempre guardaré en lo más profundo de mí su lealtad en ese momento crucial. ¡Al fin, aquella sensación desconocida comenzaba a tomar forma! Mi corazón comenzó a latir fuertemente dándome señales inequívocas de que tendría que actuar. Me fui directo a revisar el pasaporte de Fabio, (algo que tampoco hice en once años de matrimonio). Lo tenía escondido, pero yo sabía dónde estaba porque de casualidad lo vi guardándolo dentro de la maleta de su *laptop*. Temblando desesperada lo encontré y lo hojeé rezando para que mis temores no fueran ciertos. Casi desfalleciendo de ansiedad me di cuenta de lo contrario. ¡Efectivamente, Fabio no tenía una, dos o tres sino una infinidad de llegadas a aquel aeropuerto! ¿Qué tenía que hacer Fabio Fajardo Estrada, mi marido, arquitecto naval, en las montañas y no en la costa como me lo decía? Es más, sentí que me moría al ver que la última salida desde esa ciudad, había sido precisamente el 7 de marzo de 2006, la fecha en que regresó del viaje de Suramérica; el día que lo recogí y lo llevé al hospital, el mismo día que constaba en el documento que había viajado a los Estados Unidos desde otro aeropuerto.

¿Quién lo había ido a llevar al aeropuerto de esa ciudad?

Mi cerebro aceleraba tan rápido como mi corazón.

¿Qué hacía mi marido allí? ¿Por qué Fabio nunca, nunca, nunca mencionó haber estado en esa ciudad ni, mucho menos, haber ido allí durante este viaje en el que me llamaba enfermísimo tres veces al día?

¿Qué hago, Yuyita, qué hago? Yuyita, siempre leal a lo que me sucedía sin importar que se tratara de su hermano, recomendó lo más lógico, "Vamos juntas al hospital y, así, las dos se lo preguntamos."

Yuyita tuvo que manejar mi automóvil porque los nervios, la ansiedad y el presentimiento me tenían fuera de mis cabales. Llegamos al cuarto y fue Yuyita quien comenzó, "Fabito, una maestra que trabaja en mi escuela acaba de regresar de Suramérica, y dice que se encontró contigo en el aeropuerto."

Fabio, agresivo, olvidando los dolores y lo mal que estaba, cortó a su hermana como un rayo, "Fíjate bien lo que te voy a decir. ¡Vete de aquí! ¡No te quiero ver! No puedo creer que sabiendo lo celosa que es María Antonieta me digas esto delante de ella. ¿Estás loca? ¡Lárgate! Has venido a ponerme mal, en vez de estar de mi parte pareces mi enemiga."

Fuera de sí y enfurecido con Yuyita, no escuchó que ella le pedía únicamente que nos dijera si era verdad o no. Total, con negarlo sin insultos hacia su hermana las cosas habrían sido mejores. Frustrada, Yuyita salió de la habitación, en donde el dolor y la mentira se volvieron tan palpables que se hubieran podido cortar con una tijera.

"Tu hermana se fue en medio de tus insultos, que algo encubren, pero yo no," le dije furiosa.

Como rayo, lo enfrenté; me paré al pie de la cama y disparé mis preguntas, "Entonces, ¿no es cierto que te hayan visto en ese aeropuerto?"

"¡No! y no comiences con tus celos," me dijo desesperado.

"¿Conoces ese lugar?" le pregunté, esperando a ver qué se le ocurría responder.

"¡No! y para que te calmes y no me hagas perder la calma a mí también, te lo voy a decir más claro... ¡Nunca he estado ahí!"

No sé cómo no me dio un infarto cardíaco en ese instante. No lo sé.

Lentamente y frente a él saqué el pasaporte que tenía en mi cartera, y se lo mostré. Fabio palideció instantáneamente mientras me escuchaba.

"No sé con qué cara te atreves a negar lo que has hecho. Acá, Fabio, tengo la prueba de que no sólo has estado ese lugar en las montañas, y no en la costa en las fechas en que supuestamente estabas supervisando barcos, sino que has viajado directamente de esa ciudad a los Estados Unidos. ¿Por qué? ¿Qué estas ocultando? ¿Qué es lo que hay ahí?"

Fabio se sumió en el más profundo de los silencios, mientras yo continuaba discutiendo aquello que me estaba partiendo el alma en dos.

"He soportado humillaciones, tu infidelidad, pero más mentiras ni un día más. Es más, te voy a decir dos cosas: una, sacaste a tu hermana de aquí y la corriste para que no dijera lo que la amiga vio y que tú sabes que es cierto... Fabio Fajardo, estabas en ese aeropuerto con una mujer. ¡Niégalo! ¡Dime que estoy loca! ¡Que lo he inventado! ¡Dímelo! Y lo otro que tengo que decirte es que mejor no lo niegues, espera con tu cobardía acostumbrada y no me lo digas, porque tú y yo juntitos veremos esta noche el programa de televisión que prometió revelar los datos de la amante que tienes."

Por primera vez pude leer el terror en su rostro.

"Quiero decirte algo y quiero que lo entiendas muy bien," seguí diciéndole. "Si esta noche me entero de algo que no sé, hasta aquí llegamos Fajardo, hasta aquí, no importa como estés. Así que tú sabes qué haces."

Salí de la habitación furiosa y llorando desconsolada. En el pasillo me encontró el doctor Arango, quien no salía de su asombro al ver lo que estaba pasando. "No se desespere señora," me consolaba. "Vamos a ver qué le dice don Fabio. Seguramente él tendrá que darle una explicación."

La plática con el médico fue interrumpida por una llamada.

"¿Dónde estás? Ven por favor, pero ven pronto que tengo que hablar contigo..."

Como zombi me devolví a la habitación donde mi marido me esperaba sentado y con los ojos llorosos.

"Siéntate frente a mí y escúchame," me dijo Fabio. "No hables hasta que yo no termine. Dame tu mano que necesito de tu fuerza."

Mi corazón, la presión arterial y mi respiración estaban desbocados.

"He hecho algo muy malo, es verdad, te he mentido," me confesó nervioso. "La 'aventura' de la que te conté no era tal. En realidad es una 'relación' de dos años que tuve con una peluquera. La mujer es de aquella ciudad en Suramérica y sí, es verdad también que he ido a esa ciudad varias veces a visitarla."

Creí que iba a desmayarme, pero Fabio prosiguió, "La conocí en una peluquería a donde fui a cortarme el cabello."

Me quité de su lado, asqueada y llorando sin poderme contener.

"No sé cómo me involucré en una relación que duró dos años... pero que ya se terminó. Créeme que ya se terminó. Y yo sé porqué te lo digo. Se ter-mi-nó. ¡Palabra de honor!"

No supe cómo, en el colmo del descaro, Fabio me estaba hablando de darme su palabra de honor. No parecía entender que si mi mundo se había acabado el 9 de marzo cuando descubrí su infidelidad, lo poquito que quedaba lo había derrumbado aquella noche, mientras vaciaba sus culpas.

Siguió con su confesión, "Te fui infiel con una mujer con la que únicamente tenía fiesta y sexo. No te llega ni a los talones... pero estaba ahí los fines de semana cuando yo me sentía solo porque tú estabas trabajando en el noticiero del fin de semana y yo en otro país."

"¿O sea que tu excusa para ser infiel y mentir era que yo trabajaba en el noticiero los fines de semana?" le pregunté incrédula.

Estaba desesperada escuchando todo aquello que me lastimaba como puñaladas y no sabía qué hacer. Quería abofetearlo, arañarlo, dejarlo tirado ahí en ese preciso instante, pero no pude hacer nada más que irme derrumbando hasta caer sentada en el piso, llorando un mar de lágrimas, mientras quien había sido mi marido se convertía en un desconocido con el que había vivido más de una década.

Fabio seguía hablando sin parar, "Todo cambió. Esta mujer me ha presionado desde el día de la entrevista de María Celeste en *Al Rojo Vivo* y los premios Billboard, cuando nos vio. Quería seguir conmigo y como le dije que todo se había acabado porque me desilusionó, me amenazó con mandar fotos a la prensa si yo no le daba dinero. Como le dije que no tenía porque estoy enfermo y tuve que dejar de trabajar, me ha estado presionando por *e-mail*, es más, te voy a mostrar el último correo para que veas que te estoy diciendo la verdad."

Lo inexplicable comenzaba a aclararse en mi mente.

"¿Es ella la que ha armado todo el escándalo en la prensa?" le respondí.

"Sí."

Ahora comenzaba yo a entender lo que había sucedido. "¿Ella ha llamado a los medios para filtrar lo que ha salido?"

"Sí," me respondió Fabio. "Si no es ella, es alguien de su familia, pero de ahí viene todo."

"¿Por qué, entonces, echarme la culpa de que eran mis enemigos los que estaban haciendo todo el escándalo?" le pregunté dolida. "¿Por qué no decirme la verdad?"

"Por cobarde. Por miedo a perderte. Sin ti no soy nada."

Le pregunté qué fotos tenía ella para mandar a las revistas y periódicos.

"Todas. Cualquier cantidad que nos tomamos en estos dos años y me ha amenazado con enviártelas a Telemundo. Así que con todo esto que te he contado, por favor no veas el programa de televisión esta noche y hazme caso, por favor no veas ninguna foto que te envíe; ya no tienes de qué preocuparte, ya que nunca más voy a serte infiel con nadie, con nadie, y que me muera si no cumplo porque se lo he prometido a Diosito."

"¿O sea que en aquellas ocasiones cuando te fuiste de viaje y de pronto no llegabas a ningún hotel y no había dónde localizarte porque 'te quedabas en los barcos para ahorrar dinero o para que no te fueran a asaltar,' o cuando 'el celular no te funcionaba y no tenías ninguna llamada registrada,' o lo apagabas por las noches porque 'era muy caro y no había que botar dinero a la basura,' era porque estabas con ella?" le pregunté anonadada.

"Sí," me respondió. "No sé cómo fui perdiendo la voluntad y haciendo lo que ella quería..."

"¿Hacer lo que ella quería era quitarte el anillo de bodas como el 7 de marzo que te recogí en el aeropuerto y no lo traías? ¿Hacer lo que ella quería era decirme que para qué gastaba dinero llamándote para decirte que me estabas dejando muy sola?" le pregunté ardiendo del dolor.

"Sí."

"Y, cuando los huracanes azotaron a Miami, tres en un mes, Fabio, ¡tres! y yo solita tuve que enfrentar el miedo, los preparativos y arreglar después todos los daños porque tú estabas supuestamente inspeccionando barcos en Suramérica sin que te importara lo que me pasara a mí..."

"También porque estaba con ella," me respondió.

Seguí preguntando porque era el momento de aclarar todas aquellas dudas.

"¿Es por esa mujer que te perdiste tres días y apareciste en esa isla bronceado, porque ahí tuviste que esperar a que llegara un barco que ibas a inspeccionar? ¿Estabas con ella? O cuando en este último viaje, Fabio, este último, para ser precisos el 26 de febrero, no me llamaste y al día siguiente dijiste que fue porque saliste a alta mar a hacer la prueba de estabilidad del barco y regresaste por la noche y ya no quisiste despertarme, ¿fue porque estabas con ella?"

"Sí," me contestó, ya sin poder esconderse tras ninguna otra mentira.

"Un momento," le dije alarmada. "¿Estabas con ella, pero, también te fuiste con ella a otro país?"

"Sí."

"¿Qué edad tiene?"

"Veinte años... veinte años menos que tú," dijo Fabio.

"¡Veinte años menos que yo!" exclamé furiosa. "¡Y veinte años menos que tú también! ¡No seas ridículo y descarado! ¿Por esos veinte años menos fue que perdiste el interés sexual por mí, como me lo dijiste un día?"

"Sí."

"¿Por esos veinte años menos que yo hacía un año que no me tocabas?" le pregunté desolada.

"Sí."

Fue en ese momento que comprendí por qué se cometen crímenes pasionales. Quise matarlo. ¡Perdóname, Señor, por pensarlo cuando soy incapaz de matar a una mosca!

"En realidad," le dije volteando a verlo fríamente, "por eso es que estás enfermo de cáncer. Porque el cáncer lo has tenido todo este tiempo, no en el riñón ni en la columna vertebral... ¡sino en el alma! ¿Cómo pudiste llegar a estos extremos de mentiras cuando hablábamos por teléfono y yo te rogaba que regresaras, que si no tenías dinero para el pasaje que yo lo pagaba, pero que lo importante era tu vida? ¿Cómo podías tener tan poco corazón con una persona que te daba todo?"

"No lo sé," me contestó entregado. "Enloquecí, y pagué caro. Cuanto más enfermo me puse en el viaje más molesta se ponía ella. No me hacía caso y me dejaba revolcándome del dolor, totalmente opuesto a lo que tú habrías hecho de estar conmigo: te habrías preocupado y me habrías cuidado. Por eso mismo te digo que me creas que todo se acabó entre ella y yo, porque se lo dije textualmente, y nada más."

"¿Sabes cuál es la peor de las ironías?" le dije desconsolada, "que ni siquiera sepamos cuándo hicimos el amor por última vez. ¡Y que la última vez que estuviste con alguien ni siquiera haya sido conmigo!"

¡Qué dolor, Dios mío, qué dolor! Salí de la habitación desesperada para llamar a Yuyita y contarle aquella locura que Fabio me había confesado. Se lo dije a mi suegra, a Jorgito sobrino, que nuevamente me dio la impresión de saber más de lo que me decía, y se lo dije a Antón, quien guardó un silencio sepulcral y me dijo que me quería mucho... y algo más, "Por favor, no dejes a mi papá."

Si en ese momento aguanté y no dejé a Fabio, se debió únicamente a aquella súplica de mi hijo Antón. Al escuchar su voz angustiada sabiendo lo que el padre había hecho, me puse en el lugar de Adrianna y Antonieta, mis hijas biológicas, en el caso de que fueran ellas quienes suplicaran por mí a Fabio. Eso me impidió abandonarlo en aquel momento.

¿Qué hacer? ¿Dónde estaba mi dignidad? La rabia comenzó a apoderarse de mí y decidí regresar al cuarto a hablar con Fabio.

"Esta noche me has dado otro golpe mortal, pero sigo viva," le anuncié. "He entendido que tienes el derecho de decidir con quién vivir y con quién morir en el tiempo que te quede. Creo que tienes que buscar a esa mujer y traerla para Miami y que te atienda. Por mi parte estás libre. ¿Te preocupa quedarte sin mi seguro médico en medio de esta enfermedad? No hagas un drama. Nos vamos a separar pero no se lo vamos a decir a nadie. Más adelante nos divorciaremos. Más claro: te dejo mi seguro médico que es lo que tanto necesitas... pero a mí, ¡a mí no me vas a volver a tener! Me voy a casa a dormir, y mañana vendré a traerte ropa y comida, pero nada más."

Fabio suplicante, me sujetó fuertemente llorando y me dijo, "No te vayas, por favor, no te vayas. No me dejes. Esa mujer no existirá nunca más en nuestras vidas. Ni por un segundo me pasó por la mente traerla a Miami. Nunca ha estado en los Estados Unidos, mucho menos pensé dejarte, ni la tendría cerca de mí en estos momentos. ¡Es un cero en mi vida!"

Sin hacer más caso a la retahíla de perdones que me pedía comencé a guardar todas mis cosas que se encontraban en aquella habitación para marcharme, mientras Fabio desesperado intentaba detenerme. De pronto, un grito me hizo dejar todo. "¡Ayúdame, por favor, que tengo escalofríos!"

En cuestión de segundos, Fabio temblaba de tal forma que parecía estar convulsionando. Sólo acerté a cubrirlo con cobijas y subir las barandas de la cama para que no se cayera antes de salir corriendo a buscar la enfermera de turno, que era, gracias a Dios, Hyacinth. Fabio seguía revolcándose y temblando sin poderse controlar. La enfermera me ordenó subir a la cama y cubrirlo con mi cuerpo mientras ella buscaba una inyección de Demerol para detener los escalofríos más terribles que alguna vez yo hubiera presenciado. Cuando el medicamento comenzó a hacer efecto, Fabio fue recuperando el control de su cuerpo y quedó exhausto, exactamente como lo estábamos la enfermera y yo.

"Perdóname por todo esto que te estoy haciendo pasar," me dijo con voz débil. "No tengo con qué agradecer que sin miedo me hayas cubierto con tu cuerpo. No te vayas por favor... no te vayas."

¿Qué iba a hacer en ese momento? ¡Absolutamente nada! Ya las cartas estaban sobre la mesa. Me había confesado que la aventura no era aventura, sino un amorío; que había sido una relación de dos años y que la mujer lo presionaba, lo que, además, había hecho añicos cualquier nexo que todavía conservaran. ¿Debía abandonarlo cuando esa misma noche Fabio había padecido un súbito dolor en el pulmón derecho? ¿Cómo dejarlo en esas condiciones? No pude. Aunque quise hacerlo, no pude.

Al entrar a Telemundo al día siguiente mis compañeros técnicos y camarógrafos tenían la misma actitud: tras haber escuchado la última humillación pública que Fabio había provocado, esquivaban respetuosamente mi mirada: ¡era verdad que tenía una amante!

Deshecha de tanto llorar, con la cara hinchada y moralmente hecha polvo, saqué fuerzas para salir al aire. Ilia Calderón, Poncho de Anda, Mary Gamarra, Édgar López y Carlos Yustis vinieron a arroparme. Ilia lloraba conmigo y José Díaz-Balart, siempre con la sonrisa en la boca, vino a darme ánimo "a la cubana."

"Mi niña, mira bien lo que te digo. Yo sé que tú como muchas mujeres en tu circunstancia son las reinas del 'cranke' y que en muchas ocasiones al principio de todo esto te dije que no podías estar recriminándole a Fabio lo que habías decidido perdonar. Pero hoy, luego de saber éste nuevo capítulo, ¡no sólo te doy permiso, sino que te ordeno que no dejes de darle 'cranke' las veinticuatro horas del día si es necesario! Lo que te has enterado que hizo, y que a sabiendas calló... ¡Es un horror!"

Reí como autómata con su comentario, porque en realidad mi cerebro, mi razón y mi vida entera no sé donde se encontraban. Un dolor real en el pecho me impedía respirar a fondo. Jorge Torres-Sojo, entonces Coordinador General de Producción del show y uno de mis amigos, junto a Catriel y el resto del staff no sabían qué hacer para ayudarme. Aquellas tres horas fueron un martirio. Se encendía la luz de la cámara y yo hablaba. Se apagaba durante los comerciales y lloraba desconsolada.

Cuando terminó aquella edición le pedí a Poncho, Ilia, Yustis, Edgar, Mary y José que vinieran a mi oficina. Ahí, mordiendo la humillación les conté los detalles que acababa de conocer para que nadie los tomara desprevenidos. No hubo uno de ellos que no reaccionara preguntando cómo podían ayudarme. Lo hicieron todos y cada uno, de la mejor manera: como la familia que hemos sido en la televisión. Después, al salir de Telemundo, vendría nuevamente la peor parte del día de ese día, valga la redundancia, la de enfrentar a un hombre que me había traicionado como nunca nadie lo había hecho.

¿Cómo llegar y acariciarlo? ¿Qué hacer ante tanto dolor y rabia por la canallada que había cometido? ¿Cómo hacer que mi cerebro racionalizara de manera distinta lo que Fabio había reconocido? ¿Cómo olvidar la traición más grande que alguien me hubiera podido cometer? ¿Quién podía enseñarme a borrar esta página negra? Con esas y decenas de preguntas más entré a la habitación donde lo encontré más agobiado que nunca.

"Tengo un dolor extraño en el pulmón derecho," me dijo. "Y una sensación rara en la columna vertebral. Por favor llama al doctor Arango para que me revise y le diga al doctor Benedetto que estoy mal."

Eso hice. La cara de preocupación del doctor Arango me hizo saber que algo andaba verdaderamente mal.

"Fabio, hablé con el doctor Benedetto y ha ordenado una serie de exámenes," le dijo el doctor Arango. "Es muy probable que haya líquido en el pulmón, y si eso es así habrá que sacarlo. Por lo pronto, una vez tenga los resultados listos, el doctor Benedetto hablará con ustedes."

Así que no hubo tiempo para pleitos ni recriminaciones ese día, sólo pude acompañarlo empujando la silla de ruedas que comenzó a utilizar desde aquel momento, porque le faltaban fuerzas para caminar. Uno a uno se sucedieron los análisis, placas, ecografías que cuidadosamente revisó el médico. Por la noche, cuando Benedetto y Arango entraron en la habitación, sólo con ver sus rostros supe de inmediato que algo efectivamente andaba mal.

"Fabio," le dijo el doctor Benedetto. "Ha ocurrido algo que modifica el tratamiento que habíamos diseñado originalmente. Si bien los tumores han disminuido considerablemente y el del cuello ha prácticamente desaparecido, la mala noticia es que han salido en la columna vertebral, en la séptima vértebra toráxica. A esto se deben las molestias en la espalda. Pero hay algo más. La presión al respirar es producto del agua que se ha acumulado en gran cantidad en la pleura del pulmón derecho."

"¿Qué hacer?" preguntó Fabio desesperado.

"Por lo pronto ya el Interlukin no funciona y en este momento lo vamos a descartar. De cualquier forma tenemos el recurso de la otra medicina que hay disponible, Sutent. Con respecto al tumor en la vértebra, hoy mismo lo remitiré con la doctora Mabel Wahab, una radióloga oncóloga, porque es preciso comenzar de inmediato las radiaciones. Para solucionar el problema en el pulmón vendrán a hacerle una punción y a sacar el líquido que se ha acumulado; calculo que es litro y medio. Es un procedimiento desagradable, pero es indispensable que se haga cuanto antes."

Cuando Benedetto y Arango salieron la realidad era palpable: Fabio estaba muy mal y eso hizo que nuevamente olvidara la atrocidad que había cometido contra mí, y de más está decir que los días que siguieron fueron un boleto gratis al infierno en dos sentidos: era terrible recordar sus mentiras sin límite, pero era igualmente funesto verlo sufrir con el avance del cáncer, que parecía arreciar con cada nueva revelación y que me impedía hacer otra cosa que acompañarlo sin hacer recriminaciones.

Mi mano lo sostuvo cuando le hicieron la punción para insertarle una aguja que extrajo el líquido en el pulmón. Aquel chorro de agua que salió a presión nos mojó al médico que estaba practicando el procedimiento y a mí, que estaba al lado de mi marido, pero tampoco hubo tiempo para lamentos. Había que ir a ver a la doctora Wahab, la radióloga oncológica del Sylvester Comprehensive Cancer Center, otro de esos seres maravillosos cuya dulzura y compasión por sus pacientes simplemente no tiene límites. Luego de examinar aquellas placas, la doctora Wahab fue directa:

"Este tipo de tumores es peligroso por la parálisis que puede producir. Vamos a radiar las vértebras afectadas durante tres semanas todos los días. Después evaluaremos los resultados."

Con el cambio de Interlukin para Sutent, ya no fue necesario que Fabio estuviera hospitalizado y nos fuimos a casa. Allí Fabio me pedía perdón cada vez que me veía, y yo en medio de un dilema doloroso, donde nadie me dijo quédate, y por el contrario, me recomendaban dejarlo; entonces decidí platicar con una de mis grandes amigas, Cristina Saralegui.

"Mira, mi hermana, haces bien en aceptar la situación y quedarte con Fabio," me aconsejó. "¿Acaso en la evaluación de los años que han pasado juntos hay más cosas buenas que malas?"

"Sí."

"¿Entonces?... La vida está compuesta de estas grandes pruebas. Hiciste bien en quedarte y luchar. Eso mismo hubiera hecho yo."

Tampoco hubo más opciones, porque el cáncer no daba tregua. Mayo de 2006 comenzó con malos pronósticos. Seguían las radiaciones en la columna vertebral para detener los tumores en las vértebras y, además, Fabio había iniciado la quimioterapia con Sutent, la pastilla diaria que no producía complicaciones, lo que fue un oasis para él. Sin embargo, yo comencé a preocuparme cuando su rostro se tornó más y más hinchado, cuando ya no podía caminar por falta de fuerzas y cuando la energía estaba ausente de su cuerpo. El doctor Benedetto, siempre pendiente de nosotros, me pidió que llevara a Fabio a una consulta especial, pero no sin antes tomarle una prueba de rayos X del pulmón derecho.

"Está bien que vayamos a la consulta por la tarde, pero al salir quiero llevarte a cenar, así que ponte linda que nos vamos de rumba, por lo menos de rumba gastronómica," me dijo Fabio.

No hubo cena ni rumba; por el contrario, Fabio salió de la consulta directamente al piso 12 del ala oeste, donde fue hospitalizado de emergencia. El pulmón derecho parecía a punto de reventar con el líquido que había acumulado desde la punción. Esa noche fue conectado a una aspiradora que succionaría el líquido veinticuatro horas al día, de manera que el pulmón se secara y a lo sumo en siete días todo volviera a la normalidad y nosotros a casa.

No fue así.

El pulmón no dejó de producir agua, y una semana después Fabio fue intervenido quirúrgicamente para sellarle la pleura con un químico. El proceso de recuperación no fue tan sencillo porque su cuerpo estaba agotado y casi todo el mes de mayo lo pasamos internos en el Jackson Memorial Hospital. El 12 de mayo, día de mi cumpleaños, fue igual. Lo pasé en Los Ángeles haciendo el programa y de ahí salí a Nueva York a hacer el show tres días seguidos desde el Rockefeller Center, lo que se anunció previamente para que el auditorio llegara a formar parte del público.

Antes de salir de viaje, regresé al hospital a despedirme, y encontré a Fabio más atormentado que nunca. Nada más al verme se soltó a llorar sin poderse contener y me pedía perdón con una angustia inenarrable.

"¿Es que hay algo que me quieras decir?" le pregunté. "¿Hay algo más que yo tenga que saber?"

Pude jurar que sí, que había algo más, pero su respuesta me borró toda duda.

"No. ¿Qué más puede haber si ya te lo he dicho todo?"

"Fabio Fajardo... ¿Que te mueras si no has dicho toda la verdad?" exclamé molesta.

"¡Que me muera! ¡Y que me muera pronto!"

5

Sólo Te Falta Matarme

Si bien mayo de 2006 había comenzado con un pobre panorama médico para Fabio, con la última confesión de que la *"aventura no era aventura, sino un amorío de dos años"* quedé por una parte en estado de *shock*, pero increíblemente en paz porque creí que al fin, aquellos sobresaltos diarios, de donde emergían nuevos capítulos cada vez, se habrían terminado para siempre con aquella terrible confesión de abril. Al partir de viaje a Nueva York aquel 14 de mayo, en donde estaría transmitiendo el programa durante tres días, había alcanzado a durar la mitad de un mes sin padecer más problemas que el cáncer. Silencio total en la prensa. Como si la tierra se hubiera tragado a la "amante escandalosa."

Creo que este tiempo en el hospital, durante el cual Fabio se recuperó de la cirugía para pegarle la pleura con un químico y con esto evitar que se le metiera más líquido en el pulmón, fue también uno muy bueno para recuperar la relación entre nosotros. Me llamaba dos o tres veces al programa, y otras tantas durante el día.

"Maneja con cuidado," me decía a cada momento. "Tengo mucho miedo de que te pase algo. A ti no te puede pasar nada, porque si tú me faltas yo me muero. Nadie, nadie en este mundo es capaz de hacer las cosas ni actuar tan rápido para salvarme la vida como tú."

Estas frases (por las que en otras épocas habría dado todo lo que tenía con tal de oírlas) siempre venían acompañadas del perdón, que solía pedir con un sentimiento de tribulación fácilmente perceptible, y, sobre todo, con un llanto incontrolable. Muchas veces me cuestioné las ironías de la vida. Este hombre destruido era el que poco antes había sido fuerte, fanfarrón, inamovible; el que en el colmo del cinismo había tenido una amante durante dos años mientras interpretaba ante todos el papel de hombre, padre y marido ejemplar.

Pero los cuestionamientos se topaban con otras cosas: el muro del dolor y mi gran compasión por él como ser humano. No tenía sentido seguir buscando más de lo que había hallado. ¿Para qué? Quizá en mis preguntas sin respuesta había una que dejaría para más tarde, para un día en que ya sanaran las dolencias del pulmón y pudiera responderme el asunto de aquella mitad de la pastilla de Viagra que había escondido en su billetera. ¿Con quién la estaba usando en realidad? ¿Desde cuándo lo hacía? Pero ahora ya no importaba nada más. Me estaba repitiendo a diario que me quería, me decía que me quería a toda hora, y eso, para una mujer enamorada, era suficiente. Así me fui al viaje de Nueva York, acompañada por todo el equipo de *Cada Día*: José Díaz-Balart, Ilia Calderón, Mary Gamarra, Poncho de Anda, Andrea Castro, mi peinadora en Telemundo, y Catriel Leiras, mi hermano-amigo-maquillador de cabecera quien no perdía oportunidad de reír de todo, incluso durante jornadas de maquillaje que transcurrían a las cuatro de la madrugada, antes de salir al lugar donde haríamos el programa en plena calle.

"¡Ay, chica!" me decía. "Por lo menos trabajamos mucho y no tenemos ya ningún sobresalto con la historia de Fabio y aquella mujer, que ya me tiene hasta la coronilla. ¡Solabaya! Ni la mencionemos, no vaya a ser que hasta aquí nos alcance la maldición de esa desdichada."

"¡No, hombre, Catriel!" le decía. "¿Qué tendría que pasar para que hasta aquí, hasta Nueva York, nos persiguiera si ahora sí sé que es cosa del pasado de mi marido? Fíjate cómo se acabó todo cuando le confisqué el fregado celular a Fabio, mejor dicho, entre Jorgito sobrino y yo le quitamos el celular y no dijo nada."

José Díaz-Balart brincó sorprendido y me dijo, "Ven acá. ¿Le confiscaste el celular y no dijo nada? ¿No peleó nada?"

"Ab-so-lu-ta-men-te nada," le respondí.

"¿Ves? Ahora sí se calmó en serio. ¡Ya era hora!" exclamó José.

Esa madrugada, mientras nos maquillábamos, Ilia estaba particularmente triste y seria. Terminó su sesión de maquillaje y salió sin decir una palabra. Yo pregunté qué le pasaba.

"Acaba de terminar con su novio," me explicaron.

Discreta y respetuosa como es Ilia, también nosotros fuimos recíprocos y no preguntamos nada más, y nos dirigimos al Rockefeller Center, la casa de nuestra cadena hermana NBC, nuestra casa cuando viajamos a Nueva York. A tan temprana hora de la mañana ya había varias personas esperando en el auditorio, entre ellas, muchas que se acercaban con copias de mis libros para que los autografiara. Por un segundo me llamó la atención un hombre con un sobre grande de color amarillo, pero fue sólo un instante, porque eran tantos los detalles de aquella transmisión que ni siquiera pude acercármele, a pesar de que me hacía gestos para que lo hiciera.

Era el último día en Nueva York. Justo al terminar el programa deberíamos salir de inmediato al aeropuerto para regresar a Miami y transmitir al día siguiente desde nuestros estudios en Hialeah, como si nada hubiera sucedido. Logísticamente, Ilia y yo vendríamos en la misma limosina que nos llevó del hotel al Rockefeller Center. Operativamente era un día increíble. Directivos de la comunidad del Bronx llegarían a entregarme el letrero de la calle honoraria con mi nombre, reconocimiento que acepté emocionada. Pero faltaba más. En persona estaba nada más y nada menos que el mismo Gobernador del estado de Nueva York, George Pataki, quien en español y en persona me hizo una proclama. Emocionada, llamé a Fabio desde el mismo lugar de la transmisión. Seguía en el hospital con muchos dolores, pero esa mañana del 17 de mayo se había despertado temprano.

"Qué emoción ver el homenaje que te han hecho," me dijo por teléfono. "Vendrán tiempos mejores donde pueda acompañarte nuevamente, por lo pronto, termina el programa y ven rápido a Miami, no tardes en llegar al hospital que te estoy esperando."

No supe por qué me dio miedo tanto cariño ni por qué un escalofrío me recorrió el cuerpo. Quizá, me dije, me había desacostumbrado a que Fabio me diera cosas buenas a cada momento. Efectivamente el programa terminó y, como es costumbre, se formó la cola de fanáticos en espera del autógrafo, del abrazo y de la foto de oportunidad, aunque yo no supe más porque estaba en medio de un remolino de gente; sí sé, sin embargo, que el tiempo que permanecí con ellos fue mínimo y que Claudia Foghini, entonces productora del show, luchaba por sacarme de en medio y empujarme dentro de la limosina mientras algunos fanáticos nos seguían de cerca.

"Vamos Mac," me decía Claudia. "No te detengas que tienen el tiempo justo para llegar al aeropuerto. Se acabaron los autógrafos."

Tampoco era para tanto, pero le hice caso, especialmente porque Claudia Foghini estaba siempre pendiente de lo que yo necesitaba; lo había hecho desde el primer día que llegué a Telemundo, y si, sabiendo cómo me gusta el contacto con el auditorio ella me decía que no había tiempo, era porque no lo había. "La güera italiana," como la llamaba, estaba protegiéndome una vez más. Mis pensamientos se cortaron cuando por la otra puerta de la limosina rápidamente entró Ilia, quien apenas sí me dijo una palabra en el trayecto al aeropuerto. Recordé lo que nos habían dicho a la hora del maquillaje, que estaba así por el asunto del novio y decidí también respetar su silencio. Es decir, me quedé callada.

En la sala de espera, Ilia, usualmente cariñosa conmigo estuvo distante. Buscó un lugar lejos de todo contacto y se quedó ahí hasta que abordamos el avión. Antes de despegar, y tal y como era mi costumbre, la última llamada fue para Fabio.

"No te demores y ven pronto que aquí te espero en el hospital," me dijo nuevamente.

Al responderle con un cariño, de reojo vi como Ilia torció la boca, volteándose de lado y dándome la espalda en medio de un perceptible enojo. Me llamó la atención, pero no le di mayor importancia por el momento que estaba viviendo. Ya en el aire, aunque en silencio, a leguas se notaba que estaba hecha un mar de nervios. Se movía de un lado para otro en el asiento. Era raro verla actuando de tal manera, porque usualmente es dueña de una compostura del ciento por ciento, pero en esa ocasión parecía fuera de sí.

Pobre, pensé para mis adentros, *nunca imaginé que iba a quedar tan mal por un novio. Pero si no quiere hablar, la dejo en paz.*

Cuando ella requiera de socia espiritual para desahogarse sabe que cuenta
conmigo.

En el mismo vuelo venía Gloria Trevi, quien al igual que Gloria
Ruiz, su mamá, desde que se presentaron en mi programa no dejaron nunca de llamarme para darme su apoyo. Viendo que Ilia no
quería hablar, fui y me senté junto a Gloria para pasar las dos horas
y media de vuelo; la Trevi me hizo reír con la estrofa de una canción
que incluiría en algún disco futuro.

"La he pensado para ti y por eso la compuse, escúchala,"
me dijo.

La canción ciertamente me venía como anillo al dedo:

Como a ti te gustan putas e hijas de la chingada,
sé que te voy a gustar más que nunca
porque seré mas puta e hija de la chingada que
...la puta con que andabas.

Sólo Gloria Trevi era capaz de escribir semejante atrocidad y
hacerla sonar irreverentemente bien. A su lado, Sara Soto, su representante, amiga y compañera de algún tiempo en Univisión, reía
conmigo de buena gana.

"¿Qué tal te pareció?" me preguntó Gloria.

"Buenísima." le respondí divertida. "Pero con una sola correc-
ción. Tienes razón que la pensaste en mí, pero la mujer que andaba con Fabio no era puta, es peluquera, ¿cómo crees? Por lo
menos es lo que él me dijo. Que la había conocido cuando se cortaba el pelo."

La Trevi sin pensarlo mucho aclaró, "No importa. Para mí
todas las que andan con hombres que tienen mujer, sin importar
que sean casados o no, son putas... ¿OK?"

De buena gana las tres reímos con la ocurrencia. La única que nos ignoró siguió siendo Ilia, quien prefirió fingir que dormía en medio de aquel barullo que habíamos formado Gloria Trevi, Sara Soto y yo.

Gracias a ellas, el trayecto de Nueva York a Miami se hizo más corto, hasta que finalmente el avión aterrizó y, por supuesto, hice mi primera llamada, ante la mueca de Ilia.

"Llegué bien Fabio, no te preocupes," le avisé. "Sí, yo sé que han sido cuatro días fuera y que no te han atendido como yo lo hago, pero en este preciso momento salgo del aeropuerto corriendo al hospital. No te preocupes que ya voy a resolver todo lo que no te han hecho en mi ausencia, ¿OK?"

Gloria y Sara se despidieron dentro del avión, mientras Ilia y yo sacábamos las cosas del compartimiento. Fue entonces cuando Ilia por fin abrió la boca, "María Antonieta, respóndeme esto, *please*. ¿Estás segura que Fabio te ha contado toda la verdad? ¿Que te lo ha dicho todo?"

Sorprendida por la pregunta, la interrogué, "¿Todo? ¿Sobre qué? ¿Sobre la aventura-que-no-fue-aventura-sino-una-querida? ¡Por supuesto que sí! ¿Qué más me podría decir fuera de eso?"

Mientras le respondía terminé de tomar mis maletas y salimos juntas del avión a la sala de espera. De pronto, sin más, Ilia me tomó del brazo y me hizo a un lado de la corriente de pasajeros que como nosotras estaba desembarcando.

"Hazme caso por favor," me dijo seria. "He pensado mucho durante el vuelo si debo decirte esto o no. Pero creo que tengo que hablar... no podría quedarme callada..."

Sin saber de qué se trataba, mi corazón comenzó a latir fuera de control con sólo verle la cara a Ilia, a quien se le asomaban las lágri-mas. Soltó al piso lo que traía en las manos, me miró de frente sujetándome por los brazos, y me dijo, "¡Fabio no te dijo la verdad María Antonieta! ¡Fabio se casó con una mujer en febrero pasado!"

Yo creí que alguien me había dado un golpe en la cabeza y sólo acerté a ver a Ilia mientras iba dándome los detalles, "¡Se casó en febrero! ¡Cuando te decía que estaba en viaje de negocios!"

Sentí un dolor tan grande como si estuviera recibiendo una puñalada mortal.

"Ese hombre que se trataba de meter en el set en el Rockefeller Center, ¿recuerdas al que traía un sobre en la mano?" me preguntó.

"Sí," le respondí, fría del dolor.

"Ese hombre quería hablar contigo a toda costa para contarte 'algo importante que tu tenías que saber.' Yo lo vi sospechoso y sobre todo decidido a entrar en plena transmisión al set, y no sé por qué lo atajé y le dije que yo era tu amiga, que cualquier cosa que te quisiera decir a ti me la podía contar a mí, pero que en ese momento era imposible que tú le hicieras caso. ¡Y ahí me contó todo, pero antes se lo había dicho a los técnicos y a todo aquel que lo quiso escuchar!"

"¿Fue por eso que tú y Claudia Foghini al terminar el show me empujaron en la limosina sin dejarme hablar con la gente?" le pregunté ya rendida.

"Sí, porque el hombre no iba a irse sin hablar contigo. Estaba desesperado por que supieras que su mejor amiga, cuyo nombre y teléfono están en este papel, y Fabio Fajardo Estrada, tu marido, se casaron por la Iglesia católica con gran boda y fiesta en un lujoso hotel, en febrero de este 2006, y que regresaron del viaje de luna de miel el 7 de marzo de este 2006... hace casi tres meses. Más claro: ¡el mismo día que tú lo recogiste en el aeropuerto de Miami y lo llevaste al hospital y le diagnosticaron cáncer, Fabio venía de pasar la luna de miel con ella!"

Yo estaba conmocionada, balbuceando sin poder articular una sola palabra.

"No es posible Ilia, no es posible." le dije, desesperada. "Durante este último viaje él no dejó de telefonearme ni un solo día. Por lo menos tres veces por día lo hacía, y especialmente me contaba lo mal que se sentía por lo que él creía era una infección tropical o un infarto. No es posible Ilia que alguien mienta en tal forma."

"Sí lo es, y ahora es tiempo de que vayas al hospital y escuches sus explicaciones."

Por tercera vez en menos de tres meses a causa de Fabio yo terminé llorando sentada en el piso, bañada en lágrimas, llena de estupor y con un dolor inconmensurable. Por tercera ocasión en tres meses Fabio Fajardo Estrada, mi buen esposo, el mismo que yo decía que durante más de una década había soportado mis renovaciones y mis aventuras periodísticas como "el mejor de los socios en la vida," me asestaba una puñalada traicionera. Loca, convertida en demente, marqué dos y tres veces el celular de Fabio con la misma pregunta a gritos, "¡Fabiooooo! ¡Fabiooooooo! ¡Dime que no es verdad! ¡Dime que no es cierto que conoces a esta mujer! ¡Dímelo!"

Fabio respondía desfalleciente, "Mamita, ven para acá al hospital, ¡ven por favor! Acá hablamos. Aquí te explico, ¡por favor!"

Pero Ilia Calderón, que para entonces estaba en el piso arrodillada junto a mí abrazándome, tenía que contarme más.

"Esta mujer quiere hablar contigo. Aquí tienes el nombre y el teléfono. Además, dice que Fabio la tiene amenazada por si te dice algo y que, además, hay alguien de la familia del mismo Fabio que le sirve de contacto y que la tiene amenazada también. Es verdad que se casaron. El hombre traía las fotos de la boda a la que asistió como invitado. Es más, me dijo que Fabio lo conoce muy bien a él, porque en muchas ocasiones convivió con ellos dos."

Más desquiciada aún volví a marcar el número celular de Fabio y le grité, "¿Te casaste con ella? ¿Es verdad que en febrero te casaste con esa mujer estando casado conmigo? ¿Lo hiciste a pesar de que me juraste por tu vida, que te murieras si algo malo andabas haciendo?"

Fabio sólo respondía lo mismo, "Ven para el hospital por favor, ven para el hospital que aquí quiero hablar contigo y explicarte."

"¿Qué me vas a explicar?" le dije asqueada.

"Que estaba loco," me rogó. "Que solamente loco pude hacer esas cosas."

"Si hubieras estado loco, te hubieras cortado un testículo o por lo menos te hubieras lanzado desde la azotea," le respondí destrozada. "No hiciste nada de eso ¿verdad? Porque no estabas loco, simplemente estabas gozando de la vida, viviendo una doble vida mientras me engañabas miserablemente."

"Ven por favor. Ven que tenemos que hablar," me suplicaba.

"Fíjate bien lo que voy a hacer. Voy para el hospital sí, pero con toda tu familia junto a mí. Creo que a todos nos debes una explicación."

Desesperada comencé a marcar a la familia, primero a Yuyita mi cuñada quien, al igual que yo, pareció enloquecer con la noticia. Y me dijo, "No es verdad, no puede ser Cuquis, eso es un chisme que te metieron. ¿Cómo pudo hacer eso? O mejor dicho, ¿quién puede hacerlo? No, no, Fabito no."

"Yuyita, no te estoy dando suposiciones," le expliqué nerviosa. "Te estoy diciendo lo que Fabio hizo, porque tengo las pruebas. Es más, voy para el hospital en este momento y no voy a entrar hasta que no lleguen ustedes. Ahí afuera te espero mientras hago una llamada importante. Habla por favor con Jorgito tú, hijo, y cuéntale. Tráelo contigo que aquí los espero."

La próxima llamada fue para Antón, "Tú papá se casó con una mujer, Antón. Ese era el gran secreto que guardaba todo este tiempo. Antón ¡cuánta mentira, cuánta mentira!"

Antón no se inmutó con la bomba atómica que le acababa de soltar. Sólo me dijo, "Voy para allá, no hagas nada hasta que no llegue... y pase lo que pase, *please* no lo dejes, por favor."

Ilia y mi hija Antonietta—a quien Ilia en un principio había llamado para que fuera al aeropuerto—fueron las que me llevaron directo al hospital. Antonietta no podía creer lo que Fabio había hecho. Le pedí que se fuera a casa porque yo no quería que ella presenciara la escena que no deseo nunca más que viva impunemente una mujer: la de enfrentar una traición de esta clase. Antonietta se fue y yo me quedé afuera como una autómata, sentada en las bancas que dan a la calle esperando a la familia. Yuyita y su hijo Jorgito fueron los primeros en llegar.

"Mami, tía Caquis, para ser honesto tengo que decirles algo antes de entrar al hospital," nos dijo Jorgito. "Hace unos días mi tío me pidió que lo ayudara en algo horrible que me confesó que había hecho y de lo que estaba muy arrepentido. Resulta que es cierto. Mi tío se casó en febrero con una mujer que lo enredó y no supo cómo salirse de eso, ya que poco a poco lo comprometió y lo fue involucrando con la familia de ella. Él pensó que esto nunca se iba a saber y que no tendría consecuencias legales ni familiares. Mi tío me confesó que se había casado por la Iglesia, porque ella le decía que eso no valía. Yo no lo podía creer, pero como está tan enfermo decidí ayudarlo. Después de los premios Billboard, en los que ella los vio juntos en la transmisión de Telemundo, se dio cuenta de que tú eras una persona conocida y que mi tío supuestamente le había mentido diciéndole que estaba divorciado, y que, por lo tanto, el matrimonio de ellos no era válido. A partir de entonces, y sin importarle que estuviera gravemente enfermo de cáncer y en el hospital, comenzó a presionarlo llamándolo a toda hora pidiéndole dinero y propiedades a cambio de su silencio. Mi tío desesperado, ya sin dinero y sin trabajo me pidió ayuda. Así fue que yo le envié a la mujer lo poco que él pudo darme a cambio de que ella no tuviera nada que ver contigo, dejándole en claro el mensaje de mi tío: el día que te hiciera algo a ti, se le acababa el dinero. Tía Cuqui, a mi tío lo único que le interesaba era evitar que tú supieras esa estupidez que él había hecho y que sufrieras por eso."

Ya no tenía más lágrimas ni estupor, porque se me habían acabado con la plática telefónica que sólo minutos antes de que ellos llegaran había tenido con la mujer, conversación que de inmediato les narré.

"¿Aló?" dije al escuchar que alguien contestaba.

"Sí."

"Soy María Antonieta Collins, la esposa de Fabio Fajardo, la misma persona con quien quería hablar."

La mujer titubeó unos instantes para recuperarse ante lo directo de mi llamada, y me contestó, "Sí. Yo la estoy buscando para que sepa que su esposo y yo estamos casados. Nos casamos por la Iglesia y con una fiesta para 150 personas, y nos fuimos de luna de miel..."

Decidí interrumpir la historia que ya conocía, y le dije, "Nada de eso es nuevo. Ya lo sé. Pero... ¿para qué me busca a mí? Yo no acostumbro a entrevistar a mujeres como usted, porque mi programa es de familias, no de escándalos. Si quiere salir en uno de esos programas, busque otro. Conmigo no tiene nada que hacer."

"Entonces, mejor que ya conozca algunos detalles porque los demás se los cuento ahora," respondió bruscamente. "Por lo pronto quiero decirle que como usted es una persona con muchos años en los medios y por eso tiene dinero, ¡pues dinero es lo que necesito! Si no quiere que las fotos de mi boda con su esposo salgan publicadas y eso la perjudique, necesito que me 'colabore.'"

"¿Que yo qué?" pregunté sin entender aquel vocabulario.

"Que me colabore," repitió.

"¿Y eso? ¿Qué quiere decir?" le dije, atónita.

"Que me compre dos propiedades, una para cada uno de mis dos hijos que se han visto afectados. Si yo no tengo dinero y pronto, voy a vender las fotos a la revista que me las compre allá en los Estados Unidos."

Me enfurecí. No supe si era más mi indignación contra Fabio por infiel y traicionero o contra ella por oportunista, y aunque habían sido terribles los golpes recibidos ese día, "lo Collins" me salió a relucir, y le repliqué con furia, "Mira, y te hablo de tú porque no mereces el más mínimo respeto de mi parte. Te has equivocado rotundamente y estás chantajeando a la peor para hacerlo. Si te hubieras acercado a mí sin intentar dañarme ni mucho menos extorsionarme... ¡habrías ganado de verdad! Me habría sentido identificada contigo como víctima del mismo engaño por el que he sido traicionada, y hasta te habría ayudado. Pero así... así no. Escúchame bien. Te la pasaste 'de lo lindo' con mi esposo de arriba para abajo. Pero esto se te acabó. ¿Qué vas a vender a las revistas las fotos de la farsa esa? ¡Por Dios! Escucha bien: ¡hazlo! Es más, te voy a dar los mejores teléfonos para que llames a los editores de esas revistas y me hagas más famosa... ¿OK? Por lo demás, confórmate con lo que has vivido. ¡No tendrás un centavo más! Fabio no tiene trabajo ni dinero y no podrá volver a viajar. Te metiste en mi territorio. Ahora es a mí a quien le toca jugar, y tendrás que atenerte a las consecuencias."

La mujer me respondió furiosa, "Quédese con él, que al fin y al cabo no la quiere. Métase eso en la cabeza. Él me dijo muchas veces que no la quería, que usted podía ser rica y famosa, pero nada más, que yo era todo para él. Soy veinte años menor que usted y conmigo tenía sexo todos los días. Con usted no; desde hace dos años que comenzamos a andar juntos porque él decía que usted como mujer no servía."

Le colgué el teléfono. Había sido suficiente. Jorgito sobrino me miraba incrédulo, escuchando una historia que a todas luces conocía bien mientras Yuyita sacaba conclusiones.

"Eso reafirma lo que pienso: que ella sí sabia quien eras tú, y que desde el principio, desde que ella envolvió a Fabito, tenía la intención de sacarles dinero a ti y a él," dijo Yuyita. "A mí no me cuenten que alguien se casa con un hombre sin saber y sin haber hablado nunca con los padres del futuro esposo, o que te casas sin que esa familia política vaya a tu boda ni aceptas que no te manden una tarjeta de felicitación por la boda o un regalo o, vaya, que siquiera les llamen ese día para felicitarlos. Nadie se casa por la Iglesia con fiesta y ceremonia sin que tu propia familia conozca a del hombre que va a vivir con su hija. Nadie se casa sin conocer el domicilio dónde localizarlo, sabiendo únicamente el número del teléfono celular y la dirección del correo electrónico, algo que puede desaparecer con mucha facilidad sin dejar rastro. A mí que no me cuenten esa historia de que ella no sabía que mi hermano estaba casado en Miami."

"Comienzo a darte la razón," le dije a Yuyita, "especialmente por el interés de la mujer de que soy una persona que 'tiene en los medios muchos años' y, por tanto, tiene dinero..."

"Imagínate qué clase de mujer es, que, si fuera verdad que se casó con Fabito por amor, con dos meses de casada o menos su actitud habría sido diferente cuando él se enfermó," siguió Yuyita. "En lugar de chantajearlo habría estado preocupada por su vida. Ella sabía to-do. ¿Cómo no saberlo? Ustedes nunca se han escondido, siempre han salido en programas, en revistas, nunca estuvieron escondidos. Así que no me digan que el matrimonio de ustedes era algo que desconocía ella, su familia y el amigo que te ha ido a buscar hoy a Nueva York. ¡Por Dios! Eso no se lo cree nadie."

La plática se interrumpió cuando Yuyita y Jorgito decidieron entrar de una vez por todas a enfrentar a Fabio, quien cada cinco minutos me llamaba desesperado al celular sólo para ratificar que yo no le respondía. Me quedé un rato más allí, como zombi, sin saber qué hacer. Ellos me dijeron que una vez se encontraran en el piso 12 del ala oeste con Antón, lo enfrentarían, tal y como Yuyita me lo describió luego, "Entramos al cuarto y Fabito mi hermano estaba más asustado que nunca, ni siquiera con el diagnóstico del cáncer lo vi así. Estaba nervioso, no sabía qué hacer, no sabía qué decir."

"No sé que hacer, no sé que hacer, perdónenme," imploraba Fabio.

"¿Tú estás loco Fabito?" le dijo Yuyita enojada.

"Sí, yo tuve que estar loco para hacer lo que hice, no sé como me atreví. Ahora no sé que hacer, ayúdenme con María Antonieta que me quiere dejar... ¿qué hago?" preguntó con desespero.

"Contarnos a todos la verdad. ¡Basta de mentiras! Y para hacerlo, tiene que ser de frente y con María Antonieta presente. Ahora mismo la llamo que está abajo y hablamos todos sin tapujos."

Luego del llamado de Yuyita, subí a la habitación con la sensación de que a mi alrededor había caído una bomba atómica y que yo era la única que había sobrevivido. Veía los autos andando y la gente caminando, y no me explicaba por qué habían quedado vivos si todo se había derrumbado. No sé cómo caminé hasta el ascensor, ni cómo entré en aquel cuarto—el mejor de todo el piso, reservado a pacientes especiales, en el que Fabio disfrutaba en su condición de "marido especial." Recuerdo y recordaré aquella escena como si fuera hoy: Fabio, con la muerte siempre retratada en su rostro de enormes ojos, que el cáncer había hecho más grandes a fuerza de perder peso, me vio y me pidió que me acercara a su cama. Parada en la puerta, se me revolvía el estómago de sólo pensar en enfrentar su traición y el dolor que me había causado durante tres meses innecesariamente. Pero me acerqué para verlo de frente, y le dije, "¿Cómo pudiste hacerlo, Fabio? ¿Cómo?"

Me faltaron fuerzas y caí doblada sobre la cama. Toda la familia lloraba en silencio.

"¿En qué cabeza cabe que no se sabría nunca?" seguí mientras me desmoronaba emocionalmente.

"En la mía. El ladrón nunca piensa que lo van a atrapar. Así me pasó a mí," dijo Fabio.

Mi rabia aumentaba con sus explicaciones.

"En el último tiempo de tu trabajo en Univisón y el primero en Telemundo estuviste muy ocupada y yo aproveché la oportunidad para jugar, y 'me quemé.'"

"Pero... tú no jugaste," le dije, enfurecida. "No seas cobarde. No me pusiste 'los cuernos' con una aventura. ¡Tú te-fuis-te-a-casar con otra mujer y por la Iglesia! ¡Hiciste fiesta para 150 personas! ¡Te fuiste de viaje de 'luna de miel'! y ¡me llamaste todos los días mientras estabas 'inspeccionando' barcos! A ti nadie te puso enfrente un gran fajo de papeles y no te diste cuenta que lo que firmabas era un acta de matrimonio. ¡¡¡Tú no te emborrachaste y al día siguiente amaneciste sin saber que te habías casado!!!! Tú hiciste eso conscientemente."

"Ella me decía que por la Iglesia no valía," explicó cobardemente.

"¿No valía qué Fabio? ¿Qué era lo que no valía? ¡Irte a burlar de Dios por partida doble? ¡Casarse con alguien, así sea ante dos elefantes en Pakistán significa un compromiso! Eso se hace cuando estás libre de compromisos. Si querías hacerlo, si lo ibas a hacer, ¿por qué no dejarme? ¿Por qué casarte con otra mujer estando casado conmigo y aparentemente con un matrimonio feliz?"

"Porque tres veces intenté dejarte y no pude." me dijo. "Siempre supe que si te perdía, perdería la mejor mujer que alguna vez cruzó por mi camino. Te veía siempre superándote, siempre buscando ser mejor, siempre feliz con tu casa, con tus animalitos, siempre siendo una muy buena persona, te repito, la mejor persona que se haya cruzado en mi camino, y me arrepentía de todo y dejaba a esta mujer... Pero la tentación volvía. Tres veces la dejé y las tres me volvió a buscar sin darme tregua, y no supe qué hacer. Para este momento ya me había comprometido con la familia, la que quería verla casada y de blanco. Ellos prepararon todo, y lo demás fue la locura."

El tono de mi voz aumentaba mientras los Fajardo escuchaban mi doloroso recuento, "Tú eres un canalla. Eso es lo que eres. Haciendo memoria de lo que sucedió en ese maldito viaje, ese día de febrero tú me llamaste por la mañana y por la noche. Lo recuerdo perfectamente. Recuerdo lo que entonces me dijiste... 'Me siento mal, tengo dolor en el costado y fiebre, pero salí del barco sólo para comprar un poco de comida y ahora mismo me regreso al camarote, mi vida. Y no te preocupes porque no estoy en un hotel. Quedándome en el barco estoy ahorrando un dinerito.' Y ¿qué era lo que estabas haciendo en ese mismo momento? ¡Te acababas de casar! ¡Ahora dime que mis celos eran infundados, y que no tenía razón! ¡Ahora martirízame como lo hacías diciendo a los cuatro vientos 'lo difícil' que era decirme que tenías que ir a trabajar a Suramérica, porque yo me enfurecía y no entendía que tu trabajo estaba allá!"

No respondía porque no tenía argumentos. Estaba descubierto y dando más detalles con su propia voz, "Ese día, tienes razón, fue el más terrible. Te llamé saliendo de la Iglesia. Durante toda la misa me repetí: 'me quiero morir, me quiero morir.' Lo que había hecho era terrible y sólo quería morirme, pero ya todo estaba terminado. Llegamos al hotel donde íbamos a pasar la noche y mientras comenzaba la recepción yo me escabullí y subí a llamarte. Tu voz era lo único que me daba paz."

En aquel instante entendí nuevamente a quienes matan en un momento pasional. Cegada por el dolor lancé mi teléfono celular, que fue a estrellarse en la pared haciéndose añicos y estos cayeron sobre su cama. De no esquivarlo, no lo habría matado el cáncer sino el golpe del aparato. Cuando me recuperé, Fabio quiso saber cómo me había enterado de todo. Se lo conté en detalle y cuando me detuve le mostré el papel del nombre y teléfono de la mujer para hablar con ella."

"Si tú dices que todo se terminó entre ustedes, en este momento la llamamos y quiero ver qué es lo que le dices."

Fabio asintió y llamamos delante de toda la familia, que se había quedado muda. El silencio fue roto por la plática de Fabio con su amante, que nunca esperamos tener que escuchar.

"Te dije que no tocaras a María Antonieta, que ella no tenía nada que ver con lo que yo estaba haciendo. Te lo dejé muy claro: si ella se enteraba, hasta ahí llegaba el dinero que yo te daba. Así que lo hiciste, pero nunca más vas a recibir un dinero de mi parte. ¡Nunca! ¡Te odio!"

El momento fue digno de un capítulo de telenovela; sin embargo, todo se tornó aún más surrealista cuando, en medio de la discusión, se abrió la puerta del cuarto y apareció el doctor Benedetto preguntando, "¿Pasa algo?"

Furiosa me volteé hacia Fabio, y le dije, "¿Quieres que le diga al doctor qué pasa?"

"¡No por favor! ¡No le digas nada!" me rogó.

Como si me hubiera dicho "corre, ve y dile," salí junto con Benedetto de la habitación y ahí, en ese mismo pasillo lleno de dolor y esperanza en el piso 12, llorando le conté al médico la asquerosa historia de la que me había enterado ese mismo día. Benedetto estaba desconcertado, rascándose la parte posterior de la cabeza, incrédulo.

"Bueno, en realidad la mente humana es algo muy complejo," me dijo. "No sé qué decir. Únicamente que si decide irse, nadie, absolutamente nadie podrá señalarla por hacerlo. Todo lo contrario. Usted está en todo su derecho. Tiene el mejor de los argumentos, sólo le pido un favor: avíseme de la decisión que tome, porque esto cambiará el rumbo de muchas cosas con respecto a su esposo."

Cuando el médico se retiró y yo regresé al cuarto, los Fajardo decidieron partir en masa. Yuyita, Jorgito y Antón me pidieron que no me quedara ahí, al menos por esa noche.

"Vete a dormir a la casa," recomendaba Antón, "que ya has tenido bastante con el día de hoy."

A regañadientes les hice caso, sólo para encontrarme que en el camino Fabio comenzó a llamarme con desesperación. La enfermera de turno lo ayudó y también me llamó con la súplica de que regresara para que el enfermo no sufriera una crisis de ansiedad.

"No me dejes solo. No me dejes solo hoy. Regresa por favor, que siento que me estoy muriendo. Por favor, duerme aquí esta noche."

No tuve el valor de desatender aquella petición de un hombre en realidad moribundo. Di media vuelta y regresé al hospital, mientras Yuyita y Jorgito sobrino llevaban a cabo otra tarea igualmente pesada: contarle la historia a mis suegros, los padres de Fabio. Esto es lo que Yuyita Fajardo recuerda de aquel fatídico 17 de mayo de 2006.

En el camino de regreso del hospital a mi casa cuestioné a mi hijo.

"¿Por qué mentir? ¿Por qué ocultar algo tan monstruoso? ¿Con qué cara podíamos ver a María Antonieta después de esto?

"Mami, si a alguien le ha servido lo que pasó con mi tío es a mí," me contestó. "Yo creo que todo el problema de la enfermedad es un castigo de Dios por haberse burlado de Él, y creo que mi tío también lo siente así, pero ya no hay nada que hacer. Nunca en mi vida se me habría ocurrido que mi tío, un hombre tan inteligente, tan recto, tan honesto, tan serio, fuera capaz de hacer una cosa semejante. Yo te juro que jamás en mi vida haría una cosa siquiera parecida luego de ver las consecuencias de esto, pero ahora tenemos que sacar adelante a mi tío y a María Antonieta. Como te digo mami, hace poco que mi tío me pidió ayuda y me contó la historia. Hubo momentos en que no supe cómo mirar a mi tía Cuqui a la cara, pero ¿qué hacía? Mi tío Fabito ha sido como un padre para mí y así enfermo no me parecía que era el momento de dejarlo solo."

Llegamos a casa y mi hijo y yo hablamos con mi mamá. Jorgito fue el primero que habló. Yo no sabía qué decir. Mi mamá al conocer los detalles se ponía las manos en la cabeza, en la boca, no podía creer lo que estaba oyendo.

"Eso es mentira, no, mi hijo no es capaz de hacer algo semejante. Increíble." decía, al escuchar todos los detalles.

Mientras tanto, en el hospital la confesión voluntaria de Fabio continuaba, en una necesidad de catarsis que escuché, no sé ni por qué.

"La pastilla de Viagra que me encontraste en la billetera me la había puesto ahí ella. En realidad ella fue la que me pidió que la usara. Hace año y medio que la utilizo. Nunca me imaginé que los problemas que tenía eran el comienzo de varicocele, la enfermedad que tuve y que oculté, porque creía que todo lo que me pasaba era debido a que había perdido el interés sexual por ti."

"¿Estás consciente de que la pastilla, los problemas y el varicocele en el testículo izquierdo eran ya el signo del cáncer que te estaba atacando?" le pregunté.

"Ahora lo sé. Entonces ni lo imaginaba. Te dije, me puse a jugar y perdí."

"¿Sabes cuánto dolor me causaste?" le dije. "Quizá lo más triste es que ni siquiera hiciste el amor conmigo por última vez, sino con esa mujer."

"Si de algún consuelo te sirve... ni con ella he tenido sexo desde la noche de bodas," me explicó. "En el viaje comencé a ponerme peor y peor. Antes de irnos de luna de miel, me pasaba las noches en casa de ella en vela, con un dolor terrible en el costado izquierdo que nada lo calmaba. Ella, incapaz de ser como tú que siempre me has atendido, me dejaba ahí solo como perro, mientras dormía a pierna suelta. Yo me iba a la sala y ahí amanecía. Cuando le recriminaba lo que había hecho, simplemente me contestaba, 'Creí que era mejor que estuvieras solo sin que nadie te molestara.'"

"Tuviste lo que te merecías," le dije con rabia. "Quisiste a una mujer por la fiesta, el sexo, el alcohol... bueno, ahí tienes lo demás que también tenía ese 'paquete entero,' incluidos dos hijos de padre desconocido. ¿No que no resistes a los niños? ¿No fue precisamente que tu segunda esposa quisiera tener hijos lo que te hizo dejarla, porque a ti no te gustaban? ¿No eres tú el que ni siquiera ha subido a tu auto a Angie, la hija de Jorgito, la nieta de tu hermana y a quien tú viste nacer, 'para que no te lo ensucie?' Entonces, ¿en qué quedamos? Porque vi las fotografías de ustedes departiendo con ellos.

"Yo sé, y caro que lo he pagado con los niños esos," me contestó. "El muchachito va que vuela para pandillero, y la niña es un tormento, porque además es hiperactiva. Al verlos yo siempre me preguntaba, ¿qué hago aquí? Pero no tuve fuerza de voluntad para escapar. Para que te des gusto, antes de la boda y después de ella las cosas fueron de mal en peor cada día. Durante la luna de miel no me podía ni levantar de la cama por la debilidad, el tumor en el cuello, el dolor, la fiebre y no podía ni tragar por los tumores en el pecho; yo estaba aniquilado y ella se iba a la piscina o a la playa del hotel y me dejaba ahí dentro del cuarto, botado por el dolor. Andaba de mal genio, cuando íbamos a comer me lo sacaba en cara: 'Tenemos tantos días aquí y no hemos ido a ningún lado porque te la has pasado enfermo.' Desesperado le decía que no era mi culpa, pero no me hacía caso. Entonces me preguntaba: 'Si eso es ahora, ¿qué será cuando estés viejo?'"

"O sea que pensabas envejecer con ella," dije incrédula. "Mira, ya no tengo palabras para insultarte. Te las has llevado todas, aunque debo confesarte que me sigues asombrando. ¡No te conozco! ¿En qué momento pasó todo, Fabio, en qué instante te perdiste y te volviste cínico y atentaste contra Dios? ¿Con qué cara llegabas a casa luego de estar viviendo con otra persona en otro país?"

"Como te he dicho en mil ocasiones... por canalla. Por eso hice todo. Tú no mereces esto ni hiciste nada, absolutamente nada de lo que yo te hice. Soy un patán, pero por favor... ¡No me dejes!" me suplicó nuevamente.

"No sé cómo todavía suplicas ayuda, cuando en el colmo de la maldad y el cinismo llegaste a jurar el nombre de Dios en vano. ¿Recuerdas lo que me decías? Si yo tengo algo más que ocultarte, que me muera ¡y pronto! ¿No me dijiste que te repetías sin cesar durante esa farsa de boda, 'Me quiero morir, me quiero morir'? Bueno, ni duda que ya Diosito te lo está cumpliendo. Ten por seguro que Dios te está pasando la factura."

"No seas cruel," me contestó.

"¡Qué poca vergüenza tienes! Cruel tú, Fabio Fajardo, que te convertiste en un asesino a sangre fría conmigo. Un momento... ¿Cómo te casaste sin que nadie de tu familia fuera a la boda y no te lo reclamara esa mujer? ¿Acaso Antón estuvo ahí?"

"¡No!" exclamó Fabio. "Y quiero dejártelo bien claro. Antón nunca estuvo de acuerdo con la relación con esa mujer. En varias ocasiones ella quería conocerlo por lo menos por teléfono y traté de pasárselo pero Antón se negó a hablar con ella. ¿Recuerdas que días antes de irme al viaje él y yo nos peleamos y nos dejamos de hablar? Es la discusión más grande que hemos tenido en nuestra vida. Fue porque le dije que tenía que ir conmigo a la boda y él se negó. Me dijo terminantemente que nunca iría y que eso no te lo podía hacer a ti."

"¿Llegaste al desenfreno moral de invitar a tu hijo a tu boda con otra mujer mientras estabas casado conmigo?" le pregunté ya rendida.

"Sí."

No pude más. Mi llanto era incontrolable. ¡El dolor había rebasado los límites! Ya la taquicardia y la ansiedad me tenían dominada; con todo y eso, decidí dar por terminada aquella horrorosa plática. No supe cómo pude dormir las pocas horas que me quedaban antes de salir de nuevo para Telemundo. Lo cierto es que apenas había comenzado a conciliar el sueño cuando Fabio me despertó con un nuevo dolor que le quitó el sueño aquella noche.

"Tengo algo en la espalda. Me duele terriblemente. Mira bien lo que te digo. Seguramente ya tengo algo nuevo en la espalda, porque la columna vertebral me está acabando," dijo agónico.

Salí corriendo por el pasillo hacia la estación de enfermeras; allá encontré al doctor Arango, quien de inmediato fue a la habitación a examinarlo.

"Acabo de hablar con el doctor Benedetto para contarle los signos que Fabio presenta y ambos estamos preocupados de que haya algo más sin control en la columna vertebral," me explicó el doctor Arango. "Si eso es así, las cosas se están complicando más y más. Me enteré de lo que ha pasado con su esposo y sólo quiero decirle que admiro el valor que está demostrando. Otras y otros con menos motivos de los que usted tiene hoy, simplemente abandonan a sus parejas cuando se enferman de cáncer."

No le contesté nada al médico. ¿Qué podía decir, si ni siquiera tuve el poder de decidir? Así terminó el fatídico 17 de mayo de 2006, una fecha marcada para siempre por el dolor y la traición en el calendario de mi vida.

La madrugada del 18 de mayo, es decir, al día siguiente, no podía ni levantarme cuando usualmente soy ágil y ligera para saltar de la cama apenas abro los ojos. Mi cuerpo me dolía como si hubiera peleado por el campeonato mundial de los pesos pesados. El peor dolor era en el centro del pecho. Ese día aprendí que el alma duele, pero de verdad. Difícilmente podía respirar, sólo lo hacía superficialmente; al tomar aire profundamente sentía como si me clavaran alfileres. Catriel, mi maquillador, parecía otro zombi a mi lado, al igual que Ilia, Poncho, José, Mary y el vecino, con quienes nuevamente tuve que hablar en privado para contarles "el último descubrimiento" y pedirles que me ayudaran con la prensa en el momento en el que se soltara el escándalo que seguro sobrevendría. Fue dramático, pero increíblemente fortificante, el instante en el que todos y cada uno de ellos me abrazaron, solidarios con mi dolor. De ahí me fui a mi casa con un solo objetivo: sacar del clóset de Fabio toda la ropa que había utilizado esos dos años, nada que hubiera tocado aquella mujer tenía que estar en mi casa. Para mi sorpresa, él, usualmente parco para comprársela (era yo quien lo hacía, porque él odiaba las tiendas) tenía todo un "ajuar" de cosas nuevas que, no sé como lo hizo, mantuvo escondidas. Llorando comencé a meterlas en bolsas y llené diez, once, quince bolsas de pantalones, camisas polo, shorts, bermudas, sandalias, zapatos y ropa interior digna de un muchacho de veinte años: tangas y más tangas. Carmela, la persona que durante quince años me ha ayudado en casa, me acompañó en aquella odiosa tarea de descubrir ropa que Fabio nunca usó conmigo y de encontrar algunas "cosas" de más: recibos que dejaban testimonio de un cinismo y temeridad sin precedentes. Carmela también fue testigo de cómo, limpiando al mismo tiempo las lágrimas de indignación y aquel clóset, inicié la salida de Fabio de mi vida para recuperar la dignidad que mi marido me había arrebatado impunemente.

Catriel se llevó una gran parte de la ropa nueva.

"Me viene de maravilla, porque mucha todavía tiene la etiqueta puesta," me dijo. "Seguramente se la llevó al viaje, pero como se puso tan mal no tuvo tiempo de estrenarla. Pantalones *jeans* blancos con huecos a la última moda, camisas de encaje para noches tropicales. Dices bien que esto es un verdadero ajuar."

Otra buena cantidad de ropa fue a una iglesia para que la repartieran entre los necesitados. Cuando terminé con semejante empresa me fui directo al hospital, armada de muchísimas preguntas que Fabio tendría que responder. Como nunca antes, ese día no contesté una sola de sus llamadas y sólo llegué hasta por la tarde; no fui por la mañana después del *show*, sin importarme que no le había llevado el *lunch* de su restaurante favorito con "el platillo que ese día se le antojara comer," porque por primera vez me dio asco conmigo misma complacerlo. Así de sencillo. Pero no era todo. Entré convertida en una híbrida de Pancho Villa y Jesse James y por supuesto que fui la que abrió el fuego apenas entré a la habitación.

"Aquí tienes este anillo de compromiso que me diste hace diez años," le dije alterada. "Te lo devuelvo porque obviamente no lo necesitaré nunca más. No tengo mayor compromiso que el de luchar contigo por tu vida. Del resto, olvídate. Además, aquí tienes el recibo de la joyería del *downtown* de Miami donde compraste otro anillo de compromiso... y las argollas de matrimonio para esa mujer... ¡Qué ironía! ¿No? Yo no te merecí nada más que un anillo con una chispita de diamante que no te costó ni quinientos dólares, ¡y el recibo por lo que compraste supera los cinco mil!"

Fabio comenzó a ponerse blanco y tembloroso, y preguntó, "¿Cómo los hallaste?"

"Ni te lo i-ma-gi-nas. Hoy he vaciado tu clóset. No te queda una sola pieza de ropa que hayas usado estos dos años junto a esa mujer y a los 'socios' que te cobijaron la aventura. ¡Ni una sola! Toda la he regalado. Tus *jeans* con 'huecos', la colección de tangas, las camisas de encajes, de flores, las sandalias, en fin, todo aquello que guardaste escondido en una casa decente como la mía y que no tiene que estar contaminada con tu descaro ni con lo que esa mujer haya tocado. ¡De eso no queda ni una sola pieza, vaya, ni calzoncillos ni calcetines tienes! Ah, por supuesto, dentro de tanto escondite, se te olvidó que dejaste el sobre con terribles comprobantes sobre los preparativos de la boda. ¿Qué te parece?"

"Bien. Hiciste bien," me dijo rendido. "Merezco cualquier cosa que hagas, y tienes razón, en casa no tiene que estar nada que esa mujer haya tocado."

No me extrañó que Fabio estuviera utilizando psicología a la inversa, dándome la razón, sólo que esta vez sí le creí, y aprovechando su "sinceridad temporal," decidí incursionar en esas preguntas terribles, mitad morbo mitad necesidad de saber, que me estaban martillando el alma.

"¿Para qué?" me preguntó.

"Por dos razones. Una, para conocer a ese otro tú que me es desconocido y la otra, para poder defenderme cuando me cuenten los detalles y por lo menos no ser la última en enterarme."

"Por favor, deja eso. No te lastimes más," me pidió.

"Nárrame la boda."

"Está bien. ¿Qué quieres que te diga? Ella fue quien preparó todo, la iglesia, la fiesta, los vestidos, las despedidas de solteros, yo ya estaba mal y, además, atormentado por ti, tanto, que toda su familia decía que yo era un novio triste."

Lo quise golpear, con qué frialdad decía haber sido "un novio triste," pero la violencia no era una opción. Había que saber más: por lo menos—me dije—por si algún día me decido a contar todo en otro libro, tengo que conocer la sustancia.

"¿Qué hiciste para que no les sorprendiera que nadie de tu familia hablara con ella ni fuera a la boda?" le pregunté.

"Es gente que creía cuanto yo les decía. De la ausencia de mis padres les dije que era porque él estaba inválido y mi mamá no se le separaba ya que sólo ella lo cuidaba. De que mi hermana Yuyita no viajara, la excusa era que ella trabajaba y no le dieron permiso, y lo mismo había pasado con Jorgito y con Antón."

"¿Que hiciste con el anillo de matrimonio?"

"Luego de que ella comenzara a presionarme a principios de de marzo, enfurecido boté el anillo al inodoro y jalé la cadena para que se fuera aquel símbolo de la estupidez que había cometido," respondió.

Y seguí preguntándole, "A Carmela le llamó la atención que la caja donde guardamos objetos que utilizamos en nuestra boda hoy estaba cambiada de lugar, como si alguien la hubiera abierto. ¿Fuiste tú? Y, ¿para qué podría servirte lo que estaba dentro?"

Nunca imaginé la magnitud de la respuesta ni lo que Fabio había hecho en contra de la moral. Es más, nadie pudo haberlo imaginado, sólo se podía adivinar en el ambiente que se trataba de algo muy malo.

"Fui yo el que abrió y cambió la caja de lugar," confesó. "Yo... Yo tomé las mancuernillas, la corbata y el fajín, los zapatos y el esmoquin con el que me casé contigo... ¡para usarlos en esta ceremonia! Lo único que compré nuevo fue la camisa y todo esto se quedó en la casa de aquella mujer. No la iba a traer de regreso porque sabía que me estabas esperando en el aeropuerto y te darías cuenta.

"¿Te casaste con la misma vestimenta que usaste en nuestro matrimonio? ¿Eso es lo que me quieres decir?" le pregunté ya descorazonada.

"Sí, y sé que no tengo perdón."

Nuevamente la ansiedad y la taquicardia se habían apoderado de mí. No había nada que decir. Había hecho todo premeditadamente. Realmente no erré al decir que Fabio se había convertido en un asesino a sangre fría. Planeó hasta el último detalle sin imaginar lo que el destino le tenía deparado. La noche nos encontró en medio de confesiones cada vez más espeluznantes debido a los detalles, únicamente interrumpidos por la entrada del doctor Benedetto y del doctor Arango, quienes me observaban desconcertados.

"Tenía que irlo a buscar a su oficina doctor Benedetto, pero se me adelantó; de cualquier manera quiero que Fabio escuche lo que tengo que decirles," les comuniqué a los doctores. "No voy a dejarlo. No tengo opción. Aquí estaré el tiempo que sea necesario."

El doctor Benedetto sonrió complacido de escuchar lo que yo estaba anunciando. Muy serio, Arango únicamente se limitó a escuchar. Después se marcharon dejándonos sumidos en nuestra desesperación. La de él, por confesar lo que tanto tiempo guardó y que, según él, le había producido el cáncer. La mía, por saber más y más detalles que sólo abrían y echaban sal a unas heridas que serían difíciles de cerrar. No sabía cómo estaba de pie y respirando. Tenía ganas de correr, de pegarle, de insultarlo, de abrazarlo, de cuidarlo. Nuevamente era el infierno en la tierra dos y tres veces al día, hasta que identifiqué la sensación terrible que me acompañaba desde el 7 de marzo.

"¿Te falta algo Fabio?" continúe, ya hecha trizas. "Ya me mataste y por la espalda, como lo hacen los cobardes. Sólo te falta matarme con una pistola para acabar conmigo físicamente, porque emocionalmente desde ayer yo estoy muerta."

6

Para Acabarla de Fregar...

Una semana después del 17 de mayo, Fabio comenzó a empeorar de la metástasis en la columna vertebral y diariamente se sometía a radiación para controlar el avance del tumor. Muy seria, la doctora Wahab de Radiología Oncológica del Sylvester Comprehensive Cancer Center de Miami nos había explicado la gravedad de esta nueva aparición de la enfermedad, "Al no haberse encontrado a tiempo, el peligro de una parálisis es inminente. Vamos a radiar a diario durante tres semanas, inclusive el sábado, para no dar tregua. Después veremos qué ocurre."

A partir de entonces mis días fueron prácticamente un malabarismo para dividirme entre el programa, la casa y el hospital, con Fabio como paciente externo. Así, con este "revolú" no tuve mucho tiempo para pensar en el asunto de "la otra" hasta la misma mañana del 25 de mayo, una semana exacta después de enterarme del matrimonio fraudulento. En esta ocasión fue una llamada telefónica de mi asistente, con un recado para mí, la que abrió más heridas de inmediato.

Había sido la voz de un hombre, "Dígale a María Antonieta Collins que si es cierto que su 'adorado esposo', con el que decidió quedarse, le dice toda la verdad, que entonces le diga dónde conoció a la mujer con la que se casó. Si él no se lo dice, ella se va a enterar por alguna publicación en la prensa."

Sin lugar a dudas que la tregua había durado una escasa semana. Con la llamada dándome vueltas en la cabeza, al terminar el programa salí corriendo a recoger a Fabio para llevarlo a su sesión de radiación y en verdad que lo vi mal. No sólo tenía dificultades para caminar, sino que ese día el dolor era evidentemente mayor. Con este panorama, ¿qué hacer? ¿Preguntarle lo que la anónima voz recomendaba? O, ¿callar lo que había sucedido? Dadas todas las revelaciones anteriores, por supuesto que esa segunda opción estaba descartada. Callar era clavarme un puñal toda vez que la amenaza era clara... si él no me lo decía, seguramente me enteraría en algún programa de chismes de farándula o en una revista de espectáculos. Además, ¿qué podría ser peor que enterarme que se había casado por la Iglesia y con fiesta, luna de miel y todo lo demás incluido? ¿Qué podría ser peor que eso?

Mientras regresábamos a casa luego del tratamiento ese mismo 25 de mayo le hablé de la llamada que había recibido.

"OK. Esto es lo último que te he ocultado..."

"Por Dios Fabio," le interrumpí. "No me digas que tuviste un hijo con esta mujer."

"No," me dijo. "Si eso fuera cierto, también hubiera sido lo primero que te hubiera dicho ella misma. Eso no."

"¿Te metiste en negocios de droga y ahí la conociste?" seguí preguntando, a ver cuando llegaba la verdad.

"No. ¡Jamás!"

Nuevamente me invadía esa maldita sensación de angustia, ansiedad y taquicardia que había creído desterrada una semana después del supuesto "último gran secreto" que mi esposo guardaba.

"Entonces, ¿qué es eso que no me has dicho y que es tan grave? ¡Por Dios! ¡Dímelo de una vez!"

Agachando la cabeza Fabio respondió, "Bailaba en un *table dance*. Ahí la conocí."

"Un momento," le respondí ya sin saber qué sentir. "Yo creo que escuché mal. ¿Desde cuándo ibas a ver mujeres a un *table dance*? ¿Desde cuando tú, el hombre impecable, el recto, el que criticaba a todos los 'inmorales' que pegaban tarros a sus mujeres, desde cuando tú andabas con bailadoras de un *table dance*? Ten por seguro que si yo lo hubiera sabido, ¡ahí mismo te dejaba!"

"Como en todos los hombres, eso es algo normal en un momento de la vida, y lo hice," me dijo descaradamente. "Ir a un lugar de esos a ver mujeres bailar es algo normal."

"Si era tan normal, entonces ¿por qué nunca me dijiste que lo hacías?

No sé cómo manejé de regreso a casa; temblaba llorando inconsolablemente mientras Fabio no sabía dónde meterse ni qué hacer.

Intentó abrazarme.

"¡No me toques! ¡No te atrevas a tocarme un solo cabello! ¡Estoy segura que el cáncer te ha corroído el cerebro!"

"En todo lo que digas tienes razón," me dijo rendido. "Quisiera decirte que no, enfurecerme, pelearme contigo, pero no puedo porque no tengo argumentos de defensa. Dime lo que quieras, insúltame que me lo merezco. Fui un canalla contigo."

"¡Qué fácil son las cosas para ti!" exclamé furiosa. "Lo que te mereces es que yo te deje abandonado a tu suerte, ¡exactamente como tú ibas a hacer conmigo si el cáncer no se te hubiera atravesado! No creas que soy tonta y que no me he dado cuenta de lo que pudiste haber hecho de estar sano. Nadie se casa para dejar a su mujer en seguida.¡Te casaste con ella y tus planes eventuales eran dejarme! La diferencia la hizo que te enfermaste de cáncer y que no eres ningún tonto. Una vez gravemente enfermo y sin trabajo, ¿qué ibas a escoger? ¿Quedarte con ella o seguir con tu esposa de la televisión, que tanto te encanta por el glamour que eso tiene? ¡Ni pendejo que fueras! Es como si te hubieran dado a escoger entre Zambia o los Estados Unidos. ¡Por favor! ¡Se cae de la mata!"

"No hay una sola palabra que pueda decirte para pedirte perdón y hacerte ver lo mal que me siento. Ahora ya lo sabes todo. No tengo nada más que ocultarte," dijo de nuevo.

No pude llegar a casa. Fui a la de mis suegros y dejé a Fabio con ellos. Necesitaba respirar aire puro, el de mi marido me asfixiaba. No era el cáncer, con el cáncer yo podía fácilmente ayudarlo a luchar, lo que me estaba matando a mí era todo lo demás. Una aventura que no fue aventura sino relación. Un mes después no era relación sino que se habían casado y una semana después la blanca paloma no era tan blanca. ¿A quién se le pudo ocurrir algo semejante? ¿Qué escritor pudo haber imaginado una telenovela más perfecta?

Yo era la esposa de un hombre del que alguna vez me había enamorado pero que obviamente ya no existía. Éste era otro. Así se lo dije a un gran amigo, el doctor Carlos Wolf, uno de los grandes cirujanos plásticos certificados que existen en los Estados Unidos, y quien de inmediato vino a mi rescate, "Él ha sido un canalla contigo. La deslealtad y la tragedia los ha unido y que le de gracias a Dios que tú decidiste quedarte con él y no abandonarlo como se merece; eso está bien, pero ahora tú eres la que tiene que protegerse. Debes hacerte la prueba del SIDA. Estoy seguro de que como ustedes tenían más de un año de no tener relaciones no ha pasado nada malo, pero siempre es bueno que tengas la tranquilidad mental. Lo primero es el examen del SIDA, lo demás será que te dediques a lo que decidiste, que es cuidarlo mientras viva y después, será tiempo de que tus amigos te ayudemos a salir adelante de nuevo. Por ahora hiciste lo correcto: quedarte con él."

Por la noche, aunque yo había planeado ni siquiera dirigirle la palabra a Fabio, tuve que hacerlo. Apenas cayó la tarde comenzó a tener una fiebre altísima, producto del estrés. Olvidé su maldad y sin importarme el dolor que me cortaba en dos pedazos, dejé mis reclamos para otro día. En ese momento había otra cosa más importante que hacer: cuidar de él, puesto que comenzaba a presentar más y más signos de una lesión en la médula espinal. Ese sí era el problema real: si la radiación no funcionaba, el pronóstico era simplemente quedar paralítico para el resto de sus días, y eso yo no lo iba a permitir por falta de ganas de ayudarlo. Durante tres semanas la rutina diaria fue la radiación en la espalda y luego descanso, mucho descanso. Al final de este tiempo, un Fabio más debilitado y flaquito me hizo otra confesión, "No quiero que sientas que aquella mujer fue mejor que tú. ¡No! Te digo y te repito: nada de lo que hice lo provocaste tú. Perdóname porque en toda esta horrible historia yo he sido un patán. Sólo te quiero decir algo más: tengo mucho miedo porque sé que te voy a dejar sola."

"No te preocupes," le respondí. "Ya me habías dejado sola, y peor aún, cuando pudiste decidir no hacerlo. Pero no te lastimes más, que aquí estoy."

De manera increíble, luego de la "última confesión" el semblante de mi marido comenzó a recobrar una serenidad que había perdido. Los días siguientes lucía más relajado, seguramente por haberse quitado de encima el enorme peso que había cargado todo el tiempo, pero también por haber comprobado que su otro gran temor no se había materializado: es decir, que por dignidad, dolor o por lo que fuera yo lo abandonara a su suerte. Ya todo estaba claro: a pesar de lo sucedido me iba a quedar en su vida hasta que llegara al final.

Los días siguientes, de más idas y venidas al Sylvester Comprehensive Cancer Center de la Universidad de Miami a la consulta del doctor Benedetto, fueron también de mayores reencuentros entre nosotros como pareja. Volvimos a recuperar mucho de lo que se había perdido con la infidelidad. Recuerdo uno de los días de más paz; sucedió en un almuerzo en el que nos acompañó Antón, nuestro hijo. Al salir de Demetrio's Café en Coral Gables y tomar por una avenida sombreada por grandes árboles, Fabio comenzó a llorar.

"¿Sabes qué es lo peor de todo esto?" me preguntó. "Que he sido un cretino y que pronto te voy a dejar sola. No puedo creer que un día no muy lejano ya no voy a estar aquí para ver todo esto que es tan bonito. Yo no sé dónde tenía la cabeza. Si alguien me hubiera dicho: 'por estos dos años de locura desenfrenada vas a pagar el precio de tu dignidad y de tu salud, nunca, créeme que nunca habría arriesgado mi vida ni mi relación contigo. No mereces tener que remar sola en la vida después de que yo me vaya y eso me atormenta. ¿Qué va a ser de ti?"

Quise responderle como Catriel Leiras hacía cada vez que yo le contaba algo semejante, "Chica, y ¿ahora por qué sí le importa lo que va a ser de tu vida sin él cuando antes le valía un comino? ¿Por qué insiste en que 'te vas a quedar sola' cuando él mismo te dejó sola estando bueno y sano?" Quise responderle tal y como Catriel pensaba, pero no pude.

Y él continuó diciendo, "No quiero dejarte sola, no lo quiero, pero tampoco tengo fuerzas para lo que viene."

No le dije nada que lo atormentara más. A fin de cuentas este perdón que me ofreció sin solicitarlo tenía un enorme poder de curación para mi alma. Ese día me acarició la cabeza y retuvo un gran tiempo mi mano entre las suyas.

"No sé cómo pude ser tan ruin contigo," me dijo.

En medio de semejantes demostraciones de cariño llegamos a casa y me pidió que le dejara revisar su correo electrónico. De pronto un grito que me llamaba me preocupó.

"Mira lo que me llegó por Internet," me dijo, mostrándome un *e-mail*. "Esta mujer me ha pedido el 'divorcio' a través de un abogado. Mira las bases sobre las cuales lo funda, para que veas que te he dicho la verdad; ella no conocía el número de mi casa, ni una dirección que no fuera la de Internet y el celular, mira a dónde dirige la demanda."

Sr. Fabio Fajardo
Domicilio conocido-y/o Internet

Estimado señor Fajardo:

Quiero poner a su conocimiento que a nuestras
oficinas ha llegado la Señora [...] solicitando

nuestra intervención bajo las leyes de
nuestro país, pidiéndole a usted el divorcio.
Éste puede ser concedido con base en que, de
acuerdo a las declaraciones de la demandante,
"usted abusó de su condición de mujer
enamorada que creyó en su palabra de hombre
soltero, humillándola, vejándola y
utilizándola sólo como objeto para su placer,
y que únicamente después de haber contraído
matrimonio eclesiástico con usted, se dio
cuenta de que era un hombre casado en los
Estados Unidos." Le repito, bajo las leyes de
nuestro país eso es causal suficiente para un
divorcio, sin embargo, estamos dispuestos a
mantener esta comunicación confidencial con
usted para escuchar sus argumentos por esta
vía o por vía telefónica, siempre y cuando se
cumplan las condiciones que la señora pide
para restituir el daño a su persona.

Fabio estaba desbaratado ante esta nueva andanada; evidentemente, por la decepción de ver los alcances de esa mujer a la que, de
no haber existido el cáncer, ya le habría entregado la vida. Su furia
era por ver el desastre al que esa relación lo había llevado.

"¡Qué bien que ahora se dice engañada!" expresó indignado.
"¿Por qué entonces aceptó que nadie de mi familia fuera la boda?
¿Por qué aceptaba que Antón no fuera a hablar con ella y que tam-
poco asistiera a la boda?"

"¿Qué esperabas Fabio?" le contesté harta. "Por ella, me humillaste y, lo peor, me traicionaste. Lo que Antón y Jorgito siempre te dijeron era lo cierto. Para ella eras un hombre de cincuenta y dos años con el que se divertía, que la paseaba, que le mantenía a la familia y con quien no tenía más obligaciones que pasarla bien. Habrías hecho de tu vida un desastre, porque yo te habría dejado de inmediato al saber esto. Date por bien servido que te diste cuenta a tiempo."

Fabio calló y comenzó a buscar un papel desesperado. En tanto, mi cuñada Yuyita, que recién había llegado, leyó el correo electrónico del abogado enfurecida.

Antón, que también había llegado sin imaginar lo que sucedía, tomó las cosas con más calma que nadie.

"Cuando mi papá me dijo lo de la boda y nos peleamos por primera vez en la vida, lo que yo le decía era: primero, si vas a hacer una cosa tan fea como esa, deja a María Antonieta; déjala, que ella no se merece nada de esta locura en la que tú estás metido. Pero no me hizo caso, y ahora es el momento de enfrentar las consecuencias. Aunque ese matrimonio no sea válido, ya que ustedes dos estaban casados antes, hay que hacer las aclaraciones legales. Hay que consultar a un abogado."

Necesitaba hablar con alguien sobre todo esto. Ilia Calderón era la perfecta. Se había convertido en el "Pepe Grillo" es decir, en la voz de mi conciencia, y telefónicamente me sacó de dudas.

"El matrimonio eclesiástico, es decir por la Iglesia, es también legal en muchos países de Suramérica. O sea que ahí te casas por la Iglesia y te estás casando por todas las de la ley," me explicó.

Yo me quedé helada, con taquicardia y más angustia. Al escuchar eso, también Fabio se puso más blanco de lo que estaba y únicamente repetía, "No puede ser, no puede ser, ella me dijo que no valía nada más que por la Iglesia; no puede ser que yo tenga que enfrentarme a un divorcio por ella."

Pero, a estas alturas ya las aclaraciones, las ironías entre nosotros y los insultos por la forma en que Fabio pensaba estaban de más; lo único que importaba era solucionar lo que amenazara un cataclismo de verdad: un divorcio escandaloso y que cayera en la bigamia, y nuevamente yo en el ojo del huracán.

"Por supuesto, Fabio, ahora tienes que buscar un abogado," le dije.

"Tengo miedo." Por primera vez escuché a mi esposo reconocer un sentimiento así. "Tengo mucho miedo. Por favor, ayúdame, ayúdame a que esta pesadilla termine. Mira, en mis peores momentos siempre pensé que si yo te confesaba todo, tú siempre tendrías la inteligencia para librarme. Hoy te lo pido: por favor ¡ayúdame a librarme de ella! ¿Qué hacer?" preguntó desesperado Fabio.

Por lo pronto habría que buscar un abogado y en Telemundo teníamos al mejor: la doctora Ana María Polo de *Caso Cerrado*. El bufete de abogados que ella encabeza tomó el caso para representar a Fabio, y legalmente se siguieron todos los pasos.

Ana María fue tajante:

"Aquí hay que informarle al abogado de la señora que Fabio está, a su vez, pidiendo un divorcio y que debido al impedimento que tiene de viajar por la gravedad del cáncer que padece, se ha radicado la petición aquí. El juez ha fijado una fecha y ellos tienen, por ley, un plazo determinado para responder. Se les enviarán los documentos certificados para que con la firma se pueda comprobar ante un tribunal que la recibieron, y además, que puedan contestar, presentarse, en fin, tomar sus decisiones."

De la fecha fijada quedaban dos meses, lo que les daba tiempo suficiente a la mujer y a sus abogados para prepararse. Apenas comenzaba el mes de junio y el propio Fabio ya tenía nuevos planes para su vida.

"Quiero que vayamos a México," me dijo. "Quiero que me lleves a ver a la Virgen de Guadalupe en su basílica. Y quiero iniciar el tramite de la disolución del matrimonio aquel."

Ninguna de las peticiones era descabellada. La primera sería algo necesario para un reencuentro con quien es la Emperatriz de las Américas: mi Virgencita de Guadalupe. Y la segunda, un poco más complicada, me hizo ver a mi confesor y amigo, el padre Fernando Herías—Párroco de la Iglesia de Saint Brendan en Miami, mi parroquia—, quien escuchó la historia de los propios labios de Fabio. Cuando éste hubo terminado, el sacerdote tomó la palabra:

"No soy nadie para juzgar, sino para ayudar. Creo que el arrepentimiento de Fabio está presente al venir aquí a reconocer los errores. Ahora es necesario emprender la acción eclesiástica para que se disuelva ese vínculo con Dios. Necesito ciertos documentos y, por supuesto, ponerme en contacto con el Episcopado de allá para ponerlo al tanto de lo que está sucediendo. Por lo pronto yo no veo ningún problema. Aunque la Iglesia católica no reconoce el matrimonio civil, en situaciones como ésta, cuando hay un matrimonio civil de por medio, el que cuenta, al igual que para las leyes, es el primero que existe, es decir, en este caso el de ustedes dos. Además, a simple vista se pasaron por alto trámites importantes: uno de ellos, correr las llamadas amonestaciones, es decir, comunicarse a la parroquia a la que pertenecen ambos contrayentes para saber si son solteros o no, y hacer público el anuncio de que tal persona, miembro de la parroquia, va a contraer matrimonio, para que si hay un impedimento, este surja antes de la boda. Aquí a Saint Brendan nunca llegó ningún aviso y, por tanto, no lo dimos; ahí está la primera anormalidad en el proceso."

Ese día también tuve conciencia de algo que en medio de tanta miseria humana no había recapacitado. El padre Fernando, él mismo, como juez del tribunal canónico, tuvo que hacer una consulta y delante de nosotros llamó a la Arquidiócesis de Miami, dando una explicación del caso:

"Yo conozco a esta pareja, y especialmente siguen juntos no como matrimonio, sino como hermanos, es decir, siguen juntos sin tener sexo, lo que hace más loable la aportación de María Antonieta para salvar la vida de su esposo."

¡No teníamos sexo y éramos como hermanos! No había caído en cuenta de mi situación, pero ¡esa era! No sé por qué pero me chocó, aunque era verdad. Para salvarlo a él, el sexo entre nosotros no había existido en casi dos años, ¡Qué triste! ¿No?

"Padre, ayúdeme," suplicó Fabio. "He hecho tanto daño, pero no quiero ni vivir ni mucho menos morirme siendo esposo de esa mujer. ¡Ayúdeme por favor! Si con alguien quiero casarme por la iglesia, porque nunca lo hicimos, es con María Antonieta. ¡Ayúdeme por favor!"

Salimos de la iglesia con una gran cantidad de papeles y cuestionarios para que Fabio llenara, conscientes de que era Fabio quien quería terminar con todo vínculo que lo atara a esa mujer.

Desgraciadamente, al mismo tiempo que ocurría algo bueno, nuevamente el cáncer volvía a atacar. La quimioterapia con Sutent estaba haciendo efecto: por lo menos los tumores existentes no habían aumentado de tamaño, pero, por otra parte, todo lo que tenía que ver con la columna vertebral seguía dando señales de peligro. Caminar cada día era una empresa gigantesca para Fabio. Ya no podía hacerlo a toda hora y llegó el día en que tuvimos que comprar una silla de ruedas, la más ligera, para traerla a todos lados en mi auto. Sólo así, en esta silla de ruedas, Fabio podía resistir las salidas a los restaurantes o a dar una vuelta. Así mismo, con todo y sus impedimentos motores quiso que fuéramos a México, donde otra desagradable e inesperada sorpresa me esperaba. Estábamos en la Basílica de Guadalupe asistiendo a misa, cuando de pronto nos dimos cuenta que era una ocasión especial: se celebraban la confirmación y la primera comunión de adultos próximos a contraer matrimonio.

"Felicidades," les dijo el sacerdote que ofició la misa. "Sin estos requisitos, el matrimonio como sacramento no podría ser concedido. Ahora sí, ¡a casarse como Dios manda, felicidades!"

Apenas el sacerdote hubo terminado la alocución y como si mi Virgencita me estuviera indicando el camino, volteé a ver a Fabio, que tenía la cabeza clavada en el piso. En un instante me di cuenta por qué.

"Fabio Fajardo," le dije. "¿Cómo pudiste casarte por la iglesia sin tener la confirmación ni la primera comunión? Cuando nosotros íbamos a casarnos hace años no lo pudimos hacer porque te faltaban esos dos requisitos, y pasó el tiempo, y como dejaste la confirmación y la primera comunión para después, las cosas quedaron en el olvido. ¿Entonces?"

Mudo, ahí en plena basílica con mi Virgencita al fondo no contestaba ni quitaba la mirada del piso. Tuve que forzarlo para que hablara. ¡O me decía qué había hecho o ahí mismo lo dejaba!

Y finalmente me contestó, "¡Hice la primera comunión y la confirmación allá! ¡Ya! Esta mujer y su familia arreglaron todo. Yo sólo me presenté y el padre de ella fue mi padrino."

Nuevamente mi decepción. ¡Otro de los secretos que no había develado! ¡Y siempre la misma respuesta! "Esta mujer y su familia arreglaron todo, yo únicamente me presenté." ¿Cómo era posible? Un hombre que no permitía que yo le indicara dónde debía dar la vuelta en una calle, de pronto era manejado por una mujer que lo había hecho pasar por encima de los trámites y burlarse de Dios, ¡y él como si nada pasara!

"Es que no creí que fuera necesario," dijo.

"¿No creíste que fuera necesario?" le respondí. "O, ¿sabías que era muy doloroso y te lo guardaste? Mira esa Virgen, pídele perdón a ella. Pídele perdón por tu alma, por tus mentiras, por tu doble vida, por todo lo que, sabrá Dios, todavía tienes guardado. Pero hazlo de verdad." Respiré y le pregunté, "¿Cuándo lo hiciste?"

"En enero," me dijo. "Un mes antes de la boda de febrero de este año."

Le ofrecí a la Virgencita ahí mismo el dolor que yo estaba sintiendo. ¿Hasta cuándo este hombre iba a seguir guardando partes de ese trágico y terrible rompecabezas que le estaba costando la vida? ¿Hasta cuándo? Pero todavía, aunque sea difícil creerlo, faltaba por saberse algo más. Mientras estábamos en México recibí una llamada del padre Fernando Herías. Quería hablarme personalmente.

"Estoy haciendo la recopilación del caso, tomando en cuenta el testimonio que Fabio ya me rindió. Pero hay cosas que no encajan," me explicó.

Lo interrumpí con la nueva que acababa de descubrir, "Padre, hoy en la basílica de Guadalupe, mientras asistíamos a una misa, donde adultos próximos a casarse recibieron la confirmación y la primera comunión, me asaltó la pregunta sobre esos sacramentos que él no había recibido. Lo cuestioné y con todo el dolor de mi corazón me confesó que en enero de este año, un mes antes de la boda, viajó especialmente para confirmarse y para hacer la primera comunión."

"Comienzo a entender más," me respondió el padre. "Ahora tienes que decirle que debemos volver a hablar, pero antes quiero que me investigues algo que venga de sus propios labios. Por muchos trámites e irregularidades que se hayan cometido en el proceso de ese matrimonio religioso, déjame decirte que hay un trámite que se tuvo que cumplir. O bien él presentó a algún familiar como testigo de que era un hombre soltero, o, por lo menos, alguien fue a realizar este trámite ante la Iglesia. No es posible que eso no se haya hecho. Quiero que tú se lo preguntes para que nos ahorre vueltas y más enredos."

Rauda y veloz lo enfrenté, "El padre Fernando quiere saber algo, y por favor, Fabio, aquí ya no puede haber más mentiras, ni nada 'que no creí necesario decir,' ¡No! Quiere saber si alguien de tu familia o amigos se presentaron ante la Iglesia para ser testigos de que tú eras un hombre soltero. Él dice que no es posible que se haya omitido ese trámite sin un testigo."

También de inmediato supe que algo malo aguardaba. Tan malo como muchas otras de las verdades que me había tocado sacar con tirabuzón. Silencioso, con los ojos llenos de lágrimas, Fabio estaba diciendo que sí. Que había algo. Mi corazón nuevamente latía a más no poder, y me convertí en un torbellino de preguntas, "¿Quién fue? ¿Antón o Jorgito?"

"¡No! ¡Ninguno de los dos!" exclamó.

"¡Por favor, no insistas en saber cómo lo hice!" respondió desesperado.

"¿Que no insista en saber cómo lo hiciste? ¿Acaso no te has dado cuenta de que esto ya está más allá de ti o de mí? Esto es asunto del padre Fernando y el testimonio que tú mismo estás ofreciendo para la disolución del matrimonio religioso, ¡que tú estas pidiendo! ¡No yo!"

Lo inimaginable entonces salió de su boca.

"Fui yo."

"Eso no es posible porque alguien tuvo que atestiguar," le dije.

"Fui yo con un documento firmado por mi mamá," me confesó.

"¿Tú mamá, dijiste?" le repliqué, alterada.

Sentí que la tierra se hundía a mis pies y que la garganta se me cerraba, y le pregunté, "¿Tú mamá también me traicionó?"

"Ella no supo nada," me respondió. "¡La pobre! Yo escribí el documento y sin avisarle fui a su casa, le dije que me acompañara porque tenía que autenticar un papel en una notaría para un trámite que me urgía. Ella quiso arreglarse y le dije que no era necesario, porque iríamos a la esquina a un lugar donde sólo se necesitaba que ella firmara y eso era todo. La saqué rápidamente de la casa, incluso sin los anteojos. Cuando llegamos al lugar donde nadie nos conocía, por una ventanilla ella pasó su identificación, le dieron el papel a firmar y nada más. Esa misma noche yo me fui. Eso fue todo."

"¿Te has dado cuenta de que pasaste por encima de la moral de tu propia madre para lograr lo que querías?" le dije, nuevamente incrédula de tener que escuchar más confesiones. "¿Por qué hacerlo así, atropellando a todos, si era tan fácil pedirme que nos separáramos?"

"Porque nunca te quise perder," me respondió.

Ya no supe qué más hacer. Llamé por teléfono a mi cuñada para contarle esto último; Fabio ya no sólo me había utilizado a mí, ¡sino a su propia madre para casarse con esta otra mujer!

"Está loco," me dijo. "Tiene que estar loco. Mira Cuquis, yo creo que le dieron algo de beber y que, además, se les fue la mano porque este Fabito que estamos descubriendo ¡no es aquel hermano con el que yo he vivido mi vida entera! ¡Qué horror!

De más está mencionar que el regreso de México a Miami fue triste. ¡No podía creer a lo que una persona podía llegar en esas circunstancias! ¡No existía un guionista más perfecto que la perversión humana cuando se lo proponía! "Tarros" o "cuernos," confirmación y comunión hechos a escondidas, y un documento firmado por una madre que no sabe lo que está firmando y que sirve para realizar la boda de su único hijo, su orgullo de hijo, que ya estaba casado conmigo! Ya mi capacidad de asombro se había terminado.

Pero nuevamente la salud de Fabio volvió a interponerse. Amanecía y anochecía hinchado, sin ganas de comer, profundamente preocupado y, por supuesto, pidiendo perdón ahora por la burla cometida a la Iglesia.

"Esto de la confirmación y de la comunión es algo que no me perdono porque lo hice a sabiendas de que todo era un fraude," dijo. "Aunque no me lo creas, ella y su familia buscaron el sacerdote que me dio los sacramentos, pero yo no supe ni qué dije ni qué me dijeron. A mí me dieron un librito para estudiar y lo hice únicamente en el viaje de Miami para allá. ¿Qué tanto pude haber aprendido, si nunca supe nada de la religión católica? Ayudó enormemente que el padre, tal y como ella me dijo que había arreglado, no me preguntó nada, y yo hacía como que rezaba pero no era cierto. No crecí católico como tú, así que difícilmente sabía las oraciones. Y si te sirve de consuelo, por esta misma razón de no haber crecido como católico es que, comulgar, bautizarme, confirmarme o casarme no era algo tan grave como lo es para ti o para el resto de los católicos. ¿Había que hacer todo eso para casarse? Está bien, lo hacía, como también me iba a divorciar de ella. Es hasta ahora, cuando me encuentro tan enfermo y he tenido el tiempo de recapacitar, que veo que en realidad 'me fui hasta la cocina' con Dios."

Esta conversación que tuvo lugar en la oficina del padre Fernando Herías semanas después del viaje a México, me hizo dar cuenta de que para toda una generación de cubanos a los que en realidad les borraron a Dios de su vida, en parte era cierto que la moral y el respeto por el matrimonio ante la iglesia simplemente no existían. Podían entrar a la iglesia y casarse en un lugar con una mujer, y salir de ahí y hablar con la esposa que tenían en otra ciudad, ¡como si nada extraño pasara!

El padre Fernando Herías creía haber escuchado todo, pero con esto supo que no.

"Aún así, eso no es excusa," dijo molesto. "Pero, en fin. Ahora quisiera saber los detalles de cómo se presentaron tú, Fabio, y esta señora, a solicitar el matrimonio a la Iglesia, y algo más en este testimonio que estás rindiendo ante mí como juez de la Arquidiócesis de Miami."

Con un pesar muy grande Fabio comenzó a hablar, "Yo no sé los detalles de cómo consiguieron las cosas. Vuelvo y repito que todo lo arregló ella con su familia. Yo únicamente me presenté con el padre. El padre me confesó, me puso una penitencia y fue ese mismo padre quien nos casó. Además, esta mujer me decía que como María Antonieta y yo no estábamos casados por la Iglesia, y yo nunca me había casado por lo católico, yo era un hombre soltero que podía contraer matrimonio, y así fue como me convenció que lo hiciéramos."

¿Que a todo dar, no? Al escuchar semejante detalle quise caerle encima a golpes, mientras el padre Fernando frunció el ceño y dijo, "No estabas casado por la Iglesia Fabio, ¡pero estabas casado con María Antonieta por las leyes civiles! ¡Y eso bastaba! Un matrimonio sin divorcio de por medio es vigente, no importa que sea civil. Ahora el problema se complica, porque al registrar esta mujer el matrimonio en el Episcopado de ese país, como acaba de hacerlo, deberá efectuarse un divorcio para romper el vínculo basado en el fraude que existió, esto es, que tú estabas casado por el civil en el momento en el que te casabas por la Iglesia."

"¿Cuánto tiempo tardaría en anularse ese matrimonio o disolverlo por la Iglesia?" preguntó Fabio.

Y el Padre le contestó, "Fabio, Fabio, eso puede llevar meses o años. Depende."

"Padre, usted sabe que yo no tengo tiempo, que mi vida se está apagando y le repito que no me quiero morir unido a esa mujer. Para mí la única esposa que tengo es María Antonieta, ayúdeme por favor."

"La única solución puede ser esperar el divorcio por la vía legal que, dadas las circunstancias, no es complicado porque existe un matrimonio anterior que invalida cualquier otro posterior," le explicó el Padre. "Una vez que tengan esa acta de disolución, yo me encargaré de hacerla llegar a la Diócesis de allá. Por lo pronto hay otro trámite que debemos hacer a la mayor brevedad posible: tu mamá debe venir a rendir testimonio de que lo que me has dicho es cierto sobre la forma en que ella firmó el documento."

Salimos de la iglesia con sentimientos mezclados. Fabio rompió el silencio.

"Habrá que contarle todo a mi mamá y traerla a testificar."

"Eso, lo tienes que hacer tú," le dije. "Tú te metiste en eso, tú mira cómo sales."

Y así fue. Inmensamente angustiada, dolida con este último descubrimiento pero amando a su hijo y disculpando sus errores tal y como siempre lo hizo, mi suegra Adys fue a rendir su testimonio sobre el origen del papel firmado por ella y posteriormente autenticado, que irónicamente dio a Fabio "luz verde" para casarse. Decía así:

A quien corresponda:

Yo, Adys Dolores Estrada Dellundé, originaria de Bayamo, Cuba, y residente legal de los Estados Unidos hago constar que, mi hijo Fabio Orlando Fajardo Estrada de 52 años de edad, es un hombre libre, que nunca ha sido casado por la iglesia católica y que por tanto, puede volverse a casar.

Atentamente,

Adys Estrada Dellundé

"Nunca jamás me imaginé que Fabito me diera semejante papel a firmar," dijo mi suegra. "Yo no lo revisé inicialmente porque no llevaba anteojos y porque ¿cómo iba a dudar de él? ¿Cómo iba a imaginar que era para semejante desvergüenza?"

El padre Fernando inquirió, "¿Sabía usted de los pasos en los que andaba su hijo? ¿Imaginaba algo de su doble vida? ¿Conocía a la mujer?"

"Nunca supe de la existencia de esa mujer," respondió Adys. "Ni cómo se llama ni donde vive, ni quién es, ni hablé jamás con ella. Me enteré de su existencia y de lo que había pasado porque mi hija y mi nieto me lo contaron hace cosa de un mes. ¡Por supuesto que jamás lo hubiera aprobado! ¡Jamás hubiera permitido que el matrimonio de Fabito con María Antonieta se deshiciera así!"

El testimonio de mi suegra fue de gran valor, porque no fue fácil para una mujer orgullosa, como ella, reconocer todo aquello que su hijo había hecho. Al terminar la audiencia, los tres regresamos a su casa en silencio. No necesitábamos palabras. Ya todo se había dicho. ¿O no?

¡Qué desesperación pensar que en el momento menos espe-
rado volvieran a salir más "cosas"! ¿Qué sería la próxima vez?
¿Acaso estaba en un negocio sucio? Fabio me rogó y me prometió
que nada de eso sucedería y que con esto, todo lo sucio había quedado ya enterrado.

"Ojalá que sea cierto," me dijo Claudia Foghini, entonces productora de *Cada Día*. "Yo tengo miedo por ti. En verdad. Si a mí
me ha afectado todo esto, simplemente con recordar el día que
grabamos la entrevista con María Celeste, cuando pensábamos
que todo había acabado, ¡y resulta que a pesar de que Fabio ahí
mismo te pidió perdón públicamente, apenas comenzábamos a
enterarnos de toda esta porquería! Francamente, yo no sé cómo
has aguantado. Pero esta vez, con todo mi corazón, espero que
Fabio esté diciendo la verdad y los sobresaltos por los secretos se
hayan terminado."

Al parecer, Claudia Foghini acertó. Faltaba un mes para la
audiencia en la que Fabio quedaría oficialmente divorciado y recu-
peraríamos otra vez la calma. A diario me hacía llamar al abogado
del bufete de Polo, Yablen y Asociados para saber si habían respondido: Negativo. Nadie ha respondido, era la respuesta. Parecía
como si la tierra se hubiera tragado a la mujer y a su abogado.

"No importa," me dijo Ana María Polo. "Nosotros tenemos
la cita ante el juez. Esa señora y sus abogados ya están avisados en
forma certificada. Saben fecha y hora. Sólo falta esperar a que
lleguen."

Pero esta espera de pronto se olvidó con un nuevo ataque del
cáncer. Fabio volvió a tener agua en el pulmón y tuvo que ser conectado a una aspiradora para sacársela. Al mismo tiempo, aunque
más suave que antes, la quimioterapia lo tenía débil. Entró y salió
del hospital, pero el 27 de julio, el día de su cumpleaños cincuenta

y dos, lo pasamos en el piso 12 del ala oeste. Junto con los doctores Benedetto y Arango, y con unos cuantos amigos, dos a lo sumo, más Yuyita, Jorgito y Antón, celebramos aquel cumpleaños, que Fabio intuía sería el último que viviría. Cuando las visitas se fueron, me pidió que me le acercara y comenzó a hablarme, llorando:

"Abrázame y dame algo de esa inmensa fuerza que tienes. Que ese sea tu regalo de cumpleaños. Dime cómo tenerla. Dime cómo lo haces, dime cómo creer, ¡dímelo por favor! ¡Dímelo por piedad!"

No hubo momento de reproche, sólo de decirle la verdad parafraseando la famosa epístola de San Pablo, "El amor todo lo puede Fabio. El amor lo soporta todo. Nunca antes supe el tamaño de mi resistencia hasta ahora, pero sé que la fuerza me la dio amarte aun por encima de mí misma. Mi fuerza radica en mi fe. Mi fuerza radica en que creo en Dios y respeto sus leyes. ¡Cree en Él, Fabio! ¡Cree, por favor!"

Aquella noche dormí sentada a su lado; él no me soltó la mano ni un momento.

Con unos días malos, y otros peores, llegó la gran fecha para el divorcio. Decidida a no ser parte de un trámite que nada tenía que ver conmigo, sino todo lo contrario, gracias a la generosidad de Telemundo salí hacia Los Ángeles a hacer *Cada Día* desde la Plaza México, una gran zona de hispanos en aquella ciudad. Me preocupaba enormemente la salud de Fabio, que seguía deteriorándose inexplicablemente, y que constituía la única razón por la que podría ausentarse en la Corte.

"No te preocupes, mi vida, que así vaya yo en ambulancia, por nada del mundo dejo la cita que me va a liberar."

Antón sería el encargado de llevar a su padre al juicio. Y así fue. Enterado de la vergonzosa situación y de la importancia de acudir, el doctor Pascuale Benedetto dio a Fabio un permiso especial para ausentarse durante tres horas del pabellón del hospital. Eso sí, debería asistir conectado a los aparatos que tenía y, por supuesto, en silla de ruedas. A la hora fijada, Antón y Fabio salieron para la cita. En California, con tres horas de diferencia, yo calculaba la hora de Miami nerviosamente e imaginaba lo que estaba sucediendo, pero me rehusé a llamarlos. Era un asunto que Fabio y sólo Fabio debía resolver. Era un momento de él... tanto como lo fue aquel en el que decidió casarse.

Terminé el programa y alrededor de las diez de la mañana de California (una de la tarde del este). Mientras me encontraba dando una entrevista por radio, un mensaje de texto entró en mi celular. Era mi hijo Antón, enviándome una sola palabra: ¡Victoria! Quise llorar, pero me contuve y respiré profundo. Apenas hube terminado la entrevista me fui a un sitio privado y llamé a Fabio. Blanca Tellería, mi publirrelacionista, quien acompañó a Antón y a Fabio en la Corte todo el tiempo, atestiguó la plática textual:

"Mamita, ¡se terminó la pesadilla! ¡Se terminó nuestra pesadilla!" gritaba Fabio alegremente.

"¿Qué pasó con la mujer esa?" le pregunté.

"Nada. Ni contestó, ni se presentó y nosotros le dimos pruebas al juez de que seguimos los trámites y que tanto ella como su abogado estaban informados de la audiencia. ¡Aparentemente decidió no seguir haciendo daño, porque sabía todo y nunca fue engañada, pero eso ya está en el olvido, mamita!"

"Ahora eres un hombre libre," le respondí.

"No. ¡Yo no soy libre porque siempre he estado casado contigo!"

Verdaderamente esa noche, la del I de agosto de 2006, fue la primera en la que intuí que había comenzado una nueva etapa para nosotros; sin embargo, me duró poco.

Fabio estaba visiblemente peor y sólo Dios sabía cuánto tiempo de vida le quedaba.

"El que sea, no importa, el que sea. Hasta que Dios quiera," dije en voz alta."

7

No Quisiera Estar en Sus Zapatos

A partir del 1 de agosto de 2006 nuestra vida pudo llamarse más o menos así: simplemente vida. No importa que entráramos y saliéramos del hospital, no importaban las quimioterapias ni los exámenes. Fabio era feliz de poder caminar aunque fuera despacio, y cuando él ya no podía hacerlo, yo era feliz empujando su silla de ruedas. No había momento más reconfortante que cuando me pedía abrazarlo bien sobre la cama, bien en la silla de ruedas, entonces con todo mi cariño yo lo rodeaba por detrás con mis brazos y le daba besos en su cabeza calva. Bromeando con acento cubano le decía, "Mi-ca-vi-to." Se reía a más no poder cuando le decía que ya había recuperado su *look* de "cura de pueblo", es decir, de un hombre bueno y sencillo que podía entender y perdonar los pecados de los demás, porque él mismo casi no tenía pecados. Agosto parecía que nos estaba dando una buena tregua hasta que, alrededor de la segunda semana, algo nos hizo correr hacia la consulta del doctor Pascuale Benedetto: dolor en la espalda, en el costado, y nuevamente Fabio no pudo caminar del todo bien. Por momentos parecía que marchaba como soldado con la pierna derecha, le dijimos todo esto al doctor Arango, mientras éste lo examinaba antes de que Benedetto lo viera.

"En estos momentos existe la sospecha de que un tipo de daño neurológico o compresión nerviosa esté sucediendo, esto podría explicar que aparezcan súbitamente signos y síntomas de neuropatía periférica como el *foot drop*," nos explicó el doctor. Ya le mencioné mi preocupación al doctor Benedetto y está de acuerdo conmigo, por eso ordenamos una ecografía que nos va a ayudar a identificar el área donde esta ocurriendo la compresión nerviosa. Hay que esperar los resultados."

Otra vez cruzando los dedos para que no fuera nada complicado y, por supuesto, bajando a la tierra toda la corte celestial para que viniera en nuestra ayuda. Más tarde, una vez que se produjeron los resultados, el doctor Benedetto nos confirmó que sus sospechas eran ciertas: Fabio tenía una lesión nueva, una metástasis ósea en otra de las vértebras de la columna, la cual no estaba respondiendo de forma adecuada al tratamiento con el Sutent.

"En vista de que la quimioterapia no está siendo lo suficientemente eficaz, debemos someter a Fabio a radiación para controlar esta lesión que tiene en las vértebras toráxicas de su columna y, así, evitar complicaciones severas en un futuro," nos dijo el doctor Benedetto. "Para eso, la doctora Wahab en el Departamento de Radiología Oncológica nuevamente será la encargada de tratarlo, y ya saben que hay que actuar de inmediato."

Por supuesto que no tardamos nada en llegar a esa parte del Sylvester Comprehensive Cancer Center, donde la cara de preocupación de la doctora nos hizo ver que las cosas estaban mal.

"Me preocupaba que la masa estuviera nuevamente en la misma séptima vértebra toráxica, porque cuando una vértebra se ha radiado ya no se puede hacer este tratamiento otra vez, pero afortunadamente no es así. Sin embargo, ahora la lesión está en la tercera y en la cuarta vértebras toráxicas. Comenzaremos otra vez el tratamiento de radiación y veremos cómo siguen las cosas."

Así fue. A diario, la parte superior de la columna vertebral de Fabio comenzó a ser tratada con radiación. Aunque los efectos eran los mismos, mucha debilidad y falta de hambre, esto no nos detuvo para que en un par de ocasiones pudiéramos salir a Lincoln Road, su paseo favorito en Miami Beach, o al último show que vio en su vida y que fue el del gran humorista cubano Guillermo Álvarez Guedes, del cual era un fanático. Sentado en su silla de ruedas, siempre empujada por mí, Fabio vivió esos días de agosto en una paz que comenzó a llenarnos. Una tarde, cuando menos me lo esperaba, me dio una sorpresa de las que hacía tiempo no tenía.

"Quiero que nos vayamos a un crucero," me dijo. "Quiero llevarte a que te relajes, a que por lo menos por primera vez en mucho tiempo descanses sin presión, sin teléfono celular, sin que te estés preocupando por médicos y medicinas. Hablé con el doctor Benedetto, y me dio permiso una vez que termine la última semana de agosto con el Sutent."

La noticia llenó de felicidad a mi familia de *Cada Día*. José, Ilia y Poncho pensaron lo mismo, "¿Viste? Las cosas buenas comienzan a llegar a tu vida. Esas vacaciones serán excelentes para ustedes. La tempestad ya pasó."

Jorge Hidalgo, en su muy cubana manera de ser, estaba complacido y me dijo, "No hay mal que dure cien años... así que Collins, a divertirse, ¿ok?"

Eso parecía, que había que divertirse y no pensar en nada más, que lo malo había pasado. Lo hice tan convencida que preparé las maletas para tener una preocupación menos. Sin embargo, yo veía que conforme se acercaba el día del viaje, el semblante de Fabio empeoraba, lo mismo el *foot drop*, es decir, el pie derecho que se le iba de lado más y más, (cuando se suponía que con la radiación y la quimioterapia mejoraría). Finalmente terminaron al mismo tiempo, tanto el tratamiento con radiaciones como la quimioterapia de veintinueve días con pastillas de Sutent, y había que esperar tres semanas más para ver resultados. El viernes 31 de agosto de 2006 teníamos la cita para ver al doctor Benedetto, siempre con nuestro "ángel de la guarda," Belisario Arango, que no nos desamparaba.

"Fabio, ¿listo para el crucero por el Caribe? Yo espero que les vaya muy bien," nos dijo el Doctor.

El chequeo médico había sido normal, aunque para ser ciertos, Fabio no le dijo al médico que seguía teniendo los problemas en el pie derecho. Justo al salir, Antón nos llamó para invitarnos a comer y despedirnos, y quedamos de vernos en un restaurante. Llegamos al tiempo. Sorpresivamente, Fabio, a quien yo había metido sin mayor dificultad en el auto, tenía problemas para salir. Antón me miró con preocupación y me ayudó a sacarlo.

"No pasa nada," nos dijo. "No se estén haciendo señas a mis espaldas imaginando cosas que no existen. Yo estoy bien."

Por supuesto que algo me decía que Fabio no estaba bien y que, por el contrario, empeoraba. Al salir del restaurante, su movilidad se acentuaba. Preocupado, Antón preguntó, "¿Qué dijo el médico?"

"Que todo está bien," le respondí. "También lo que sucede es que tu papá no le dice la verdad y, aunque yo sea la que habla, no me creen, porque yo no soy la enferma y piensan que es una exageración de esposa. De cualquier forma no te preocupes que estoy muy pendiente de cualquier síntoma, y tenemos el permiso para irnos al viaje."

Antón lo regañó por quedarse callado y nos despedimos. Llegamos a casa cayendo la noche, y Fabio, que en un principio decidió ver televisión en el *family room*, de pronto quiso irse a la cama. Trató de incorporarse del sofá, y no pudo, pero yo, que estaba en otra parte de la casa, no lo percibí. Casi arrastrándose, llegó al cuarto. Al darme cuenta llamé preocupada al doctor Arango y le conté lo que pasaba. Éste, a su vez, quiso hablar con Fabio.

"No tengo nada doctor, es mi mujer que es una alarmista, no haga caso," le dijo Fabio al doctor. "Mañana nos vamos al viaje y ya está, no me pasa nada."

Cuando el doctor Arango colgó, mi rostro era de preocupación y miedo, y le pregunté, "¿Por qué no le dijiste cómo te sientes?"

"Porque no tengo nada, sólo me siento muy cansado y con algo de dolor en la espalda, pero bien. Dame la pastilla para dormir y ven tú también a la cama que mañana será un largo día."

Pronto comenzó a roncar, pero yo no podía conciliar el sueño. Algo no me gustaba y presagiaba tormenta.

"¿Qué puede ser?" me preguntó mi cuñada Yuyita, a quien, para variar, llamé y conté mis temores. Lo que pasa es que este año te ha ido tan mal y tan "tupido," que ya no sabes estar varios días sin que haya malas noticias. Deja eso de lado y disfruta que mañana Fabito y tú se van de paseo."

Difícilmente olvidaré la mañana del sábado 1 de septiembre de 2006. Abrí los ojos y lo primero que ví a mi lado fue el rostro lloroso de Fabio con los ojos abiertos. Me levanté de golpe.

"¿Qué pasa?" le pregunté asustada. "¿Por qué no me habías despertado?"

Llorando como un niño me respondió, "No puedo moverme. ¡No puedo!"

Corrí a su lado, lo destapé y el vientre lo tenía inflamadísimo, como si fuera a reventar.

"¿Qué sientes?" le pregunté con urgencia.

"No sé."

"¿Quieres orinar?"

"¡No puedo!" exclamó angustiado. "¡Ayúdame por favor!"

Tampoco podía mover el cuerpo. Intentando calmarme llamé de inmediato al doctor Arango que estaba en día libre.

"Llame de inmediato a la doctora Wahab y explíquele lo que sucede," me dijo el doctor. "Mientras tanto yo hago otras llamadas. El doctor Benedetto está fuera de la ciudad, pero lo pondré al tanto de todo."

La doctora Wahab respondió desde su casa de inmediato, "¡Hay que llevarlo urgentemente al hospital! ¡Corra con él que el tiempo es oro para Fabio, estamos hablando de una lesión en la columna vertebral! ¡Dése prisa!"

Un torbellino se formó en ese momento. Llegaron Yuyita y Jorgito, y entre los tres lo subimos al auto. No había tiempo para una ambulancia. Al llegar al Jackson Memorial Hospital, el doctor Arango ya nos esperaba en el piso 12 del ala oeste. Él le había explicado la situación al residente de turno ese fin de semana, otro joven médico panameño, el doctor Aurelio Castrellón, quien ordenó toda la serie de exámenes para realizar lo que me dijo era una inminente cirugía. Por lo pronto habría que tenerlo en ayunas.

"¿Por qué no siento las piernas?" preguntó Fabio asustado. "¿Por qué no las puedo mover doctor?"

Al salir de la habitación el doctor Castrellón esquivó nuestras miradas. Intuí que había que temer lo peor; en tanto, Fabio no se daba por vencido e intentaba inútilmente tener algún movimiento. Fueron momentos desesperantes. Por lo pronto no sabíamos más de lo que me dejaban saber los doctores a cuentagotas. El doctor Castrellón regresó para decirnos que los cirujanos querían hablar con nosotros. Llamé a Belisario Arango desesperada, sabiendo que por lo menos me daría una idea de lo que estaba pasando, pues era como la misma voz del doctor Benedetto.

"Nosotros esperábamos que pudiera ocurrir una fractura de la vértebra, pero no pensamos que la vértebra fuera a comprimir la columna como aparentemente ha sucedido," nos explicó el doctor. "De ser así, esto sería muy grave, ya que el tejido neurológico no puede estar comprimido más de tres o cuatro horas después de tener un daño, o puede sufrir un trauma irreversible. Hay que descomprimirlo o simplemente no se recupera la función. Por tanto, hay que internar a Fabio en el quirófano urgentemente. No sé si esto era predecible, pero sí sé que estaba dentro de las complicaciones que podían suceder. El estómago distendido es señal de que los músculos que sostienen las paredes del abdomen se han relajado, ya no tienen ninguna fuerza. El volumen del abdomen es en parte debido a la gran cantidad de orina que Fabio ha almacenado y que como no tiene ni movimiento en los músculos ni fuerza para orinar, no ha podido desechar. Esto último se va a aliviar de inmediato, cuando le instalen una sonda. Desgraciadamente todo esto habla de una parálisis."

Gracias a esa explicación Fabio y yo tuvimos nociones de la situación cuando los cirujanos vinieron a hablar con nosotros. Nunca olvidaré el rostro de aquel médico.

"El doctor Benedetto insiste en la cirugía para liberar la médula ósea. Nosotros simplemente pensamos que ya no es tiempo de hacerla. Han pasado más de doce horas desde que ocurrió el daño, por tanto no se garantiza que el procedimiento siquiera pueda tener éxito. Aún así, si ustedes optan por la cirugía, déjenme explicarles que es un procedimiento largo, quizá de ocho horas en el quirófano. Es también una cirugía sangrienta que requiere por lo menos de ocho a diez pintas de sangre. La recuperación tardaría de uno a dos meses, la mayoría del tiempo sedado, y lo más importante, como les explico, es que no sabemos si el daño que sufrió la columna en este punto ya es irreversible."

Nuevamente Fabio calló, para que yo fuera la que hiciera la crucial pregunta, "Es decir, que a pesar de la operación y del sacrificio de la recuperación, ¿no hay seguridad de que mi esposo vuelva a caminar, porque pasaron ya muchas horas?"

El neurocirujano se calló un momento y luego pronunció una sentencia que nos dio escalofrío, "Correcto. Como les digo, la decisión de hacerlo está en sus manos. Yo no quisiera estar en sus zapatos."

Terrible. Qué momento más terrible, aunque Fabio parecía adormecido con los calmantes para los nervios y el dolor; o quizá intentaba no darse cuenta de lo que le había sucedido. Llegó la noche, y nada nuevo sobre la operación. Según las enfermeras las conferencias entre el doctor Benedetto y los neurocirujanos continuaban.

"Cuando tiene que defender lo que cree, el doctor Benedetto no se rinde y defiende al paciente contra lo que sea. Así que hay que esperar," nos explicaron las enfermeras.

El doctor Castrellón nos calmaba diciendo que apenas se decidiera algo, se le daría a Fabio algo de comer. Llegó la madrugada, y alrededor de las cuatro el mismo jefe de neurocirugía habló con nosotros para explicarnos nuevamente lo que él opinaba sobre la operación para liberar la médula ósea de Fabio, "En este punto, creemos que es demasiado tarde."

Mirándome a los ojos Fabio se decidió y me dijo, "Yo también. Si no me garantizan nada, ¿para qué tanto dolor? Está decidido. ¡No me voy a operar!"

Hyacinth, la misma enfermera que un día al principio de la enfermedad me ayudó a bajarle la fiebre a Fabio, llegó acongojada apenas amaneció.

"Sabemos lo que han decidido, pero déjenme decirles que el doctor Benedetto aún no se ha dado por vencido," nos dijo. "Él sigue insistiendo en la operación."

Fabio le quitó la palabra, "Es inútil. No me voy a operar. Y ya."

Poco después de confirmada su decisión llegó la bandeja de la comida. Los médicos entonces me pidieron que hablara con mi esposo y le explicara lo que eso significaba. No habría cirugía, por tanto no volvería a caminar. En doce horas ¡había quedado paralítico desde las axilas hasta la puntas de ambos pies!

Y nuevamente yo sería la encargada de darle otra terrible noticia: primero la del cáncer, ahora la de su parálisis.

Pedí a los Fajardo que se encontraban en la habitación que nos dejaran un momento a solas y me paré frente a Fabio, a los pies de su cama. Tenía que verlo de frente, a los ojos. Respiré profundo.

"Ya te trajeron de comer."

"Sí, y me imagino que eso significa que por fin se rindieron y no me van a operar," me contestó.

"Exactamente. Significa que no habrá operación con todas las consecuencias que ello conlleva."

"¿Consecuencias? ¿Cuáles?" me preguntó.

No sé si fingía o en realidad el golpe fue tan fuerte que por lo menos sicológicamente lo sedó.

"Las consecuencias que conoces: no volverás a caminar nunca," le dije.

Fabio se derrumbó. Yo lo abracé con toda mi fuerza. No había palabras que valieran entre nosotros. Habían terminado las treinta largas horas de espera y de nervios.

"¿Tú ves por qué eres la mejor mujer que alguna vez pude tener?" me dijo.

Su cumplido me conmovió. Le volví a prometer que mi mano siempre estaría para sostenerlo. De pronto se limpió las lágrimas y pidió que entraran Yuyita, Jorgito y Antón, que quedaron consternados con la noticia. Antón me partió el alma. Lloraba como niño abrazado a su padre. Fabio, entonces, intentó retomar la situación.

"¿Qué día es hoy?" preguntó, cambiando de tema.

"Primero de septiembre," le respondí sorprendida.

"No hubo crucero por el Caribe, ¿verdad?"

"No lo hubo Fabio, pero algún día lo habrá."

La familia desconsolada decidió marcharse a casa. Tendrían que darles la noticia a mis suegros, y esa empresa por sí sola era terrible. Al irse, Fabio nuevamente volvió a lo suyo.

"Perdóname, otra vez te he vuelto a fallar. Ya no sirvo ni para cumplirte una promesa ni para tener sexo; ni siquiera para llevarte a divertir como te mereces."

"Yo no tengo que perdonarte semejantes tonterías," le respondí con suavidad. "A estas alturas del partido está claro que once años después de estar juntos yo no te quiero ni por el sexo ni por la diversión ni tengo que perdonarte que haya ocurrido todo esto cuando estábamos a punto de partir de vacaciones. Sólo Dios sabe por qué ocurrieron las cosas así. De cualquier forma no seas pesimista; aún en silla de ruedas, apenas te mejores ¡yo seré la que te llevaré a un crucero por el Caribe! ¡De eso no te salvas!"

No sé cómo hice para no llorar. Salí un momento de la habitación porque el doctor Arango había llegado. Estaba muy preocupado.

"El doctor Benedetto y yo pensamos que ha sido un error no haberse sometido a la cirugía. Respetamos la decisión de don Fabio, pero ahora nuestra mayor preocupación es ¿cómo va a reaccionar ante la parálisis? ¿Podrá superarla? Ese es nuestro gran interrogante. Por lo pronto, oiga, usted ya tiene muchas horas dentro de esa habitación. Hágame un favor, vaya a la cafetería a comer algo, que yo me quedo un momento platicando con él."

Entendí que quería hablar con un paciente al que le había tomado un gran cariño. En realidad el doctor tenía razón, fui a comer porque, sin darme cuenta, había pasado casi un día sin ingerir alimento alguno.

Al regresar a la habitación, el doctor Arango me pidió que lo acompañara al pasillo, y me dijo, "Ahora quiero que sepa que la situación de Fabio es mucho más compleja y delicada, ya que lo que sucede es que ya no sólo estamos tratando a un paciente con cáncer, sino que ahora estamos tratando a un paciente paralítico con cáncer."

"¿Qué quiere decir?" le pregunté abrumada.

"Que ahora no sólo tenemos que lidiar con las complicaciones del cáncer, sino también con las de la parálisis, como lo son infecciones de vías respiratorias, urinarias, coágulos en las piernas y brazos, atrofia de los músculos por falta de movimiento, úlceras en la piel, entre otras cosas. Con esto es con lo que a partir de ahora habrá que lidiar a diario, porque va a afectar enormemente su estado emocional, lo cual es crucial para todo paciente recibiendo tratamiento para un cáncer tan agresivo. Nosotros necesitamos contar ahora más que nunca con la motivación y apoyo de todos ustedes. No podemos dejar que él se rinda y renuncie a la vida."

"Quiero decirle que en estos momentos está pasando lo peor en su mente: está dándose cuenta de lo que sucedió y de que no podrá volver a caminar nunca," siguió explicándome el doctor. "Cuando entré a verlo me sorprendió diciéndome: 'Esto me tomó por sorpresa, nunca me imaginé que me podría pasar, nunca lo imaginé.' Yo no dije nada. Lo abracé y tampoco pude contener las lágrimas. ¿Qué se le puede decir a una persona en esas circunstancias? Únicamente pude decirle lo mucho que lo sentía. Ustedes saben que he hecho todo lo que ha estado a mi alcance. Ahora entre usted a quedarse con él, pues la necesita mucho."

Entré al cuarto, y sí, Fabio estaba agobiado y me necesitaba.

"El doctor Arango y yo lloramos juntos," me contó. "Es un gran muchacho, muy joven para entender esta lucha de la vida y la muerte, y lo hace a la perfección. Lo más importante es que sin palabras comprendí lo que me quiso decir."

"¿Y qué fue eso que te quiso decir?" le pregunté.

"Que a pesar de la parálisis se puede vivir con cáncer."

No dije nada. ¿Qué caso tenía dar las otras explicaciones aterradoras que mi esposo tendría que enfrentar? Ninguno. Cuando llegara el momento de dar explicaciones las daría entonces, pero no antes. Ni mucho menos en ese momento cuando Fabio lanzaba desconsuelo a diestra y siniestra.

"¿De qué te sirvo ya?" me preguntó desolado. "¡Mírame bien! ¡Hoy me quedé inválido!"

Tomé aire para darme fuerzas, y le respondí con paciencia, "Sirves para lo mismo que hace once años, Fabio Fajardo: sirves para seguir siendo el socio de mi vida. Por eso es que quiero prometerte algo. A partir de hoy si tus piernas y tus brazos no funcionan, ¡mis piernas y mis brazos serán los tuyos! Así sea cargado, yo te llevaré a donde tú quieras."

Aquella noche de tanto dolor, al irnos a dormir, Fabio dijo por primera vez algo que en algún momento yo también había pensado, "Esta parálisis es un castigo de Dios por todo lo que he hecho. Es un castigo... y me lo merezco."

8

El Último Suspiro

Nadie pudo prever entonces que aquel reingreso al Jackson Memorial Hospital de Miami el mediodía de aquel 31 de agosto de 2006 sería tan largo y doloroso: cuarenta días con cuarenta noches de intenso sufrimiento.

"¡Éste es mi castigo!" agonizaba Fabio. "¡Haberme quedado paralítico! Hace un año yo andaba planeando una boda con otra mujer estando casado contigo. Hace un año saltaba de un lado para otro mintiéndote a ti y a todos sobre dónde andaba, qué hacía y dónde me quedaba. Por el sexo me metí en una iglesia a burlarme de Dios y, sobre todo, los dañé a todos ustedes. Te dejé a ti y a mis padres viejitos pasar solos tres huracanes en Miami, mientras yo andaba en la rumba con la mujer esa, de concierto en concierto, de fiesta en fiesta, y mírame hoy. Si ella me decía, 'Quédese otros días,' pues me quedaba. Si me daba remordimiento ver en las noticias lo que pasaba en Miami con los huracanes, yo hacía caso a lo que ella me decía, 'No se preocupe, papito, que a su familia nada malo le va a pasar.' Y yo le hacía caso, porque me convenía en ese momento, aunque después me muriera de tristeza por no poder contestarte las llamadas sabiendo que estabas angustiada y con miedo, o lo mismo hacía con mis padres que me necesitaban. ¡Qué canalla fui! ¡Yo que pensaba que tenía todo en la vida! ¿Sabes por qué hacía todo eso? ¡Porque enloquecí! Y por lo mismo que hacen los ladrones; arriesgan y arriesgan y nunca piensan que los van a atrapar. Así me pasó a mí. Pensaba que podía hacer todo porque era fuerte, corría ocho millas, estaba bien de salud y ni siquiera esto último era cierto, porque dentro de mi cuerpo esta maldición estaba creciendo. Y mírame ahora... estoy sin poder moverme, ¡ni siquiera puedo ir al baño por mí mismo! ¿Hay alguien que dude que esto es un castigo de Dios?"

Ante ese recuento tan verídico yo no respondía nada, porque todo era verdad. Pero en esos primeros días de septiembre, a la par de cuidarlo, mi tarea era también hacerle entender a Fabio que Dios es también perdón, no importa cual sea el pecado; que Dios perdona si el arrepentimiento es verdadero. Pero no lo entendía. Por lo contrario, todo aquello que tuvo que aprender en las horas siguientes a la parálisis lo ponían peor: el mismo 2 de septiembre él mismo aprendió a instalarse una sonda en la vejiga para orinar cada cuatro horas, puesto que debido a tan extensa parálisis su cuerpo no podía llevar a cabo ninguna de sus funciones más elementales. Para evacuar, en cambio, venciendo el asco, yo fui la que aprendí a limpiarle los intestinos. Todo era una ironía que la vida nos enseñaba a ambos, que me aterraba por las lecciones diarias que él mismo descubría.

"Y yo que te decía que me daba asco tu cicatriz del *tummy tuck*," me dijo arrepentido en otro momento. "Y mira ahora, tú metiendo la mano donde verdaderamente todo da asco y a mí como hombre, además de eso me da vergüenza."

Yo sólo intentaba minimizar cualquier situación para que nada le pareciera más humillante de lo que ya era. Así pasaron dos días hasta que el doctor Benedetto vino a darnos la perspectiva de lo que vendría.

"Fabio," dijo el Doctor. "Hemos decidido trasladarlo al pabellón de rehabilitación del hospital, porque como ya les explicó el doctor Arango, desde ahora las cosas van a ser diferentes. Ahí le van a enseñar cómo aprender a vivir con la parálisis, cómo moverse de la cama a la silla de ruedas, cómo bañarse, en fin, cómo sobrellevar esta nueva vida. Por otra parte, aquí en el piso 12 ya hemos cumplido hasta el momento con lo que podemos hacer. En una semana más comenzaremos nuevamente con Sutent, pero eso se puede hacer perfectamente mientras esté en rehabilitación el tiempo que sea necesario."

Fabio me hizo señas para que de inmediato preguntara por él, lo siguiente, "¿Volver al Sutent? ¿Qué caso tiene si sobrevino la parálisis a pesar de tomar el medicamento?"

"El medicamento y la parálisis no tienen nada que ver," nos explicó el Doctor. "Sí, ciertamente sobrevino la parálisis, pero ésta fue una consecuencia de las vértebras dañadas por el tumor y la radiación. Pero, por otro lado, el resto de los tumores han disminuido y recuerde que tenemos varios frentes de guerra abiertos. Como la quimioterapia ha funcionado en ese sentido, seguiremos con Sutent. ¿Le parece bien Fabio?"

Fabio asintió. Benedetto salió acompañado del doctor Arango y yo corriendo también tras ellos. Benedetto, sabiendo el cariño que nos había tomado Arango, le dejó a éste la explicación de los pormenores.

"Va a ser lo mejor, en verdad, no se preocupen. En rehabilitación, Fabio aprenderá a convivir con personas como él o quizá en peores condiciones que las suyas, lo que puede ayudarlo. Así que prepare todo, porque pronto vendrán para mudarlos. Nosotros los seguiremos viendo allá."

Esa misma noche, Fabio y yo, gracias a Diamela y a la generosidad de la Fundación del Jackson Memorial Hospital, estuvimos en uno de los mejores cuartos de hospital que he visto en mi vida. A Fabio le encantó porque no tenía el *look* de cuarto de enfermo, por el contrario, parecía un hotel. Ahí comenzó su nueva vida. Aquellas primeras semanas fueron de gran aprendizaje. Su reto era, entonces, deslizarse con la ayuda de una tablita, y sobre todo, trasladarse desde la cama hasta la silla de ruedas por sí mismo. Sin lugar a dudas esas primeras semanas fueron maravillosas y me infundieron ánimo.

Me llamaba al programa por lo menos tres veces al día y me decía, "Mamita, amanecí bien y te estoy viendo," y a mí me encantaba escucharlo. Y pronto me acostumbré a lo que era un maravilloso regalo: escuchar su voz recuperándose de la tragedia de la parálisis. Por las tardes nuestro lujo, cuando terminaban sus clases de todo tipo para reintegrarlo a una vida lo más normal posible, era simplemente llevarlo en silla de ruedas hasta una heladería situada justo frente al hospital. Más tarde, cuando comenzó la quimioterapia con el Sutent, al medio día me lo llevaba a los restaurantes cercanos al Jackson Memorial Hospital, siempre empujando su silla de ruedas, la que se convirtió en ese tiempo en parte de mí sin lugar a dudas. Era finalmente la tregua que la vida nos estaba concediendo después de tanto drama. Sabíamos que estaríamos por lo menos hasta principios de octubre en el pabellón de Rehabilitación y que para volver a casa habría que hacer algunos cambios, pero como me dijeron los doctores, aún era demasiado temprano para hablar de ellos.

El Fin de la Tregua

A mediados de septiembre, justo para la conmemoración de las fiestas patrias mexicanas tuve que ir por varios días a Los Ángeles a transmitir *Cada Día* desde allí. Todo parecía ir maravillosamente bien. Yuyita mi cuñada, entre sus dos trabajos, corría al hospital para suplirme en la ausencia y sus reportes eran iguales, "Fabito está de lo mejor. Hoy comió muy bien lo que Jorgito le trajo, vinieron unos cuantos amigos y parientes a verlo, y la pasó muy a gusto."

Con esa impresión me fui a dormir aquel 16 de septiembre de 2006 hasta que recibí una llamada de Fabio. Estaba llorando como un niño.

"Mamita, mamita, perdóname, perdóname por favor ¡que se me ha perdido nuestro anillo de bodas! Yo que nunca, en todo este tiempo de la enfermedad me lo quité aunque me quedaba grande, hoy amanecí sin él. Las enfermeras ya han buscado por todas partes y nada. Probablemente anoche sucedió en el cambio de sábanas y porque quizá se me había salido con lo delgado que estoy, y ¡ya no lo tengo! ¡Cuánto jugué al quitármelo para andar haciendo las barbaridades que hice y nunca se me perdió! Y mira ahora dónde viene a desaparecerse..."

¿Ya para qué me enojaba con él? ¿Qué caso tenía decirle algo que él sabía? Me dio una profunda tristeza, pero también un alivio. La pérdida de aquella sortija significaba también el final de una era. Ahora tendría que venir otra. Regresé a Miami y de inmediato me fui al hospital. Aunque el semblante de Fabio estaba bien, hubo algo al ayudarlo a vestir por la noche que me llamó la atención: unas pequeñas heridas que le estaban saliendo en la parte superior de la espalda.

"Probablemente se deben a estar acostado tanto tiempo," dijo el doctor Benedetto.

A mí Fabio me dijo a que se debían y que era algo que, por supuesto, no había dicho a sus médicos. "El corsé que me metieron de inmediato al llegar a Rehabilitación me roza en muchas partes y me ha producido lesiones en la piel."

Efectivamente el corsé acrílico estaba provocando problemas. Llagas en la parte superior y en la parte inferior a la altura de sus muslos y axilas y sobre todo en la espalda, pero como no se quejaba, nadie podía enterarse. Nuevamente la llamada a Benedetto y su siempre acertada respuesta, además, con una solución.

"Este tipo de lesiones es muy común. Simplemente habrá que tratarlo como algo localizado. Además hablé con los médicos en Rehabilitación y evaluando la lesión de Fabio han decidido retirar el corsé, ya que no es necesario para que él se sostenga. Por lo demás, con las curaciones dos veces al día, las heridas van a sanar."

Así lo esperaba, pero con los días, las lesiones en lugar de sanar fueron creciendo y creciendo haciendo el panorama peor, como me lo dijo un día el doctor Arango, "Es hasta cierto punto normal. El sistema inmunológico de Fabio está deprimido por la quimioterapia, de manera que cuando se detenga el medicamento y comience la recuperación en las semanas posteriores, todos los malos síntomas se van a acabar. Ya lo verán, ahora sólo es cosa de esperar el tiempo en que se termine la ronda con el Sutent."

Las cosas se comenzaron a complicar más físicamente, y esto no me sonaba como reacción secundaria a la quimioterapia. Fabio de pronto dejó de hacer cosas que se habían convertido en su rutina, tales como llamarme al programa o en el resto del día para saber cómo iba, o si necesitaba que le llevara algo especial al hospital. Parecía que nada le importaba o que no lo podía hacer, algo que le pregunté directamente.

"No sé qué me pasa, me siento débil, no me despierto," me respondió. "Me siento desorientado."

Los médicos tampoco encontraban respuesta. El calendario marcaba un viernes, 22 de septiembre de 2006. Habíamos pasado ya veintitrés días en el hospital y estábamos a dos semanas de que Fabio terminara la quimioterapia; sin embargo, algo dentro de mí me decía que las cosas no estaban bien. Conforme pasaban los días, Fabio se encontraba más y más deprimido, y al pasar el tiempo necesitaba pastillas más fuertes para dormir, y ya no aguantaba que cada tres días una enfermera tuviera que ayudarlo a excretar. Ese era un momento terrible para su condición de hombre.

"Yo no sé si salga de ésta," me decía. "No sé si pueda resistir que me manipulen para que pueda ir al baño. ¡No sirvo para nada y quiero morirme!"

Era la primera vez que le escuchaba semejante confesión a lágrima viva, y le respondí aterrada, "¿Cómo puedes decir eso? ¿Cómo puedes ser tan injusto con médicos y enfermeras que se desviven por sacarte adelante?"

"No puedo más, mamita," me contestó rendido. "No puedo más. ¡Estoy preso en mi cuerpo!"

"Lo estás al igual que muchos que se encuentran en este piso y que no piensan como tú," le dije como para alivianar el fatalismo. "Vamos a ver… ¿Estás preso? ¡Pues el domingo te saco por lo menos a un restaurante! ¡Y que me cambien el nombre si no lo hago!"

Llamé al doctor Arango, quien, para variar, estaba de guardia en el hospital.

"Ayúdeme por favor," le pedí al doctor. "Cada vez veo a Fabio más deprimido y se me ocurre una cosa, llevarlo a comer a uno de sus restaurantes favoritos: Smith & Wolensky. Pero necesito de su ayuda para subirlo de la silla de ruedas al auto y del auto a la silla de ruedas."

"No," me respondió el doctor Arango. "Eso requiere de un permiso del doctor Benedetto. Sin él, Fabio no puede ir a ninguna parte fuera del hospital. Para eso no cuente conmigo."

Arango tenía toda la razón, pero decidí que no iba a desistir de mi empeño en darle a Fabio una de las últimas diversiones de su vida. No sabía qué hacer, pero algo se me ocurriría.

"Está bien y lo entiendo, pero entonces acepte nuestra invitación a comer con nosotros en el restaurante," le dije victoriosa.

Así llegó el domingo 23 de septiembre. Como parte de su rutina, Fabio se levantó y una enfermera lo pasó de la cama a la silla de ruedas, e íbamos derechito a la salida cuando otra de las enfermeras me preguntó, "¿A dónde van tan temprano?"

"A comer algo por aquí cerca, y luego un helado allá enfrente," le respondí con certeza.

Para que no sospecharan, como si nada, con Fabio en la silla de ruedas, salí al estacionamiento donde un generoso televidente que me reconoció y que era a la vez familiar de un paciente de Rehabilitación (y que por suerte ignoraba la situación) me ayudó a pasar a mi esposo de la silla al auto. Al poco rato, Fabio y yo estábamos ya en el *valet parking* de un famoso restaurante localizado en uno de los sitios más bonitos de Miami, South Pointe, donde el río Miami desemboca en el Atlántico.

"¿Viste?" le dije. "Todas las cosas buenas que quieres hacer se pueden. Es cuestión de seguir creyendo en la magia de la vida."

Fabio comenzó a llorar... y me dijo, "¿Cómo me bajo de aquí?"

"Ni te preocupes."

Llamé a un par de asistentes del sitio, además de que el doctor Arango ya estaba esperándonos.

"Si como médico no podía hacerlo, como amigo aquí estoy," dijo el Doctor al llegar a nuestro lado."

Entre todos lo sentamos en la silla de ruedas, y al voltear a verlo recibí mi regalo del día: su cara de felicidad, de una alegría inmensa, al ver la mesa con vista al río y al mar, y un buen *steak*. Pedimos a Belisario Arango que nos tomara una foto para recordar aquel momento y lo hizo, sin saber que aquella sería la última que tuviéramos juntos. Fabio embelezado no podía creer lo que veía a su alrededor.

"Lograste liberarme de mi propia cárcel por lo menos unas horas y Dios te lo tiene que pagar," me decía. "A usted también doctor. Gracias por pensar en esto. No sé cuánto tiempo vaya a vivir, pero estas imágenes serán de las mejores que me lleve conmigo."

"A mí no me diga nada, que quien planeo e hizo todo fue su esposa que usted sabe que lo adora," respondió el doctor Arango. "Yo le repito, les he tomado mucho aprecio y como amigo aquí estoy."

En ese momento la que comenzó a llorar fui yo. Había sido un esfuerzo físico que valió la pena.

Al terminar aquella comida y regresar nuevamente al hospital, Fabio recorría con la mirada todas y cada una de las calles de Miami Beach. Quiso pasar frente al edificio donde tenemos un departamento, pero no tuvo fuerzas para subir. Era como una despedida de aquellos lugares que tanto amaba. Para devolverlo a la habitación la operación fue la misma. Esperé a que llegara un buen samaritano que me ayudara a montarlo a la silla de ruedas y finalmente lo conduje a su habitación. El enfermero de turno me guiñó un ojo, dándome a entender sin palabras que sabía dónde habíamos estado."

El lunes siguiente, contrario a lo que pensé, Fabio amaneció muy mal. Ni siquiera tuvo fuerza para marcar su teléfono celular, que guardaba al lado de su almohada para llamarme apenas abría los ojos. Las llagas de su espalda y nalgas estaban peor. Vino una dermatóloga que dictaminó que eso era un virus. Y efectivamente lo era. Fabio comenzó a deprimirse más y más, y a dormir por períodos más largos. No tenía fuerzas e incluso comenzó a faltar a las clases de rehabilitación.

"Es un cuadro que se va a componer tan pronto la quimioterapia termine dentro de una semana más, y sus defensas vuelvan a estar normales," dijo el doctor Benedetto.

Lo cierto es que, a su vez, comenzaron a suceder los acontecimientos previstos para dar el alta del hospital. Un grupo de expertos terapeutas de Rehabilitación vino a casa a hacer las recomendaciones necesarias para la seguridad de Fabio. Habría que rehacer el baño y la recámara y acomodarlos a las necesidades de un cuarto de hospital; la silla de ruedas, la grúa que lo cargara para colocarlo de la cama en la silla, una regadera para una persona parapléjica, en fin, un mini-hospital en casa. ¿El tiempo para hacerlo? Únicamente dos semanas. Fabio saldría del hospital el viernes 6 de octubre. Justo el día en que terminaba la ronda con el Sutent.

No me di por vencida; por el contrario, me partí en mil pedazos porque ya no sólo era el programa, el hospital y Fabio, sino el

María Antonieta y Fabio, una boda feliz.

El último año nuevo de Fabio, a dos meses de la gran traición.
Arriba, de izquierda a derecha: Fabio, Yuyita, Antón y Antonietta.
Abajo, de izquierda a derecha: María Antonieta, sus suegros y Angie.

Un mes después de haberse descubierto el cáncer de Fabio.

El día que me enteré de la gran traición.
Solo Ilia lo sabía, basta con ver su casa.

De izquierda a derecha: Andrea Castro, María Antonieta Collins,
Catriel Leiras e Ilia Calderón.

Fabio y yo en los premios Billboard 2006... su última fiesta.

Antonietta cuidando a Fabio en el hospital.

El día que me robé a Fabio del hospital, sin saber que esa sería su última salida a un restaurante.

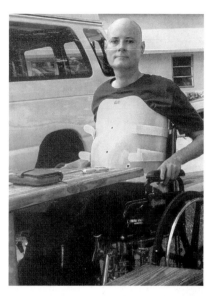

Fabio, once días antes de morir.

Nuestra última comida en familia, despidiendo a
Antonietta que partía nuevamente a la universidad.

De izquierda a derecha: Fabio, María Antonieta, Yuyita y Antonietta.

La graduación de Antonietta. Ya Fabio no estaba con nosotros,
había muerto meses antes.
De izquierda a derecha: Antón, María Antonieta y Antonietta.

programa, el hospital, Fabio y las reparaciones en la casa. Nada hubiera podido hacer sin la invaluable ayuda de las decoradoras Miriam Wong y Manuela Rodríguez, así como de Alcides "El Chino," un albañil de los que ya no existen, para que todo estuviera listo en un tiempo récord. Elma Martínez, mi amiga y asistente personal en casa, Yuyita y yo nos habíamos dedicado a comprar decenas de sábanas especiales, toallas, medicinas, y todo lo que hacía falta para la fecha tan esperada, para el viernes 6 de octubre. El día anterior la junta de médicos había dado de alta a Fabio, quien escuchó todas y cada una de las recomendaciones de los especialistas que habían evaluado que su aprendizaje estaba al ciento por ciento y que, por tanto, estaba listo para partir. Fabio estuvo de acuerdo con todos y bromeó con ellos, quienes además me felicitaron, por la rapidez para que el enfermo estuviera con comodidad en su casa.

"Como si fuera poco," les informé, "estamos ya en los trámites finales de comprar una camioneta especialmente equipada para poder movilizar a Fabio a donde él quiera, de manera que la depresión por sentirse encerrado no lo afectará más."

La mañana llegó y sorpresivamente con ella, en vez de la alegría por abandonar el nosocomio donde habíamos estado más de un mes, lo que sobrevino inesperadamente fue más dolor. Presagio de la gran tormenta final. En pleno programa, muy de mañana me entró una dramática llamada de Fabio, "Ven, ven, por favor, ya, que me quieren sacar de aquí y no me quiero ir."

"¿Quién te quiere sacar?" le pregunté preocupada.

"No sé, pero ven pronto a defenderme, porque tienen prisa de que me vaya."

Me dieron escalofríos. Nada de lo que Fabio me estaba diciendo tenía lógica. Ni había nadie que hiciera semejante petición ni mucho menos. Llamé a la estación de enfermeras y estaban tan desconcertadas como yo. Apenas terminó el show salí corriendo para el hospital, donde lo encontré llorando entre el desconcierto y la angustia por una situación que nunca había ocurrido.

"No me quiero ir," me decía. "No quiero irme para la casa por favor, no me lleves."

Se me cayó el corazón y quien se derrumbó por primera vez fui yo.

"¿Que no quieres ir a la casa?" le dije agotada. "¿Y por qué ayer que vinieron los médicos no les dijiste eso? ¿Qué ha hecho la diferencia entre ayer y hoy? ¿Acaso no te has dado cuenta de que todo mi gran esfuerzo en deshacer mi casa, romper mi baño, regalar mis muebles para construirte un baño y una recámara en sólo dos semanas para que tú puedas estar allá tan bien como estás aquí, no merece esta actitud? ¡No puedo más!"

Fabio sólo repetía que no se quería ir de allí y parecía no tener conciencia de lo que decía. En su mente era como un niño que me veía a mi como su mamá. Desesperada llamé a las enfermeras y éstas a los médicos, que vinieron rápidamente. Tomé la palabra para explicarles lo que sucedía y ellos quedaron esperando la versión del enfermo.

"No sé qué me ha pasado esta mañana, pero estoy aterrado de salir de aquí y no quiero ir a casa," les explicó. "Yo sé que mi esposa ha hecho todo lo que ustedes recomendaron, pero tengo mucho miedo a irme de aquí."

El médico de cabecera dio una explicación que me satisfizo, "Lo que le está pasando a Fabio es que siente el miedo normal de una persona que va a reintegrarse a un medio ambiente que dejó antes de la parálisis. Probablemente a eso se debe este cuadro de ansiedad. Lo que sí quiero dejar muy en claro, Fabio, es que como aquí ya se cumplieron todas las metas que nos impusimos para re-habilitarlo y no hay nada más que hacer, y por el contrario no quiere ir a su casa, la única opción que nos queda es ingresarlo en un *nursing home* especial para personas parapléjicas."

"¿Qué quiere decir eso?" preguntó Fabio.

"Que es una alternativa al hospital y la casa," respondió el Doctor con tranquilidad. "Ahí le podrán seguir dando las terapias y el mismo servicio que aquí hasta que esté listo para irse a casa. Por lo pronto vamos a hacer algo, Fabio. ¿Qué le parece quedarse aquí hasta el próximo lunes? Lo único que necesitamos saber es si decide irse al *nursing home*, para buscar uno, o si decide irse a su casa. Sólo déjenos saber su decisión."

Fabio asintió, tomando el respiro de los tres días, pero esa noche, decidió y así se lo hizo saber a los médicos, que el mismo lunes iría directo a casa. Y así fue.

Un sentimiento extraño nos invadía a todos, a Jorgito sobrino, a Yuyita y a mí al sacar a Fabio del hospital, quien prefirió ir directa-mente a la agencia de camionetas acondicionadas para personas incapacitadas. Ahí mismo, sin bajarse del auto que manejaba Jor-gito, Fabio hizo que él y yo completáramos la transacción, com-prando el vehículo que sería entregado al día siguiente. Ambos estábamos desesperados porque veíamos que la condición física de Fabio se había deteriorado notablemente. Se sentía mal y se veía aun peor, y a pesar de eso estaba empecinado en terminar el trámite del vehículo. Finalmente luego de tres horas de haber sido dado de alta, llegamos a casa.

Lloró al ver los cambios y dijo, "Que feo luce todo que antes tenías tan bonito. Pero yo te prometo que pronto tendrás nueva-mente tu recámara bonita. ¿Por qué esa cama individual?"

"No cabía otra de mayor tamaño para poder movilizarte con la silla de ruedas y la grúa," le expliqué. "Aquí dormiré para vigilarte."

Al día siguiente, martes, 10 de octubre de 2006, la que hubiera sido una fecha feliz se convirtió en un tormento: era el primer aniversario de *Cada Día*. Comparar el año anterior con el que estaba viviendo era terrible. No hubo fiesta, ni estaba Fabio ahí para darme ánimo, como lo hizo en el primer programa que salió al aire. Las lágrimas me amenazaron con salir en más de una ocasión durante las tres horas del programa recordando aquellos momentos. Apenas finalizó ese aniversario sentí una necesidad inmensa de correr a casa y abrazar a Fabio, quien aquella mañana, a pesar de tener el teléfono a la mano, no me llamó para nada al show, lo cual me dio miedo.

Llegué a casa y me fui directo a la cama, donde por primera vez amanecía totalmente inmóvil en su hogar. Al verlo, como nunca antes hice en todo el tiempo, lo abracé llorando desconsolada. Él estaba igual, pero ninguno de los dos sabíamos el porqué de aquella inmensa sensación de desconsuelo que no parecía tener un final, hasta que él abrió la boca.

"Ni siquiera pude marcar el teléfono porque no tengo fuerzas para apretar los botones del aparato," me dijo. "Ni siquiera pude felicitarte por la hazaña de cumplir un año en un programa en el que has tenido que reírte a pesar de todo lo malo que te ha pasado. ¡Ni siquiera pude hacer eso por ti!"

Yo sólo lo miraba, con la garganta atorada por las lágrimas, mientras él me hacía una gran confesión.

"Únicamente quiero que sepas que te amo, y que nunca olvides que eres el gran amor de mi vida, que en medio de mi locura traté tres veces de dejarte y nunca pude hacerlo. Hoy, a pesar de que tengo mucho miedo de perderte, sé que pronto voy a dejarte sola y eso me duele terriblemente."

No me pude contener más. Abrazados unimos nuestros miedos, el de él por el terror de vivir una vida encerrada en su cuerpo con cáncer y paralítico. El mío, por llegar a perder al socio de mi vida, al hombre al que ninguna mujer me pudo arrebatar, porque a pesar de lo que él hubiera hecho, decidió estar conmigo.

"No estoy bien, pero tu verás que pronto voy a estarlo, porque en algún lado encontraré la fuerza para mejorarme," dijo decidido.

Contrario a todo lo que había sucedido con Fabio al terminar cada ronda de quimioterapia, esta vez todo era cuesta arriba, pues su cuerpo parecía negarse a la recuperación. Cada día, tanto a las enfermeras que lo atendían como a su familia y a mí nos parecía que su condición física iba deteriorándose. Él mismo ya no se podía insertar la sonda para orinar; se lo hacía yo o la enfermera de turno.

Jorgito sobrino notó algo más, "Le están faltando los reflejos a mi tío." Le había instalado un timbre en ambos barandales de la cama, para que, en caso de estar solo y necesitar que alguien viniera, con sólo apretar el botón lo consiguiera.

"No puedo apretarlos," confesó Fabio. "Siento que me faltan las fuerzas para eso. Tampoco puedo marcar el celular."

Y eso no fue todo. Ya no quería comer. Yuyita y yo, siguiendo los consejos médicos, comenzamos a darle el alimento en pequeñas copitas plásticas donde normalmente se sirven la medicinas. Sólo así aceptaba agua a cada rato. Por mi parte, cada día me agotaba más y más, y Yuyita, heroica en esos momentos, dejó de trabajar en su segundo empleo para venir a cuidar a Fabio, con el fin de que yo durmiera un par de horas más antes de levantarme a las cuatro de la madrugada para ir a trabajar. A su vez, sucedieron cosas que me sorprendieron, como una triste premonición. Mi amiga la Chata Tubilla de Coatzacoalcos llegó súbitamente a la ciudad, y del aeropuerto ella y Pepe vinieron a casa para encontrarse con un cuadro nunca imaginado: Fabio paralítico y a todas luces muriéndose, pero todavía con ánimos para saludarlos.

"¡Qué bueno que vinieron, porque esto está poniéndose muy mal y María Antonieta los va a necesitar mucho!" les dijo.

El mismo sábado llegó de Ohio Antonietta, y al irla a esperar al aeropuerto no supe ni cuándo ni cómo mi mente me ganó, y le dije, "Sólo falta que Fabio vaya a morirse ahora que está todo el mundo aquí."

Un escalofrío recorrió mi cuerpo. Aún quedaban para mí momentos más que difíciles: el encuentro de Antonietta con Fabio. Los dejé solos al escuchar su diálogo.

"Quiero que sepas que estoy muy orgulloso de ti, de saber que saliste adelante de todo y de que eres una niña muy buena que tendrá que cuidar a su mamá," le dijo Fabio con cariño. "Yo me voy a ir pronto, pero no quiero que la dejes sola. Ha sufrido mucho por mi culpa y te pido perdón por el daño que le he hecho a tu madre, y a ti también. Quiero decirte que he estado orgulloso de ti como un padre."

Antonietta lo abrazó y le respondió, "Yo también tengo que darte las gracias por haber peleado tan duro cuando todo estaba en mi contra. Sé todo lo que pasó con mi mamá, pero te perdono y quiero que lo sepas."

Dos días más tarde, para el sábado por la noche, cada vez que se le sacaba la sonda, ésta tenía rastros de sangre y la orina aparentaba turbia. Eso por una parte, por la otra, las llagas de la espalda empeoraron a tal punto que se podía ver el cartílago por las heridas, como me reportó la enfermera de turno que venía a casa a cuidarlo. Me advirtió que podría ser una infección, por lo cual debía hablar con el médico al día siguiente, sin falta.

Mi cuñada Yuyita, su hijo Jorgito y yo sabíamos a lo que nos estábamos enfrentando. Ahora habría que preparar a Doña Adys, mi suegra. Yuyita comenzó a hablarle, pero ella decidió que a pesar de que Fabio no la quería ver para no preocuparla más, ella sin embargo iría a la casa. Lo vio y me pidió la verdad, "Se está muriendo, mi hijo se está muriendo, no me digan mentiras, por favor."

Yuyita guardó silencio y yo simplemente abracé a aquella mujer que lucía vencida por el dolor de llegar a perder a su único hijo varón. En ese momento tomé la decisión de hablarle claro. No sé cómo lo hice, pero le hablé con el corazón, lo hice como nuera y como madre.

"No voy a mentirle," le dije. "Él está muy grave y sufriendo mucho. Sé que para nada de lo que hemos pasado ni lo que está por venir nos hemos preparado, pero es tiempo de ser fuertes. Además yo quiero preguntarle: ¿usted quisiera verlo sufrir así eternamente?"

Su respuesta no sólo me sorprendió sino que me dio fuerza, "No. Yo no quiero que mi hijo sufra más. Ha sido demasiado. Yo sólo le estoy pidiendo a Dios que si no me va a aliviar a Fabito… entonces, que no lo haga sufrir más. Aunque como madre se me rompa el alma, aunque yo lo extrañe como nada en la vida, aunque el dolor me esté partiendo…"

El domingo 16 de octubre Fabio amaneció consciente de lo mal que estaba.

"Esto se está poniendo más feo, pero no me quiero ir al hospital."

No importaba lo que él quisiera, porque a todas luces era evidente que había un problema en la orina. Llamé al piso 12 del ala oeste y hablé con la doctora Leticia Gómez, jovencita como el doctor Arango, pero muy consciente de su rol, y ella quiso hablar con mi esposo.

"Fabio ¿cómo se siente?" le preguntó la Doctora. "¿Por qué no quiere venir al hospital?"

"Quiero estar en paz en mi casa, no es cierto que esté mal como piensa mi esposa."

La plática entre la doctora y el enfermo no duró mucho. Lo cierto es que la volví a llamar con otra preocupación: yo creía que Fabio estaba delirando, por tanto no estaba suficientemente consciente como para tomar una decisión tan importante para su vida como la de irse al hospital aquel domingo. La doctora Gómez me pidió que siguiera observando a Fabio y en el momento en que considerara conveniente lo llevara al hospital.

No quise perder tiempo. Sabía quién me iba a ayudar porque Fabio no lo iba a rechazar: el doctor Belisario Arango. Desesperada lo llamé aquel domingo, que desafortunadamente para él, era de los pocos en que estaba de descanso.

"Fabio está realmente mal," le comuniqué. "Es probable que tenga una infección en los riñones, por momentos habla incoherencias, no quiere tomar agua, no quiere comer, y yo siento que el deterioro de su cuerpo es mayor. No sólo lo pienso yo, también las enfermeras que lo están cuidando en casa."

Arango, a quien siempre tendré que agradecerle su valor, tomó una decisión clave para Fabio, "Voy a su casa a verlo para convencerlo."

La cara del médico me dijo todo antes de escucharlo, "Fabio, no es posible que se sienta bien. Creo que hay una infección que puede volverse peligrosa, creo que hay problemas de agua en el pulmón. En general no puedo hacer un diagnóstico aquí, porque no tengo los elementos para realizar exámenes. Si usted no quiere ir a un hospital nos está poniendo en la etapa prehistórica para sacarlo adelante, así que lo que más nos conviene es llevarlo al Jackson, pero no me lo puedo llevar si usted no quiere... entonces, ¿acepta?"

Increíblemente Fabio dijo que sí. Entre Jorgito sobrino y el doctor Arango subieron a mi marido a la camioneta equipada especialmente para él y que había sido entregada apenas un día antes. El vehículo, manejado por el doctor Arango, estaba sirviendo para llevarlo de regreso al hospital. El ingreso de Fabio fue más que rápido, toda vez que Arango y el otro residente panameño, el doctor Aurelio Castrellón a quien siempre le tendré inmensa gratitud, agilizaron los trámites y comenzaron a practicar exámenes.

"Los primeros resultados muestran una gravísima infección en el riñón, así como en las llagas de la espalda," me dijo muy preocupado el doctor Arango. "Por alguna razón el cuerpo de Fabio se niega a recuperarse. Es como si él se hubiera vencido, como si hubiera renunciado a luchar."

"Eso mismo es lo que ha hecho," le respondí al médico. "Me ha dicho que ya no quiere luchar."

"Entonces de ser así, estamos mucho peor. De ser eso, que él no quiere luchar; por primera vez le digo que el fin podría estar cerca. Esta noche el doctor Benedetto vendrá a hablar con ustedes."

"¿Es tan grave?" le pregunté atemorizada.

"Sí. Y lo mejor es que esté preparada para lo peor."

Corrí a la habitación a preguntarle a Fabio, ¡Dios mío!, ¿por qué? "¿Por qué no luchar esta vez? ¡Si no lo haces vas a morir!" le dije a un Fabio desfalleciente.

"Porque esto se acabó," respondió determinado. "Entiéndeme, me cansé de luchar y ya nada vale la pena. ¿Para que seguir sufriendo?"

Poco después de decir esto volvió a las incoherencias, "Quítame las hormigas que se me están subiendo, quítamelas por favor."

Sin embargo, cuando el doctor Benedetto llegó nuevamente había salido de la inconsciencia, aunque por unos pocos segundos.

"Fabio, ¿Qué vamos a hacer?" le preguntó el Doctor.

"Nada doctor. Ya estoy cansado," le respondió Fabio rendido.

Benedetto y Arango entendieron la petición. Poco podían hacer en contra de la voluntad del enfermo toda vez que éste había firmado un *living will* especificando lo que quería para su vida. Ambos salieron del cuarto mientras Fabio me sujetaba la mano.

"Por amor de Dios, no dejes que me sigan picando más, no los dejes que ya no puedo, no puedo con tanto dolor que me causan," me decía incoherentemente.

Salí a hacer unas llamadas, mientras Yuyita lo cuidaba. Una de ellas era al padre Fernando Herías, mi confesor y el Párroco de St. Brendan Catholic Church, mi amada iglesia en Miami, a quien expliqué la gravedad de Fabio y le pedí con la voz ahogada, aquello que nunca hubiera querido para Fabio, el sacramento de la extremaunción para los moribundos.

"En estos momentos salgo para el hospital," me respondió el Padre.

La otra cosa pendiente era la plática final con el doctor Benedetto.

"Si él no quiere ningún medicamento más, y con el *living will* firmado por él, entonces ya no hay nada que hacer," me explicó el Doctor.

"¿Cuál sería el pronóstico de otra forma?" pregunté.

"Bueno, con un potente antibiótico, que de cualquier forma se le está administrando en el suero, habría que sacarlo del cuadro infeccioso. Generalmente estas infecciones entran por la sonda para orinar, por mucha higiene que se tenga. Si el cuerpo responde, pues todo bien hasta que sobrevenga la siguiente infección."

"¿Y entonces?" le pregunté agonizando por él.

"Entonces nuevamente a pelear con las armas que tengamos," me dijo el Doctor.

"¿Significa más piquetes en todo su cuerpo y más medicinas sólo para prolongar una agonía, o un poco más de vida?" le pregunté, ya comprendiendo el cuadro en que nos encontrábamos.

"Sí," respondió el doctor.

Antón en este punto ya estaba escuchando la conversación y estuvo de acuerdo en las decisiones aceptadas, que, nos gustaran o no, eran las que Fabio había dispuesto en un documento firmado el 27 de marzo de ese mismo 2006.

"¿Si no se hace nada más?" le pregunté al doctor, queriendo saber qué sucedería ahora.

"La infección es tan severa y ha abarcado tanto de su cuerpo que no sé cuánto pudiera durar, pero sería muy poco tiempo, quizá días, quizá horas, nadie puede saberlo, pero muy poco tiempo."

"¿Sufriría? ¿Estaría consciente hasta el final?"

"No," me respondió el doctor Benedetto. "En cuanto las molestias con la respiración aumenten, lo sedaremos y así hasta que naturalmente su cuerpo decida el final. No hay mucho más que hacer."

"Entonces, tal y como Fabio lo pide, doctor… Antón y yo estamos de acuerdo en esa decisión que mi esposo tomó estando consciente: es tiempo de dejarlo ir en paz."

Antón salió a llorar su dolor a otra parte del hospital y yo me devolví a la habitación donde Yuyita me comentó, "Fabito me pidió que ya lo dejen en paz. No quiere que lo pinchen más, no quiere más dolor ni más sufrimiento. No quiere vivir más si está paralizado. La frase que él me dijo textualmente fue, 'Mi herma, no dejes que me pinchen más, no dejes que me hagan nada más, yo ya estoy *ready to go*.'"

"No te preocupes que Antón y yo ya se lo hemos dicho al doctor Benedetto y eso es lo que harán," le dije a Yuyita. "Sólo le darán tranquilizantes nerviosos y para el dolor."

La plática fue interrumpida por la llegada del padre Fernando, quien puso a Fabio los santos óleos de la unción final y el perdón de todos sus pecados en una confesión *in articuli mortis*.

El padre Fernando salió y Fabio quedó tranquilo. Únicamente abrió su boca con un último chiste. Se volteó y me vio hablando con Yuyita y le pregunté cómo se sentía y me dijo, con ese humor que siempre me encantó, "No me hables, ¿qué no ves que ya estoy muerto?"

Ese era el Fabio que siempre me encantó. Con el que siempre reí a morir. El que antes de caer inconsciente me regaló ese último chiste, que los que estuvimos presentes siempre celebraremos al recordarlo. Ese era mi Fabio. El que con todas sus debilidades, únicamente se comportó diferente conmigo. El que me confesó amarme como a ninguna otra de las mujeres a las que él mismo dejó cuando quiso. A la primera esposa y a la segunda, "Sólo a ti no pude dejarte. Con dos lo hice… contigo no."

Quizá esa confesión fue la que me mantuvo unida a él en esas terribles cuarenta y ocho horas de vida que le quedaron. Al amanecer del lunes Fabio fue sedado y su cerebro se sumió en la inconsciencia.

Ya no supo que a su habitación llegaron a despedirse amigos y conocidos. Que su hermana Yuyita estuvo ahí como en todos los años en los que fueron hermanos, es decir toda una vida, y con la devoción que ella le dedicó en el tiempo en el que el cáncer lo deshizo. Fabio no supo tampoco que Jorgito sobrino lloró desconsolado, y que en su final, en la habitación 1221 del piso 12 del ala oeste ni el doctor Castrellón ni el doctor Arango se separaron de su lado. Castrellón de guardia, Arango como el amigo que nunca nos abandonó.

"La que tiene que ser fuerte es usted," me explicó el doctor. "El final puede venir en cualquier momento. Nosotros pensamos que él se rindió porque ya no tiene ganas de vivir. A pesar del antibiótico continúa deteriorándose; ya en la etapa en la que él está, las probabilidades de salvarse no son buenas. La infección está muy avanzada, tiene alteración del estado mental, la bacteria pasó de las vías urinarias al riñón y del riñón a la sangre. Ya la bacteria tiene la forma perfecta para transportarse por todo el cuerpo. Se está depositando en todos sus órganos y tejidos y está reproduciéndose o multiplicándose con resultados devastadores. Ya hay daños en órganos como el hígado, y todo su sistema vascular está fallando. Está teniendo síndrome de deficiencia respiratoria en adulto. Tristemente, no hay mucho que hacer. Ya Fabio, dolorosamente cruzó el camino y no hay vuelta atrás, ya es sólo cuestión de tiempo."

¡Tiempo! Esa palabra, la que más llegué a odiar en medio del dolor, jugaba contra nosotros. ¿Por qué solo tuvimos once años juntos? Nunca encontraré respuesta más llena de resignación que la que me dio una persona, "No fue así porque Dios no lo quiso." En tanto su vida se extinguía poco a poco, Hyacinth Stevens, una de las maravillosas enfermeras de ese piso 12 del ala oeste, me dio otro consejo, "Háblele al oído. Dígale lo que quiera, dígale cuánto lo quiere. Él seguramente lo escuchará, porque el oído es el último sentido que se pierde."

Y así lo hice. Durante dos días siempre a su lado, en la cabecera de la cama, sitio que dejaba ocasionalmente para salir al pasillo a tomar aire, siempre regresaba a acariciarle la cara, a darle besos en la cabeza, a decirle cuánto lo había amado, pero también me cercioré de decirle mentiras que lo dejaran ir en paz: le dije hasta el cansancio que lo había perdonado... y, sobre todo, le dije que se fuera tranquilo, que yo iba a estar bien. Sabiendo que ninguna de las dos cosas eran ciertas...

En las últimas horas de Fabio se me unieron Jorge Hidalgo, mi amigo-jefe; Jorge Torres-Sojo, mi amigo cuyo padre murió de un cáncer con circunstancias de agonía similares a las de mi esposo; Catriel Leiras y Mauricio Zeilic, mi amigo de toda la vida que decidió estar conmigo en estos momentos dramáticos por los que nunca dejaré de agradecerle, y a quienes estuvieron ahí, que no nos hayan dejado solos.

La fortaleza de Fabio se impuso a la bacteria que lo había invadido y no se rendía ante la muerte, lo que prolongó dolorosamente para nosotros esa agonía que duró el lunes y todo el martes, mientras mi resistencia era la que se vencía con el cansancio y la tristeza.

Por la tarde me obligaron a comer algo y por sólo quince minutos, por primera vez desde el domingo del ingreso al hospital, me aparté de la habitación de mi marido. Ese martes por la noche algo me decía que el final estaba cerca. Llegó de México mi hermano Raymundo, quien nunca le reclamó a Fabio nada, y únicamente llegó a los pies de su cama a decirle que lo perdonaba por el mal que me había hecho. Al filo de las once de la noche pedí a todos que nos permitieran quedarnos a solas. Y a solas quedamos las tres personas con las que Fabio Fajardo más convivió en la última década de su vida y con quienes, sin lugar a dudas, de haber podido hubiera querido morir: su hijo Antón, Antonietta, mi hija y su confidente, y yo. El sueño nos venció a todos hasta que el reloj de la vida de Fabio se detuvo y la vida me dio a mí el privilegio de acompañarlo literalmente hasta su último instante.

Como todos los días desde que él se enfermó, el más mínimo ruido me despertaba para vigilarlo. De pronto un gran suspiro me hizo despertar. Tardó mucho en exhalar y después tomó otro último gran suspiro como si supiera que era la última vez que lo iba a hacer, y luego de eso... nada. Me le acerqué llorando, negándome a aceptar que finalmente se había ido.

9

De Todos Modos
Me Dejaste Sola

Aunque el doctor Castrellón estuvo hasta tarde, la doctora Leticia Gómez fue la encargada de verificar que Fabio había muerto. Le tomó los signos vitales, los reflejos, y nada. Había muerto oficialmente a la una y veinticinco de la mañana. Me tocó cerrar sus ojos y abrazarlo así, inerte.

"Pueden despedirse ahora, después de eso nos lo tenemos que llevar a la morgue," nos dijo solemnemente la Doctora.

Antón abrazó a su padre y quedó así por unos minutos. Antonietta lloraba desconsolada, mientras yo de nuevo lo abrazaba.

"Es tiempo de que nos lo llevemos," me dijo la doctora Gómez tocando mi hombro suavemente. "Y no lo podemos hacer hasta que ustedes no se hayan marchado."

Llegó el momento terrible, el que siempre tuve miedo de vivir. Me despedí de él con un último beso y salí del piso 12 del ala oeste a donde siete meses y once días antes habíamos llegado juntos, y del que esa madrugada del 18 de octubre de 2006 salí sin él.

De pronto surgieron todos los detalles que manos generosas hicieron por mí. Raymundo, que sin decir nada a nadie se había quedado en el lobby del hospital, me encontró en los ascensores. Antonietta se fue a casa en mi auto, Antón se marchó en el suyo y yo simplemente me quise ir en la camioneta comprada una semana antes, y que sirvió únicamente en dos ocasiones: para llevar a Fabio al hospital y para regresarme sola a casa cuando él ya había muerto.

Convencí a mi hermano de que podía manejar sola, y de que quería hacerlo sola. So-la. Quise ver por última vez la madrugada desde el mismo sitio donde con gran dolor manejé del hospital a la casa tantas veces. Quise también ver la misma carretera, el mismo aeropuerto con sus luces, los autos pasándome al lado. Quise llorar en ese momento, pero no pude. Solamente alcancé a sentirme inmensamente sola, a sabiendas de que él se había ido. Recibí la llamada de Elma Martínez, mi mano derecha, la que soportó mi debilidad en todo este tiempo, quien me dijo, "Voy camino a tu casa a que firmes unos papeles ahora mismo. Sin ellos no se puede hacer el funeral esta noche, tampoco pueden sacar a Fabio de la morgue tal y como tú quieres para que no se quede mucho tiempo en ese lugar. No te preocupes por la ropa para vestirlo, Antonietta y yo lo hemos hecho ya. No queríamos que tú pasaras por ese momento."

"¿Mi niña chiquita te ayudo?" le pregunté.

"Sí. Me dijo que era lo último que podía hacer por él para que se viera tan bien como en vida le hubiera gustado lucir."

Elma me dejó sin palabras. Llamé entonces a mi cuñada Yuyita, a quien ya Jorgito le había dado la noticia. Ellos estuvieron de acuerdo en que temprano por la mañana les dirían a mis suegros que Fabio había fallecido. Era lo mejor. ¿Para qué martirizar a los pobres padres con una noticia que les quitaría el sueño, cuando al día siguiente las cosas serían diferentes, porque habría familia que les acompañara? Colgué con Yuyita y hablé con Jorge Hidalgo, con Diego Longo, con Ilia Calderón y con la Chata Tubilla. Y finalmente llegué a casa.

Era la primera vez que entraba a mi hogar como la viuda de Fabio. Era la primera vez que Fabio ya no volvería a vivir allí. Dumbo, mi perro, y Pepe Cabecita, mi gato de cabecera, no sabían qué pasaba pero intuían algo. Poco después llegaron Adriana, mi hija mayor, y David Gustavsson, su esposo, al igual que Antonietta, Raquel mi hermana y Elma. No sé quién de entre todos ellos me dio un calmante que me envió directa al *knock out* y desperté bien entrada la mañana cuando ya todos los preparativos para el funeral estaban en marcha. Ilia Calderón llegó a acompañarme y Catriel vino para dar "una manita de gato" a un rostro que ya no podía estar peor después de tanto drama. Y junto con mi suegra nos fuimos todos a la funeraria.

El Último Adiós

Todo lo que vino después fue tan rápido como un rayo. Un velorio multitudinario con la gente que me quería, aunque no me di cuenta hasta ese día de cuántos y cuántas eran. Una sala llena de flores y amigos que seguramente Fabio desde algún sitio estaba viendo complacido; el primero en llegar fue Carlos Wolf, mi entrañable amigo.

"Por primera vez desde que lo conocí le veo un rostro pacífico," dijo el doctor Benedetto esa noche al darme el pésame acompañado, por supuesto, del doctor Arango y de gran número de las enfermeras que cuidaron a mi marido.

La funeraria cerró a la medianoche y todos nos despedimos, cada quién se fue por su lado. Los Fajardo y los Collins, por primera vez por separado. Me emocionó antes de salir escuchar a mi suegra decir que yo sería su hija toda la vida, sin importar que su hijo hubiera muerto, cumplido que devolví con un abrazo y un beso a quien, sin lugar a dudas, durante una década y poco más fue como una madre para mí.

Esa noche dormí con sobresaltos. Era la primera de mi nueva vida. Tres días después, en medio de una angustia que no me dejaba ni respirar, salí huyendo de los recuerdos hacia Coatzacoalcos, Veracruz, mi tierra en México. Ahí, junto a Chata y Pepe Tubilla y el resto de mis amigos de toda la vida, comencé a intentar recuperarme de algo que aún no entendía en su dimensión real. Pasé con ellos diez días sólo para regresar cuatro días antes de reintegrarme al equipo de *Cada Día*, justo en la fecha en que me entregaron las cenizas de Fabio para depositarlas en el nicho donde reposa.

Accedieron a cumplir una petición especial: pedí que me separaran un poquito de las cenizas. Luego de la ceremonia en el cementerio, Raymundo mi hermano me acompañó a la playa de Miami Beach. Ahí, sola, con aquel polvo que era parte de Fabio, sentada en la arena del mar que él tanto amó, le cumplí la última petición que hubiera hecho de haber tenido tiempo... devolverlo al mar de donde el vino de Cuba un día de septiembre de 1993. Lo hice al caer la noche, y después sentada en la arena, por primera vez pude hablarle y llorar mi inmensa pena.

"Acabaron siete meses y once días de tu martirio y del mío, pero donde estés quiero que sepas que mi dolor es grande, porque a fin de cuentas... por lo que fuera...

DE TODOS MODOS, FABIO, ¡ME DEJASTE SOLA!.

Segunda Parte

La Vida Sigue... Cómo Recuperarse

Hasta aquí el recuento doloroso que únicamente sirve como material para el cotilleo, el chisme, el desprestigio. Hacer un libro sobre eso es únicamente perder el tiempo, de nada valdría haber abierto la llaga que aún no cierra si eso hubiese sido todo. Creo que este libro también es lo que hubiera querido encontrar en español cuando viví el problema que les he develado aquí letra a letra; esta historia que duele y mucho.

Mientras unos sufren y callan, yo sufro y abro la boca. Mi obligación es por lo menos decirle a usted que los problemas son grandes, que el dolor es inmenso, pero que hay cosas que lo ayudan a uno a sobrellevarlos.

Estas líneas siguen siendo esa palmada cariñosa en el hombro para decirle: ni la primera, ni la única, ni la última... usted que sufre ahora, verá que ¡TODO PASA!

10

Ya Basta de Maldecirte
(El Arte de Perdonar)

Originalmente este capítulo se titulaba "¡Cuánto Te Maldije! (El Arte de Perdonar)" porque cuando falleció Fabio, lo que menos me sucedió—contrario a lo que yo pensaba—fue poder perdonarle todo aquel dolor inconmensurable que deliberadamente me causó, no con el cáncer, que quede claro, sino con su infidelidad. Yo creía que cuando Fabio falleciera, todo aquello que hice por él jugaría a mi favor y que, por tanto, como hice todo lo que pude y lo que no, entonces no existiría nada ni siquiera remordimientos, sólo la paz, por la forma en la que me porté con él. Sí, como no.

Me sucedió todo lo contrario.

Mi mente comenzó a sabotearme, haciéndome pensar en él como hombre, especialmente como el hombre sano, fuerte, guapo que me traicionó. Nuevamente me volví loca por el dolor, como si nunca antes me hubiera ocurrido. Tan mal me sentía que para calmar mi angustia y desesperación, por ya no poder reclamarle a un ser vivo, sólo me podía repetir a toda hora una especie de mantra que inventé como consuelo, "Fabio ya no te va a hacer daño. Él nunca más va a ir a ninguna parte para serte infiel ni para burlarse de ti. Él nunca más estará con esa mujer ni con otra mintiéndote. Él está muerto."

Como me dijo un día mi comadre Talina Fernández, "El problema, comadre, es que ahora usted tiene que perdonarse... por haber perdonado."

Ahí está la solución. ¡Ah!, mi comadre siempre tan sabía. ¡Por supuesto que tenía razón! Pero, ¿cómo hacerlo? No era cosa de decir "te perdono" y ya. Intenté miles de cosas, hasta ir al panteón donde se encuentran sus cenizas a hablarle de tú y de frente. Fueron días espantosos. Le reclamaba todo aquello que me hizo, después me iba desahogada a mi casa. Pero no sucedió nada. Otras veces lo maldecía a toda hora... tampoco pasaba nada. ¿Por qué si yo lo pedía, el perdón no me llegaba? Desesperada, y a meses y meses de su ausencia, me di cuenta de que el perdón no llegó, porque obviamente así no acontece. De cualquier forma me desesperaba, la rabia no me dejaba vivir en paz más que por pocos minutos durante el día. No encontraba, en realidad, la fórmula, a pesar de que la tenía al alcance de la mano. Sólo necesitaba entender que la solución me llegaría porque, en realidad, ahí estaba.

Durante septiembre de 2006 me encontraba profundamente anestesiada sicológicamente a causa del dolor recibido, cuando una mañana llegó a *Cada Día* un nuevo colaborador. Su nombre: Julio Bevione, autor de un excelente libro de autoayuda llamado *Vivir en la Zona*. Joven, de modales educados y voz suave, Bevione es un "motivador" que de inmediato me llamó la atención por lo profundo de sus reflexiones. Debo confesar que para entonces lo que Julio hablaba en el show lo sentía como un tema tan lejano como la Vía Láctea, porque él hablaba del perdón. Recuerdo que por lo menos en un par de ocasiones lo miré de tal forma que quizá él pensó que me faltaba "un tornillo" en el cerebro. Lo cierto es que mi asombro se debía a que intuía que algún día, cuando aquella odisea terminara, yo requeriría de sus consejos. Y así ocurrió. Por eso, cuando pensé en escribir este libro, el nombre de Julio Bevione vino de inmediato a mi memoria. ¿Quién mejor que él para enseñarnos a perdonar? Por eso, y por lo que Julio enseña es que en este momento le cedo la palabra para que nos ayude a sanar el alma.

A SANAR EL ALMA Y A PERDONAR DE VERDAD
(por Julio Bevione)

Confieso que si había alguien ajeno a esta historia, ese era yo. Recuerdo exactamente cuando me senté por primera vez en el estudio donde se emite *Cada Día* y miré los ojos de María Antonieta. Ellos me decían algo que yo no podía comprender. Pero no tardé en hacerlo cuando, precisamente, comenté que el camino que nos devolvía a una vida de plenitud era el perdón… ¡y que las parejas eran nuestros grandes maestros!

No tardé en enterarme de lo que pasaba en su vida porque dos amigos comunes me pusieron al tanto de la historia. Yo estaba viajando por Latinoamérica y, ajeno a las revistas de espectáculos, no se me había cruzado la posibilidad de pensar que quien estaba sentada frente a mí vivía en esta tormenta y sólo salía de un hospital para venir al estudio. Y aún más, que sus últimos meses habían transcurrido golpe tras golpe.

"Julio, creí haberlo perdonado, pero aún no estoy en paz," me dijo María Antonieta hace unos días, y supe que el momento de perdonar había llegado.

El Arte de Perdonar

Reconozco que perdonar es uno de los desafíos más grandes de los seres humanos, pero también estoy convencido que es el mejor regalo que nos podemos dar, por eso vale la pena. Cuando perdonamos, estamos llevándonos la mejor parte: sentirnos en paz.

Muchas veces creemos que al perdonar estamos dándole la razón a la otra persona y esto nos hace sentir que estamos en una posición ridícula. Puedo recordar una de las frases que escuché, tiempo atrás, de María Antonieta, "¡Cómo lo voy a perdonar, con todo lo que me hizo!"

Y es que perdonar va mucho más allá de una disculpa. Es lograr entender que esa experiencia o esa persona llegaron para despertarnos, para obligarnos a mirarnos en el espejo, para poder sacar a la luz aquello que nos hará crecer y evolucionar.

Siempre hay una gran lección detrás de tanto dolor, esto es inevitable. Siempre que hay dolor, hay también algo de qué aprender.

Son incontables los casos que me llegan de personas que me dicen cuánto apreciaron aquel divorcio, ese accidente o hasta alguna aparente desgracia que ocurrió en sus vidas. Demoraron en verlas, pero hoy pueden entenderlas y se sienten, de alguna manera, agradecidas.

Claro está que esto lo pudieron ver cuando tomaron distancia y con la perspectiva que el tiempo le da a las experiencias. Y esto es el perdón: la capacidad de dejar de pelearse con esa situación o esa persona, para entender que fue en alguna medida necesaria o útil para que pudiéramos ver, entre otras cosas, lo mejor de nosotros mismos.

La llegada de esa persona a nuestras vidas representó una gran oportunidad de sacar nuestra mejor parte para reconocerla: compasión, comprensión, valor y, sobre todo, amor. Y la razón por la que necesitamos perdonar es porque hacemos lo contrario: crítica, desunión y miedo.

Es posible que hayamos sido compasivos con la otra persona, pero aún nos seguimos peleando con nosotros mismos por habernos permitido perdonarla. Y me atrevo a afirmar que es natural que sea así, es parte de un proceso. De seguro, si lo hubiéramos sabido, la historia se hubiera escrito de otra manera. Más aún conociendo las consecuencias. Pero el tiempo siempre nos da una nueva oportunidad.

Muchas veces, una de las razones por las que nos cuesta perdonar es que nos sentimos cómodos en el papel de víctimas y el perdón nos obliga a renunciar a él. Esta decisión, muchas veces inconsciente, nos pone en un lugar del que difícilmente podemos salir: hemos sido atacados, han tomado ventaja de nosotros y consideramos que, si bien somos personas amorosas, no podríamos jamás perdonar lo que nos ha sucedido.

¿Y si entendiéramos que somos nosotros los que estamos en primera fila por sufrir las consecuencias?

Tomar la Decisión

Perdonar es una decisión personal y ésta no ocurre hasta que realmente estemos dispuestos a hacerlo con todo nuestro ser.

Es común escuchar a personas que me quieren convencer que han perdonado a "ese malvado" o "a esa desdichada." Y esto no es posible. Perdonar es una decisión que requiere de nuestra integridad: es un compromiso de mirar con amor a quien antes hemos condenado. Mientras nuestra opinión no se relacione con el amor, no hay perdón verdadero y, por ende, no hay paz interior.

Condena y perdón son agua y aceite. Podemos disculpar, pero esto no nos lleva a la paz.

Es posible que en el camino hacia el perdón, usemos la indiferencia. Pero si aún evitamos a esa persona, o si aún no podemos ni pensar en ella, es porque el perdón todavía no ha llegado.

La paz es la condición natural del amor, y hasta que no la sientas, los indicadores dicen que queda camino por recorrer.

El Juego de la Culpa

¡Es su culpa!

Éste es el primer paso que nos lleva al ataque y a la condena, ampliamente justificada según nuestro punto de vista, totalmente apoyada por nuestras razones. Así, la culpa se convierte en la estrella de este gran escenario que montamos, por el que hoy nos sentimos mal y no sabemos cómo librarnos.

La culpa esta basada en la creencia de que alguien hizo algo en nuestro perjuicio o no hizo lo que creíamos merecer y, por esa razón, debe ser castigada.

Bajo esta lógica, comenzamos a relacionarnos con la otra persona a través del juicio y la condena, atacándola y defendiéndonos, creyendo que tenemos la certeza suficiente como para establecer un juicio certero, sabiendo lo que está bien y lo que está mal, quién es inocente y quién es culpable.

Digamos, de alguna manera, que hemos creído estar sentados en el sillón de Dios y hemos usurpado su poder; claro está que Dios jamás condenaría, sólo alguien alejado del amor podría atreverse a creer en su propia justicia y hacerla universal. Y allí estamos, sentados con el martillo del juez en nuestra mano, aplicando nuestra propia ley y defendiéndola a capa y espada, sin abrir los ojos para darnos cuenta que somos nosotros mismos los que también estamos recibiendo la sentencia: ¡sufrirás!

Y creyéndonos justos, condenamos la conducta de la otra persona enjuiciándola y haciéndola sentir culpable por ser como es, esperando que cambie y sea de la manera que nosotros queremos.

Y así es como caímos en la trampa que nos tiene presos, los demás nunca cambian como realmente esperamos, y nos convertimos en las verdaderas víctimas de la historia, ya que no lograremos nuestro cometido porque es sencillamente imposible. Nadie cambiará a nuestro gusto y, por esa razón, nunca llegaremos a encontrar la paz.

En un matrimonio, por ejemplo, el juego comienza cuando la esposa siente que su marido no le da lo que ella espera o merece. En lugar de hacérselo saber amorosamente o de tomar una decisión a su favor, se enoja y envuelve su rabia en una bola de juicios que disparará contra él, quien la recibirá para agregarle su propia rabia y la devolverá para herirla aún más. Mientras tanto, esta guerra crece con el deseo mutuo de ganar cada batalla, haciendo cada vez más profundo el dolor. En definitiva se transforma en un juego donde lo único que está garantizado es que pierden los dos.

La culpa está justificada por nuestras razones y tenemos todo el derecho de defenderlas, pero el costo es carísimo y somos nosotros los que terminaremos pagando esa cuenta. ¿No te parece un muy mal negocio?

Perdonar es renunciar a tener razón para, en su lugar, tener paz. Enjuiciar, en tanto, es seguir defendiendo nuestras razones, sin ni siquiera conciliar, para vivir en el caos. Esta es una elección que cada uno es libre de hacer individualmente.

Todo Está en Nuestra Mente

"Es posible que Fabio haya muerto, pero la realidad es que sigue vivo haciéndote mal," le dije a María Antonieta, a lo que me respondió abriendo mucho sus ojos.

Aquellas personas que necesitamos perdonar, generalmente ya no están en nuestra vida, pero siguen vivas o presentes en nuestra mente. Por eso, no debemos tener a esa persona en frente para perdonarla, porque el perdón debe ocurrir allí, desde donde está la condena: en tus pensamientos.

Perdonar es permitirte cambiar, poco a poco, tu percepción sobre lo ocurrido. Es posible que este proceso tome su tiempo, pero estoy seguro que te ayudará la idea de que perdonar es tener mejores pensamientos sobre la persona que antes condenaste.

Puede que no todos los pensamientos sean amorosos al principio, pero al menos puedes renunciar a los juicios que automáticamente salen de tu mente cada vez que piensas en esa persona o en alguna situación.

El Camino de Regreso

Existe otra manera de volver a ver las situaciones o personas que aún están pendientes. Hay un camino de regreso y éste comienza al asumir la responsabilidad: somos nosotros quienes debemos desarmar este juego de culpas y castigos.

Una de las maneras como se puede facilitar este proceso es entendiendo que el que me ataca, en realidad, me está pidiendo ayuda. Está suplicando mi atención y, desde su posición de miedo, sólo lo sabe hacer del modo en que lo hace.

En esto, yo siempre sugiero que leamos los subtítulos de lo que esa persona que nos está ofendiendo realmente quiere decirnos. Y veremos que detrás del grito que nos dio hubo un amor propio herido pidiendo ser reconocido, o escondido en esa acción que fue ofensiva, y se encuentra el deseo oculto de pedir ayuda.

Estoy convencido de que si "los malos" supieran realmente lo que están haciendo, no lo harían. Pero sus historias personales y el dolor que han recogido por tanto tiempo los tiene cegadas.

Así, podremos cambiar nuestra actitud defensiva al ser atacados por una de entendimiento, al aceptar que quien tenemos frente a nosotros sólo está pidiendo desesperadamente nuestra atención. Y es que todos queremos sentirnos amados, pero cada uno lo pide de la manera como aprendió a hacerlo.

Si nos pusiéramos en el lugar de esa persona y observáramos su biografía, es posible que nuestra conclusión fuera que, en su lugar, si hubiéramos vivido su vida y la hubiéramos percibido de la manera como ella lo hizo, quizás hubiéramos hecho lo mismo.

De la forma en que vivimos nuestra vida desde niños, no sólo en términos de cómo fuimos tratados, sino de la manera en que cada uno percibió cómo se le trataba, fuimos creando barreras que nos mantuvieron presos de nuestros propios miedos. Y bajo las leyes del miedo, salimos a pedir que nos quieran, pero de la única manera que el miedo conoce: a través de drama, dolor, agresión, inseguridad, control, manipulación, infidelidad, etc.

Otras veces, reflejamos en nuestras relaciones actuales los aprendizajes inconclusos de experiencias anteriores. De ambas partes.

El perdón requiere que revisemos la historia personal de quien nos ha atacado, no para justificar sus acciones, sino para entenderlas, haciendo más fácil dar este paso hacia el perdón.

Y si aún nos resulta difícil perdonar, permitamos dejarlo en manos de un poder superior, pero tomemos el compromiso de renunciar a hacerlo por nuestra parte. Entregárselo a Dios significa que no pondremos ninguna interferencia y confiaremos plenamente en su amor incondicional, dejando a un lado nuestros juicios egoístas.

"Señor, racionalmente no puedo entenderlo, pero lo dejo en tus manos," le sugerí a María Antonieta que sería una poderosa oración para dejar en manos de Dios aquello que para nuestra mente aún no es comprensible, pero que verdaderamente estamos dispuestos a dejar ir.

Perdonarse: El Último Paso

"El problema, comadre, es que ahora usted tiene que perdonarse... por haber perdonado." Estas palabras de Talina Fernández a María Antonieta no pudieron ser más precisas.

Luego de haber liberado a la persona que teníamos literalmente crucificada en nuestra mente, debemos dar el paso final: perdonarnos por haber enjuiciado de esa manera y por haber renunciado a la comodidad con que el ego convivió con las condenas, para animarnos a cambiar odio por amor.

Este paso nos hace grandes, nos acerca a Dios, nos ayuda a cambiar el mundo.

Hace unos días le decía a María Antonieta, "La guerra en Irak no se compara con las guerras que ocurren en nuestra mente, y las consecuencias de esa guerra interna se ven claramente en el mundo que tenemos. Esto muchas veces nos cuesta la vida. Por eso debes reconocer que este libro afectará donde está el problema, en el corazón de la gente."

En esto radica la importancia de perdonar.

Cuando perdonamos a alguien, liberándolo de nuestros juicios, ya hemos hecho gran parte del camino, pero la paz sólo llega cuando cerramos el círculo y eso se consigue perdonándonos.

Entiendo que éste no es un concepto al que estemos acostumbrados. No lo aprendimos en nuestra cultura y aún puede que muchas religiones lo tengan en segundo plano. Pero es el momento de darle la prioridad que tiene: es el pasaporte hacia la libertad y la realización espiritual.

Frases tales como, "Quiero ver esto de otra manera," "libero mi necesidad de entenderlo" y "elijo la paz en lugar de defender mis razones," nos van haciendo más liviano el camino.

Este paso a paso que presento les ayudará a poner en claro el proceso de perdonar:

I. Aceptemos las cosas como son

Aceptar los hechos de la manera como sucedieron, o a la persona de la manera como es, constituye el paso fundamental para abrirnos a la posibilidad de perdonar. Es posible que todo pudiera haber sido diferente, pero la realidad es que no lo fue y si no lo aceptamos, no podremos dar este paso.

2. Renunciemos a tener la razón

Es improbable que lleguemos a tener la objetividad suficiente para garantizar un juicio justo. Por eso, si deseamos perdonar, debemos renunciar al deseo de ganar, tener razón y justificarnos. Ésta es nuestra elección: o nos salimos con la nuestra o conquistamos la paz. Una u otra, ambas no pueden convivir.

3. Evaluemos las consecuencias

¿Aceptaríamos hacer un negocio en el que tenemos garantizado perder? Eso hacemos cada vez que decidimos postergar el perdón. Las relaciones actuales, el futuro, la familia y nuestra salud recibirán el beneficio garantizado del perdón. Al liberarnos de estos pensamientos de condena, muchas otras áreas de nuestra vida se ven afectadas por este cambio de una actitud de miedo a otra de amor.

4. Actuemos con el corazón

Quizá sea en lo más profundo de nuestro ser, pero siempre hay una parte de nosotros lista para perdonar. Esencialmente, somos amorosos y siempre triunfa el amor. Es posible que decidamos demorarnos años en llegar a usarlo, pero el final feliz está garantizado. Detrás de nuestros miedos, siempre está intacto el amor. Permitámonos usarlo hoy, dejando de analizarnos y de justificarnos para permitir que el amor fluya en nuestras vidas.

5. Busquemos lo mejor de esa persona

Cuando observemos a la persona o la situación que queremos perdonar, siempre será nuestra opción elegir ver lo mejor o lo peor de ella. Es decir, siempre tendremos manera de justificar nuestros ataques o nuestra compasión. Ésta es nuestra elección.

6. Miremos a la persona en su contexto

Las experiencias que esa persona ha vivido han dado forma a la experiencia que queremos perdonar. Observemos su vida como un todo y no nos quedemos únicamente con el momento o la acción que condenamos.

7. No vivamos en el pasado

Al perdonar, podemos limpiar el pasado permitiendo abrirnos a nuevas experiencias en el presente. Si no perdonamos, estamos condenándonos a repetir situaciones similares, ¡aun con personas diferentes!

8. Perdonémonos

Luego de haber perdonado, perdonémonos por no permitirnos ser felices y demorarnos al jugar este juego de culpas y ataques. Reconozcamos que siempre hicimos lo mejor posible, al igual que la otra persona, y que este es el mejor momento para volver a elegir cómo queremos vivir.

No importa el momento de la vida en que nos encontremos, les aseguro que esas son las condiciones perfectas para que, usando el perdón, podamos comenzar a vivir en plenitud, con una mente sana, un cuerpo sano y una realidad más amorosa, la que realmente merecemos por ser quienes somos.

No demoremos en perdonar, está en juego nuestra paz.

11

Viviendo en "La La Land" (Señales de Alerta)

Me he preguntado mil y una veces mientras la tragedia se desarrollaba, mientras Fabio hizo y deshizo, ¿dónde estaba yo? ¿Por qué no me di cuenta? ¿Cómo una reportera que ha ganado premios por sus investigaciones pasó por alto las señales más claras? Para mí y para los demás mi respuesta es la misma: Y, ¿por qué acosar y perseguir a un esposo que durante nueve años fue perfecto? ¿Por qué desconfiar de un hombre como él? Un hombre que criticaba a sus amigos infieles, mientras siempre me confiaba "los secretos de otros."

"Fulano de tal, 'ya ni la hace'," me dijo una vez. "Anda poniéndole 'los cuernos' a la esposa con otra que lo atiende mejor, que le hace caso, y con la que se va de viaje cada vez que puede. Es un descarado, no sé cómo puede vivir así."

El día de ese comentario yo recuerdo la cara de Fabio viéndome de frente, serio, en especial cuando le dije que nadie podía vivir la doble vida del personaje a que nos estábamos refiriendo.

"No sé cómo puede hacer fulano," le respondí. "Pero tienes razón, lo que él tiene no puede llamarse vida."

Con respuestas como esas y la cara de "santo de pueblito," ¿quién me iba a decir que el que hacía todo eso era mi propio esposo? ¡Nadie! Además, al que lo hiciera, ¡yo lo hubiera tildado de loco! Porque existía algo más: ¡Fabio nunca quiso que yo me enterara absolutamente de nada, y por eso fue muy buen actor! ¿Cuántos hombres son infieles y quieren que la mujer se entere para que sea ella la que los deje?

Todo lo contrario en mi caso.

Señales de Alerta

Que las hay, las hay, y que hubo señales de alerta, por supuesto que las hubo. Pero nunca me di por enterada porque mi cerebro seguramente desconectó todo lo que me hiciera sospechar algo malo. Despreocupada, sólo concentrada en mi trabajo, simplemente pensaba que no necesitaba esas señales, pues nunca las había necesitado en tanto tiempo de casada.

"¿Qué va a pasar a estas alturas del partido si Fabio me fuera infiel en alguno de sus cientos de viajes?" le preguntaba yo a mi suegra y cuñada, y ambas, junto con Antón, coincidían.

"¡Ay, *please*! Mi papá siempre ha sido bien tonto para las mujeres. ¿Cómo piensas que haría algo así?" respondía usualmente Antón.

"¿Cómo que qué va a pasar?" respondía siempre mi cuñada Yuyita. "Fabito no anda en nada y si alguna vez anduviera, fíjate bien, él nunca podría dejarte."

"Y, ¿por qué no?" repreguntaba yo.

"Porque él depende mucho de ti," me contestaba Yuyita. "Todo el tiempo dice, 'Como María Antonieta piensa, como María Antonieta dice, como María Antonieta hace o hizo...' Todas las cosas que hace fuera de su trabajo, en el que es autosuficiente, giran sin lugar a dudas en alrededor tuyo, muchacha, con eso ¿quién puede?"

¿Quién puede? Por supuesto que fue ese exceso de confianza en que los años juntos, las historias juntas, el cariño entrañable de la familia Fajardo no hubieran permitido "otra" que no fuera yo. Los hijos crecidos, y demás argumentos, nos hacían creer que éramos invencibles y, a fin de cuentas, todo pasó sin limites, y sin que ni la familia ni yo nos diéramos cuenta, sino todo lo contrario, "Ojos que no ven, corazón que no siente." Por eso viví feliz sin enterarme de nada. Pero que existieron, ¡vaya! Si esas no hubieran sido señales, ¡que venga Dios y lo vea! De pronto, al hacer el recuento, veo lo que mis ojos se negaron a ver.

El Que Busca Encuentra

Si en alguna ocasión estuve cerca de descubrir lo que no imaginaba, y si hubiera tenido malicia, aquello hubiera ocurrido, sin lugar a dudas, el día en que llegó a *Cada Día* una mujer detective, especialista en seguir infieles, para ser entrevistada. No sé por qué, pero al aire yo comencé a preguntarle cosas que de pronto me salieron del alma... Especialmente porque yo sabía que Fabio estaba viendo el programa aquel día.

"¿Quiénes son sus clientes mas asiduos?" le pregunté a la detective.

"Hay que hablar en femenino," me respondió. "Mis clientas más asiduas son mujeres con esposos o compañeros de aspecto pacífico, incapaces de 'romper un plato' pero que, cuando los investigo, ¡han roto la vajilla! Tienen amantes, doble vida y, sobre todo, tienen el descaro de seguir pretendiendo que tienen una vida feliz junto a su esposa de mucho tiempo o de toda la vida... porque no quieren perder a su mujer de ninguna manera."

"¿Características del infiel?" le pregunté.

"En un 80 por ciento, rompen esquemas al pasar los cincuenta años; se visten como jovencitos, se dedican a hacer ejercicio a toda hora para que su cuerpo siga en forma, se pintan el pelo, se arreglan los dientes, les gusta cada día más la fiesta y, si tienen dinero extra, en lugar de darlo en casa lo utilizan para comprarse un auto nuevo, deportivo de preferencia, se perfuman, se hacen manicura y pedicura, en fin."

¡Helloooo! Todas esas cosas eran las que Fabio comenzó a hacer a partir de que cumplió cincuenta años. Todas. Se vestía como su hijo Antón, hacía ejercicio a toda hora, no se pintaba el pelo ¡porque era calvo! Pero lo traía recortado impecable, con las manos y pies de manicura y pedicura "que mágicamente le hacían en el aeropuerto" (nunca supe el "aeropuerto de dónde" porque yo no preguntaba tonterías). La entrevista con aquella detective siguió como si fuera un mensaje del cielo.

"¿El infiel da excusas que tengan un común denominador?" le pregunté.

"¡Por favor! El infiel tiene LA MISMA EXCUSA a flor de piel. Aquí está la lista de las más comunes:

"EL CELULAR NO FUNCIONABA"

"NO TENGO NINGUNA LLAMADA PERDIDA QUE SEA TUYA"

"NI HOTEL NI LUGAR DONDE LOCALIZARTE"

"CONTINUOS FINES DE SEMANA AUSENTE"

"DAME MI ESPACIO"

Sólo faltó la advertencia final de un examen médico: si tiene
por lo menos dos de los síntomas mencionados, busque un doctor
porque podría padecer la enfermedad. Así, cuando esa entrevista
con la detective terminó, me quedé con un mal sabor en la boca,
porque hasta el más tonto en ese preciso instante habría caído en
cuenta que tenía un problema en casa. ¿OK? La lista era larga,
pero yo como si nada pasara. Estaba en *LA LA LAND*. Tenía de-
masiadas cosas por hacer y por pensar para ponerle más peso a mi
vida. Fabio, por su trabajo de inspector de barcos, viajaba fuera
por lo menos dos semanas al mes. ESA era una excusa. También
por su trabajo dentro del casco de los barcos "el celular no funcionaba," ESA era otra. "No me entraron las llamadas" ESA era una
más. Y por el mismo oficio de ir por todo el mundo, especialmente después de los cincuenta años, en ocasiones me llamaba
para darme OTRA excusa constante, "No llegué a un hotel porque mejor me quedo en el camarote del barco y además ahorro un
dinerito." La única que nunca escuché fue la de "Dame mi espacio." ¡Faltaba más! Si siempre andaba de viaje. Total, que ese día
llegué mal a casa y la plática con Fabio sobre la detective y su trabajo fue interesante.

"¿Y tú crees que yo, con el 'trabajal' que tengo, me quedan
ganas de algo más cuando me la paso trabajando tanto tiempo?"
me dijo, casi indignado. "¡Caballero! Además, imagínate a las mujeres esas que tienen que perseguir maridos infieles y encima andar
pagando para que los encuentren."

No me convenció, especialmente cuando le dije una última
cosa, "Pórtate bien Fajardo, que además de ser buena detective, esta
señora se jacta de descubrir a los maridos infieles en sólo un día."

"Y ¿trabaja sólo en los Estados Unidos?" me preguntó caute-
losamente.

"No. Puede ir a cualquier lado..., a ver qué tanto trabajas y qué tanto descansas."

"¡Que vaya! No tengo nada que esconder," me respondió defensivo. "¡Allá tú si quieres botar tu dinero a la basura!"

Tiempo después, cuando todo se le hubo descubierto, Fabio me confesó que uno de los momentos en que más cerca estuve de descubrirlo fue tras aquella entrevista.

Me confesó, "Me aterré que en algún momento se te llegara 'a prender el foco' y contrataras a esa detective, que, por supuesto, en un solo minuto me iba a descubrir."

No lo hice por la misma razón por la que no descubrí la infidelidad en ninguna etapa, es decir, porque "el que busca encuentra." Quizá yo no quería descubrir nada que el subconsciente me indicara que existía. Entonces, conociéndome tan bien como me conocía, él sabía que yo no buscaría nada por no arriesgar una estabilidad que él a todas luces, por lo menos así parecía, tampoco quería romper. Nunca busqué nada. No lo busqué, ni siquiera el día en que se fue al último viaje, y con lágrimas en los ojos me dijo, "Tú no mereces nada de lo que estoy haciendo."

"¿Qué es lo que no merezco?" le pregunté ingenuamente. "¿Acaso hay alguien más en tu vida? ¿Hay otra mujer?"

"No. No existe nadie, y si existiera yo sé que si te pierdo me voy a dar con la cabeza en la pared. No mereces que yo me vaya tanto de viaje y te deje sola tan a menudo."

Ahora sé que él me estaba diciendo todo aquello que yo no había descubierto, pero, ¿cómo descubrirlo? ¿Cómo hacerlo, si él mismo me negaba todo y, por el contrario, se comportaba como todo un marido que cumple con su esposa, aunque sale de viaje por motivos de trabajo? La última salida con un grupo de amigos fue a una cena que Mauricio Zeilic les ofreció a Rudy Pérez y su esposa, y los invitados éramos un alto ejecutivo de Warner y su esposa, Fabio y yo. En un momento de la cena, él y yo habíamos quedado separados al sentarnos protocolariamente y me dijo, "No me gusta que estés tan lejos de mí, especialmente cuando en pocas horas me voy de viaje por dos semanas."

Puedo jurar que Fabio Fajardo Estrada me dijo eso de todo corazón. No por conseguir algo ni por quedar bien con nadie. Le salió del alma. Sólo su atormentada alma y él sabían que al día siguiente, cuando saliera de viaje, ¡iba a casarse por la iglesia con su amante y se iba con ella de luna de miel! El remordimiento no lo dejaba vivir.

El Teléfono Celular: El Enemigo en Casa

De eso, ya ni hablamos. He explicado en detalle que el celular fue la punta del iceberg para descubrir a Fabio (y para descubrir a cualquier infiel). Lo increíble es que uno no piensa que le puede suceder algo similar. "Lo malo siempre le pasa a otros, a uno no." Sistemáticamente, casi cada año, uno de nuestros amigos cercanos (y familiares más próximos) vieron sus matrimonios deshechos por una infidelidad descubierta gracias a una conversación en un celular. Conocíamos a un hombre que fue sorprendido por la esposa, que misteriosamente quedó escuchando lo que supuestamente el marido hablaba con otro que lo acompañaba en el auto y quien le preguntaba por la aventura con cierta mujer. El pariente contestó, "Ayer le mandé un ramo de flores para conmemorar el primer mes de un beso apasionado." Por supuesto que semejante testimonio cerró el proceso de divorcio en el mismo momento en que lo descubrieron. Fabio, con la boca abierta, condenaba todo aquello.

"¡Caballero!" exclamaba. "Hay que tener sangre fría para ponerse a hablar así en el celular y, sobre todo, para ¡echar por la borda un matrimonio!"

Está de más decir que aquel comentario venía de un hombre que estaba viviendo una doble vida, como lo hacía mi marido, y al que yo nunca, jamás, le revisé el celular. El día que lo hice, ¡ardió Troya! Eso ya lo expliqué.

Así que si aquí debo escribir un consejo es el siguiente: ¿está decidida o decidido a encontrar alguna infidelidad en su pareja? Entonces, el teléfono celular es un *must*. Ahí encerrados están los secretos diarios de cualquier persona, y probablemente hasta el más santo guarda ahí un esqueleto en el clóset.

"El Que Te Acaricia Más de lo Que Suele, Es Que Te Ha Engañado o Engañarte Quiere"

El refrán castizo dice más de lo que alguien imaginó. ¡Qué lástima que no hice caso antes! Sin embargo, desgraciadamente también me di cuenta de la infalibilidad de la sabiduría popular demasiado tarde. De pronto, en el año 2004, Fabio que no era lo más espléndido del mundo: estando de viaje se convirtió en lo opuesto. Si durante las tres veces al día en que, por lo menos, me llamaba, en una de ellas yo le mencionaba que había ido de compras y que había visto un bolso carísimo que me encantó, reaccionaba como nunca antes, "¡Cómpralo mamita, que cuando yo llegue te doy el dinero!"

Debo confesar que por un momento me causó sorpresa, después como él mismo me dijo, me fue gustando su nueva actitud.

"Tienes que acostumbrarte a un esposo que te quiere y que ahora puede regalarte cosas, porque trabajo mucho tiempo fuera. Algún beneficio tendrías que tener por el tiempo que te dejo solita."

Ahora sé que mientras más me daba, más grave era el cargo de conciencia por lo que me estaba haciendo. Pero al igual que en las otras situaciones, no había manera de descubrirlo. Por ejemplo, contrario a lo que pudiera pensarse, que un hombre que es infiel únicamente tiene una actitud de rechazo para la esposa o compañera, en mi caso fue lo opuesto. Fabio cada día se comportaba más cariñoso, en una actitud que rayaba en la locura y el cinismo. Me llamaba por teléfono más que nunca. No olvidaré aquella ocasión en que la llamada que me hacía al mediodía tuvo algo que de inmediato me sobresaltó:

"¡Pásame el jabón!" dijo una voz femenina.

"¿Quién te está pidiendo que le pases un jabón? ¿Dónde estás?" le dije furiosa.

"¿Cómo que dónde estoy?" me replicó. "¡En el barco inspeccionándolo! ¿Cuál voz femenina? Lo que pasa es que tienes un oído de radar. Allá abajo en la calle hay gente gritando, ¡quién sabe que chusma de la que anda por ahí dijo eso, que no tiene nada que ver conmigo! Ah, que mi mamita ¡que oye lo que nadie!"

Aquello que decía tenía lógica, pero muy débil eso sí, tanto que me quedó "un gusanito" de duda y llamé a mi cuñada Yuyita para contarle lo que había escuchado.

"Son suposiciones tuyas. Mira que comienzo a pensar que Fabito tiene razón y que te estás volviendo celosa por cualquier cosa," me aseguro.

No terminó la plática porque nos interrumpió una llamada de Fabio "desde el astillero donde estaba inspeccionando un barco."

"Mamita, te llamo porque no quiero que te sientas mal," me dijo. "¿De dónde imaginas que alguien me pudo haber dicho que le pasara el jabón? Te llamé para que no te imagines cosas que no son. ¿OK? Nos hablamos en la noche, pues sigo trabajando muy duro para ganar dinerito."

"¿Viste?" me dijo Yuyita más tarde. "Son sólo suposiciones tuyas. No pierdas el tiempo en ver cosas que no existen. Más que nunca Fabito está cariñoso contigo, más que nunca te demuestra a toda hora que te quiere, y sobre todo te dice que te quiere."

La dolorosa realidad me la confesó Fabio cuando llegó el tiempo de aclarar las dudas entre nosotros, año y medio después de aquel día, "La vez aquella que escuchaste 'pásame el jabón,' tenías razón. Por supuesto que era una mujer que estaba conmigo. Era la mujer esa. Yo no estaba en ningún astillero inspeccionando un barco. Estaba en su casa, y aprovechando que se estaba bañando, rápidamente marqué la llamada que yo siempre te hacía al mediodía para no faltar. Nunca imaginé que ella me fuera a gritar aquello en ese momento, ni mucho menos que tú lo fueras a escuchar. Pero tenías razón."

Y yo le pregunté, "Pero entonces, Fabio, ¿por qué volverme a llamar para desmentir algo que sabías que era cierto?"

"Por remordimiento... y porque nunca jamás quise perderte, entonces tenía que convencerte de que yo no andaba en nada. Si con todo y lo que hice, yo hubiera querido algo mayor para sacarte de mi vida, entonces, nunca te habría ocultado las cosas; por el contrario, mejor que te hubieras enterado para que explotara la bomba y ya."

Otros Signos de Alerta

Internet

Mucho cuidado. Si él o ella se pasan horas en Internet, ojo que hay otro peligro latente, aunque el tiempo no significa nada. Para ser infieles por Internet da lo mismo mucho que poco. Con cinco minutos o media hora basta.

En este renglón no acepten excusas. La más inocente encierra la gran mentira de la traición. En mi caso, sí, también tuve que entender las señales de alerta de Internet. Y no lo hice. Fabio ocasionalmente entraba a la Internet por la noche (y no por mucho rato), en la red que estaba instalada en la computadora de mi oficina. Lo hacía cuando yo ya me había ido a la cama rendida y, por supuesto, lo hacía con el mismo pretexto.

"Mamita, no me tardo. Sólo tengo que responderles un *e-mail* a unos clientes en Singapur y como allá ya es mediodía de mañana, esta es la hora perfecta."

¿Por qué no sospeché que no era ningún cliente en Singapur, sino otra cosa? Sencillo. En múltiples ocasiones los clientes asiáticos llamaban hasta en la madrugada, porque olvidaban el cambio de horario, y las llamadas eran reales.

Cecilia Alegría, "La doctora Amor," la experta en relaciones por Internet en *Cada Día* advierte, "¿Cuándo una señal da alerta con los mensajes de Internet? Cuando uno se acerca sorpresivamente a donde la contraparte está escribiendo mensajes, y éste, rápidamente cierra la página. El signo inevitable es que de golpe cierran todo, correo, página *Web* y hasta la computadora, y muchas veces, con la mayor sangre fría, reaccionan como si nada pasara.

"Descubrir al infiel implica invadir en alguna medida su privacidad, pero si uno tiene sospechas fundadas, vale la pena arriesgarse. En ese caso hay que ingresar a revisar sus *e-mails* y el *messenger*. Para lograrlo es necesario descubrir la contraseña para entrar a revisar esos correos. ¿Cómo adivinarla? Jugando con combinaciones de su nombre y su fecha de nacimiento, eso es típico.

"'M´hijitas' y 'm´hijitos,' ¡tienen que estar alerta! Los cuartos de *chat*, esos mensajes, pueden ser el mejor aliado en el arte de encontrar pareja, pero también pueden ser el peor. Si su pareja guarda la contraseña del correo y si no la comparte con usted, mucho cuidado. Lo peor es que muchos infieles se escudan en el pretexto de que por Internet no tienen contacto físico con nadie, por tanto, estar flirteando o tener una relación cibernética no es infidelidad, y eso, por supuesto, que ¡tampoco es cierto! ¡Eso se llama infidelidad en donde quiera que sea! Más aún cuando el uso de la *Webcam* y del micrófono posibilita la práctica del cibersexo. Aquí la infidelidad pasa a otro terreno porque la tecnología permite la mutua excitación sexual, y obviamente, eso se llama infidelidad."

Los Amigos "Picaflor"

Ese es quizá otro de los peligros escondidos. Hombre o mujer en vías de ser infiel siempre cuenta con un amigo o amiga que se dedica a lo mismo: a ser infiel. Están siempre a su lado, generalmente simpáticos... y Fabio tampoco fue la excepción. Con el tiempo, también Fabio me confesó que quien lo llevó al *table dance* donde conoció a la mujer de la tragedia... fue "¡un amigo de él!"

"Coincidí con él allá y la primera noche me llevó a aquel lugar donde esta mujer bailaba. Después que me contara su historia y yo me involucrara con ella, descubrí que también había tenido relaciones con mi amigo. Él mismo me pidió que la dejara, que no creyera la historia de que tenía que trabajar en lugares como esos, porque la iban a matar si no pagaba la deuda que le había dejado el último hombre con el que había vivido. Desgraciadamente no le hice caso."

Más clara ni el agua. No olvide la regla de oro. El infiel necesita compañía de apoyo, hombre o mujer. No importa el sexo. Uno siempre entusiasma al otro a lo prohibido.

Como todo lo que contiene el presente libro, espero que este capítulo le sirva simplemente para hacer caso a las alertas que la vida nos pone, para dejar de vivir en "La la land" a pesar de que con todo y eso, "NO HAY PEOR CIEGO... QUE EL QUE NO QUIERE VER."

12

El *Living Will*
(El Testamento de Vida)

Como este libro siempre estuvo planeado para enseñar a otros lo que yo no supe desde el principio (y lo que hubiera aligerado mi carga), decidí abreviar la pena de muchos en el mismo escenario donde yo estuve y donde la angustiosa pregunta de un hombre que sabía que tarde o temprano iba a morir, resonaba a diario apenas supo de la sentencia a muerte por su avanzado cáncer de riñón.

"¿Qué va a pasar conmigo cuando ya no pueda tomar decisiones?" Esa era una de las preocupaciones de mi esposo, y mía también. La enorme responsabilidad de que, llegado el momento, Fabio muriera con dignidad era otra de mis grandes tareas. Traté siempre que la parálisis no lo minara y lo logré, como él mismo me lo dijo un día en que subíamos por una acera dentro del complejo de edificios del Jackson Memorial Hospital, y para colmo comenzó a llover.

"No sé como haces para que, en medio de una situación como ésta, en lugar de ponerme a llorar, me dan ganas de reír a carcajadas mientras nos mojamos con la lluvia y tú te peleas con la silla de ruedas para que camine conmigo a cuestas. No sé cómo haces para que yo no me sienta mal, y sobre todo, no sé cómo haces porque yo mismo en tu caso no sé si podría hacerlo tan bien."

Esos comentarios eran el premio a mi esfuerzo. Yo sólo le respondía, "Hago esto porque te amo."

Hacer cosas porque lo amaba requería, durante su enfermedad, una dosis extra de mi fuerza de voluntad, y así fue desde el principio, desde el primer día en que Fabio ingresó al Jackson Memorial Hospital de Miami al piso 12 del ala oeste. Mientras estábamos esperando que le aplicaran la quimioterapia, Keila Padilla, una extraordinaria trabajadora social, nos informó acerca de un trámite que debía hacerse obligatoriamente: llenar un *living will*.

"No importa cuál sea su decisión," nos explicó Keila, "si dejarse resucitar o no, si aplicarle o no tratamientos, en fin, todos los procedimientos para prolongar su vida o no hacerlo deben estar especificados aquí en estas hojas. El doctor Benedetto es muy cuidadoso con sus pacientes y exige que todos llenen su *living will* (testamento de salud y vida), algo que para ustedes representará una paz mental sin límites. Probablemente en este momento las cosas no sean así, pero verán que, aunque y ojalá y no se llegue a necesitar, el tiempo muchas veces da la razón del por qué tenerlo listo."

¡Y vaya que me la dio! Cuando la trabajadora social nos dejó a solas con el cuestionario en mano, me di cuenta de que yo, una mujer informada, periodista, que sabe muchas cosas elementales de la vida diaria, y a pesar de haber escuchado una y mil veces las palabras *living will* ¡apenas sabía lo que en realidad era eso!

Por supuesto que yo había escuchado el término *living will* hasta el cansancio cuando, como reportera, me tocó cubrir el caso de Terry Schiavo, la mujer que, luego de una batalla legal de años entre el esposo que quería que la dejaran morir y la familia de ella que se oponía, finalmente le fue permitido morir por sus propios medios sin agua ni alimento, diez años después del ataque al corazón en el que no tuvo oxígeno por unos minutos, y que le produjo un daño cerebral irremediable.

La batalla legal de Terry Schiavo por su vida desató pasiones alrededor del mundo, y ni Fabio como televidente, ni yo como reportera, fuimos ajenos al terrible drama que tuvo que decidir la justicia, porque no había un *living will* de por medio. El esposo decía que ella le había pedido que si le sucedía algo y quedaba incapacitada mentalmente, la dejara morir. La familia de ella le rogaba que no lo hiciera, asegurando que ella nunca habló de nada de eso con ellos, y pedían al marido y al juez su custodia legal para cuidarla el resto de su vida.

Nada sirvió.

Finalmente un juez decidió que la mujer debía ser desconectada de los aparatos que la hacían vivir artificialmente y, dándole la razón al esposo, se ordenó dejarla sin agua ni alimento.

Así sucedió y su agonía fue terriblemente publicitada. No hubo ser humano que, conociendo ese drama, no pensara en aquella mujer sumida en la inconsciencia para los médicos, pero que quizá tenía la terrible sensación de hambre y sed, pues sobrevivió sin agua ni alimento durante ocho días hasta que finalmente falleció. En privado Fabio y yo lo comentábamos. ¡Qué horror!

"Yo quiero que te asegures," me decía él, "que si un día me pasa algo y yo estoy grave, pero sin remedio de curarme, yo no me quedo en una cama convertido en vegetal. ¡Eso nunca! Pelea por mí todo lo que sea necesario siempre que haya esperanza, pero recuerda siempre que no quiero por ningún motivo terminar dando lástima a la gente, desfigurado, hecho una piltrafa ¡Qué va!"

Yo siempre le respondía lo mismo. "Te lo prometo" y acto seguido le hacía otra petición, "Si me pasa algo, pelea por mi vida, pero si no hay remedio, por favor no me dejes convertida en un vegetal en una cama." Al decirnos eso, ambos nos sentíamos muy bien porque por lo menos, llegado el caso, sabíamos lo que queríamos. ¡El problema es que ni el ni yo teníamos una idea de que con esa sola petición mutua no hacíamos nada!

En caso de que nos sucediera lo peor, sin un *living will* íbamos a terminar como Terry Schiavo o bien convertidos en vegetales por años, o con las familias enfrentadas por nosotros en una corte. Y, en general, nadie que crea que está bien de salud piensa en hacer un *living will*. ¿Quién lo hace estando razonablemente joven y más o menos sano? En realidad, muy pocos. Tuve la suerte de conocer a uno de ellos, al padre de mi amigo y compañero José Díaz-Balart y de mis amigos, sus hermanos, los congresistas federales por la Florida, Lincoln y Mario Díaz-Balart. En el siguiente recuadro, José Díaz Balart comenta las decisiones finales de su padre sobre cómo morir, a pesar de que no tenía hecho ningún *living will*.

SE LLAMABA RAFAEL DÍAZ-BALART
(por José Díaz-Balart)

Mi papá toda la vida nos decía, *"Lo único importante es aprender a vivir con dignidad y a morir con dignidad."* Y cuando le tocó a él, nos demostró que sus palabras nunca fueron en vano. Cuando después de una semana de quimioterapia para combatir la leucemia que le aquejaba sus médicos le dijeron que tendrían que someterlo a diálisis para que sus riñones funcionaran de nuevo, él decidió reunirse con los doctores y con nosotros, sus cuatro hijos. Ese fue uno de los días más tristes de su vida y a la vez, uno de gran enseñanza para su familia.

Estábamos los cuatro en el hospital con mi papá y le habíamos llevado al padre Michael Sliney, que había venido de Washington a visitarlo. Al verlo dijo, "Padre Sliney, qué maravilloso que usted esté aquí, porque toda esta mañana he estado pensando en Cristo en Getsemaní la noche antes de su arresto, cuando Dios le explica lo que va a tener que sufrir en el futuro y Cristo siente temor; Dios le manda un ángel para darle la fuerza necesaria para afrontar lo que vendrá y me doy cuenta, padre, que Dios lo ha mandado a usted como ese ángel que yo necesito para decirle a mis hijos lo que he decidido: en la vida hay que saber vivir con dignidad y morir con dignidad, y aquí y ahora comienza mi proceso para morir con dignidad. No voy a aceptar ningún procedimiento invasivo porque no permitiré que las decisiones de mi futuro recaigan en ustedes. Me voy a mi casa a morir con dignidad."

Mi papá nos pidió entonces que llamáramos al equipo de médicos que se habían convertido ya en sus grandes amigos, y que no podían creer lo que mi padre les estaba comunicando, "Valió la pena enfermarse para conocerlos a ustedes, pero he decidido que me voy a mi casa." Nosotros tampoco podíamos creer que un hombre con esa valentía y serenidad estaba en efecto comunicando que, aún pudiendo extender su vida unos cuantos meses, pero sin controlarla, prefería morir en ese momento bajo sus condiciones. Efectivamente, se fue a su casa un domingo, y aunque los médicos le habían advertido que moriría antes de cuarenta y ocho horas, no murió sino hasta el viernes por la mañana, es decir, cinco días después, no sin antes dejarnos hasta el último momento todo un profundo legado con lecciones sobre la dignidad. A partir de ahí, los cuatro hermanos nos quedamos a su lado las veinticuatro horas del día. En un momento nos preguntó, "¿Cuánto tiempo me queda?" Y mis hermanos le contestaron, "Papi, sólo Dios sabe, pueden ser horas, pueden ser días."

Él lo pensó un momentito y dijo, "Estoy aprendiendo tanto de este proceso. Dios es tan grande, me está enseñando tanto en este proceso."

Ya el jueves por la tarde, menos de doce horas antes de morir, cuando ya casi no podía ni hablar, nos miraba intensamente y de frente con sus ojos celestes, y nos mandaba a sentarnos en su cama para decirnos con una voz casi inaudible, "gracias, gracias, gracias, gracias."

Antes, los cuatro sentados con él le habíamos dicho, "Bueno, ¿y qué haremos cuando te vayas?"

Él nos dijo, "No quiero que hagan nada por mí."

Y le dijimos, "No. Tienes muchos amigos que no saben de tu repentina enfermedad y van a querer despedirse de ti."

Entonces él aceptó, "Bueno, entonces manden a celebrar una misa."

Le preguntamos, "¿Qué hacemos con tu cuerpo?"

"Si la iglesia lo acepta, que me incineren y tengan las cenizas a mano para que el día que Cuba sea libre y democrática las entierren al lado de mi madre en mi pequeño pueblo de Banes."

Entonces pensó y nos dijo, "Pero pídanle permiso al pueblo y pregúntenle a la gente si no le importa que me entierren ahí. Si no, cualquier parte de Cuba libre sería maravillosa."

Los médicos continuaron visitándolo en su casa, y le recordaban que con la diálisis le podían extender la vida en cualquier momento, pero él nunca flaqueó y, en cambio, les decía, "No gracias. Yo tengo que morir con dignidad." En efecto, sus últimas palabras el jueves por la noche, fueron, "Valió la pena, claro que valió la pena. Cristo es todo. Valió la pena."

Rafael Lincoln Díaz-Balart, político, escritor, periodista, intelectual, luchador por la causa de Cuba en un exilio de casi cincuenta años, murió en la mañana del 6 de mayo de 2005 en su casa de Key Biscayne, Florida. Tal y como lo pidió a sus hijos, sus deseos se cumplieron, pero excedieron cualquier cosa que seguramente él hubiera pensado. A la misa de cuerpo presente en una iglesia de la Pequeña Habana de Miami asistieron más de mil personas a rendirle un último tributo a un amigo que supo vivir y morir con dignidad.

Hablando con José Díaz-Balart sobre el tema del *living will* él me decía, "Papi no lo tenía, pero él siempre tuvo control sobre su vida, lo que no sucede con la generalidad de las personas. Lo más importante es saber exactamente qué es lo que quiere un ser querido al borde de la muerte. Qué es lo que quiere que le hagan y, sobre todo, qué es lo que no quiere que le hagan. Con papi nosotros tuvimos la bendición de que él determinó todo y que, además, estuvo lúcido hasta el último minuto de su vida. ¿Qué hubiera pasado si no hubiera podido tomar control de estas decisiones? En el caso nuestro, habríamos sabido actuar debido a la conducta de su vida; habríamos sabido cómo quería morir, pero eso no habría hecho nuestras decisiones menos difíciles. Las decisiones de vida o muerte de un ser humano tienen que ser tomadas por esa persona antes de que le pase algo, para nunca dejarle esa responsabilidad a sus hijos o a sus seres queridos, que ya de por sí están sufriendo al saber que lo van a perder. Es darles otro inmenso dolor innecesario."

Desafortunadamente, el caso de Rafael Díaz-Balart es una excepción de la regla y la gran mayoría desconoce cómo hacerlo. No saben que es un documento prácticamente al alcance de todos, que existe por ley en cualquier hospital de los Estados Unidos. Hay que llenarlo preferiblemente frente a una trabajadora social y dos testigos. Si el *living will* es proporcionado por un hospital generalmente no tiene costo, es gratuito, y generalmente está disponible en inglés y en español.

Preguntas Comunes Sobre el *Living Will*

Antes de seguir, por favor recuerden que las leyes varían en cada estado. Si ustedes desean crear un living will, deben primero consultar con un abogado, como lo hice yo, quien les podrá brindar los mejores consejos de acuerdo a cada caso o historia personal. Aquí va lo que aprendí yo con mi abogado.

Designado

En este documento la persona, en pleno uso de sus facultades mentales, autoriza a otra a cumplir y hacer cumplir la última voluntad con respecto a su vida y al cuidado médico que se le debe administrar. Dicho documento no sólo observará que se cumplan los procedimientos, sino que en un caso determinado tomará otras decisiones que el otorgante hubiera ordenado. Usualmente los designados son los familiares más cercanos, esposos o hijos, en caso de que no existieran amigos íntimos.

Designado Sustituto

Si la persona originalmente designada no puede llevar a cabo las funciones encomendadas, en el mismo documento se especifican el nombre y el teléfono de un designado sustituto, que cumplirá con las mismas funciones que el primero.

Donación de Órganos

Se deberá especificar si se desea o no donar los órganos. Los expertos aclaran que en muchas circunstancias, como en pacientes con cáncer, la donación puede no ocurrir a pesar de los deseos del donante. Esta decisión la toman los médicos y la entidad encargada de recibir los órganos, con base en la condición que tenía la persona al morir.

Especificaciones

Éste es el documento más importante porque se especifica si se aceptan o rechazan los siguientes procedimientos:

A. Resucitación cardíaca

B. Respiración mecánica

C. Alimentación por tubo (*tube feeding*) intravenosa o alguna otra forma artificial invasiva de nutrición (comida) o de hidratación (agua)

D. Transfusiones de sangre u otros productos sanguíneos

E. Exámenes o cirugías invasivas

F. Diálisis del riñón

G. Antibióticos

Única Excepción

El tratamiento que el paciente terminal requiera debe servir para mantenerlo confortable y aliviarle el dolor; por tanto, se le debe-

rán administrar los medicamentos y procedimientos que lo dis-
minuyan.

Condiciones

Aunque es difícil cubrirlas todas, un buen *living will* debe contemplar principalmente las siguientes situaciones:

1. Si el corazón deja de latir o la respiración se detiene.
2. Si la condición es terminal y el tratamiento no mejora al paciente, y la muerte puede ocurrir en **horas o semanas.**
3. Si la enfermedad es terminal y el tratamiento no mejora al paciente y la muerte puede ocurrir en **meses o años.**
4. Si el paciente está en estado de coma permanente sin actividad mental o física y el tratamiento no mejora la condición, pero puede sobrevivir por un periodo indefinido de tiempo.
5. Si el paciente tiene una enfermedad crónica como Alzheimer's o un derrame cerebral, depende físicamente del tratamiento y este no mejorará el nivel de funcionamiento ni habrá recuperación.
6. Si el paciente es saludable y súbitamente se presenta una enfermedad que será más grave en semanas y meses y el tratamiento no ofrece posibilidades reales de recuperación.

Tenerlo a Mano

Lo que aparentemente es lo más sencillo es, por lo general, lo más importante. Cuando la condición del enfermo es terminal, es necesario tener una copia del *living will* a mano. El designado debe llevarlo consigo a todas partes. Yo traje el documento de Fabio en mi bolso los siete meses y once días que duró con vida. ¿Por qué? Sencillo. Si ocurría algo y los servicios de emergencia lo recogían, de inmediato y por ley se le aplicarían sistemas para recuperar su vida, probablemente algunos a los que Fabio se oponía. En esos momentos, la única prueba de que el paciente no acepta el tratamiento es el *living will*, por tanto, en situaciones de vida o muerte, el designado siempre deberá tener el documento consigo.

Aclaraciones Fundamentales

Aunque en muchas ocasiones ya vienen escritas en el *living will* o en un *Durable Power of Attorney for Health Care Surrogate Designation*, de no existir, hay que incluir las siguientes aclaraciones:

A. El paciente entiende que puede tomar decisiones a propósito de su calidad de vida en caso de una grave enfermedad y que, por tanto, no quiere pedir a nadie más que tome dichas decisiones por él.

B. El documento únicamente dirige a otros para que observen que se cumplan tales decisiones, y que en el caso de que el paciente, después de haber firmado el *living will*, no pueda tomar más decisiones sobre su vida, se entienda la declaración como la expresión final de los derechos legales de éste de acatar o rehusar tratamientos médicos, aceptando las consecuencias de sus propias decisiones.

C. Que el paciente ha tomado las anteriores decisiones en pleno uso de sus facultades mentales y emocionales.

Para Cuando lo Necesitó

Sin un *living will* como el anterior, la muerte de Fabio habría sido terrible para él, y para nosotros, sus seres queridos, aún peor. Afortunadamente el suyo, de su puño y letra, fue firmado el 29 de marzo de 2006 en el Jackson Memorial Hospital de Miami, seis meses antes de que lo necesitara para poder vivir sus últimas horas como él quería y para morir tal y como él lo había decidido.

Por eso nunca hubo duda en mi cuñada Yuyita, Jorgito sobrino, Antón o en mí, de que, minado por la parálisis en todo su cuerpo, con una infección que se extendía por horas, en el momento en que me dijo, "Ya no dejes que me piquen, ya no dejes que me hagan nada, esto se acabó," había llegado el principio de su fin y que sólo debía cumplir sus órdenes.

Sé que para el doctor Pasquale Benedetto, el gran luchador por la vida de miles de sus pacientes y un médico acostumbrado a hacerlo cara a cara y día a día contra la muerte, no fue nada fácil que ésta le ganara una partida por decisión propia del paciente, en este caso de Fabio. Pero él, con todo su dolor, tuvo que aceptar lo que su paciente había decidido. Desde estas líneas va todo mi cariño y mi admiración eterna por su coraje y conocimiento a la hora de luchar por otros como si fuera para sí mismo.

Hospice

A los doctores Pasquale Benedetto, Belisario Arango, Aurelio Castrellón y Leticia Gómez les agradecemos todo su cariño, que hizo posible que Fabio pasara sus ultimas horas de vida dentro de un sistema muy especial llamado *hospice* (hospicio), que en su caso, por las circunstancias especiales que enfrentaba, fue administrado en el mismo piso 12 del ala oeste del Jackson Memorial Hospital, y no enviado ni a una institución fuera de ahí o a la casa, donde él no hubiera deseado morir.

Fabio terminó sus días en el mismo sitio donde peleó por la vida en innumerables ocasiones: en el cuarto 1221. Cuando ya la infección había traspasado barreras y estaba en su sangre y riñones, provocando además problemas respiratorios y de lucidez mental, Fabio fue socorrido con lo que se llama *hospice* es decir, un procedimiento del que ya no se podía retractar y en el que se administran únicamente medicamentos para hacer menos traumático el proceso final. Debido a la falta de respiración, se le puso oxígeno. Tuvimos tiempo para que mi adorado Párroco de la iglesia de St. Brendan en Miami, el padre Fernando Herias—el que había conocido el caso desde el principio, el mismo que le había confesado y perdonado sus pecados—fuera quien viniera el mismo domingo 15 de octubre y en presencia de todos nosotros le diera la Extremaunción, el sacramento católico para los moribundos. El lunes por la tarde, cuando su condición comenzó a degradarse más y más, nos despedimos de él, o de la poca conciencia que le quedaba por momentos, y, posteriormente, de acuerdo al *hospice*, fue sedado permanentemente con morfina hasta que finalmente, a la 1:25 de la madrugada del 18 de octubre, Fabio dejó de respirar y murió con dignidad. Y lo hizo gracias a ese papel que no debe faltarle a nadie, y que no sólo le ahorra a la familia decisiones difíciles, sino que le permite a un enfermo morir tal y como lo ha pedido, y con una gran dignidad.

13

Respetando "La Última Voluntad" (El Otro Testamento)

*L*a entrevista que se registra a continuación tuvo lugar en Ciudad de México hace por lo menos veinticinco años. Una jovencísima reportera de la entonces Vicepresidencia de Noticieros de la cadena Televisa y de la revista *Vanidades* entrevistaba a Celia Cruz, la inmortal guarachera de Cuba. Entre las preguntas que hizo la novel periodista, encantada con la inmensidad del personaje que tenía enfrente, había una relacionada con la biografía de alguien tan conocido internacionalmente como la cantante.

"¿Por qué no escribir la suya en vida?" le preguntó la periodista.

"¡Ay m´hija!" exclamó Celia. "¿Para qué? ¿No ves que yo nunca he robado, le he quitado el marido a nadie, le he puesto los 'cuernos' a Pedro, me he practicado abortos o he consumido o vendido drogas? Una vida como la mía, en la que no ha habido escándalos, no le interesa a nadie, y, por tanto, no vende. Y yo escándalos... ¡por nada de este mundo!"

Entonces la reportera tuvo que aceptar que aquello era verdad. Hoy, cuando han pasado cuatro años de la muerte de la Reina de la Salsa, recuerdo aquella entrevista como si fuera el día de hoy, porque yo era aquella joven reportera. Y muchos años después, al ver que cada vez surge un nuevo escándalo por la herencia de Celia, aquella mujer tan discreta y de vida privada tan celosamente guardada, la misma que nunca dio escándalos, me da un terror profundo. Le puede pasar a cualquiera. Especialmente recuerdo, dadas las circunstancias que se han presentado posteriormente, todos los personajes que han entrado en la disputa y todas las acusaciones que se han hecho, lo que Celia me dijo en Miami durante un cumpleaños de mi amigo Mauricio Zeilic, al que ambas habíamos sido invitadas.

"No sé qué haría sin Omer, el que más cuida de Pedro y de mí, sin lugar a dudas el hijo que nunca tuvimos." Celia se refería a Omer Pardillo, su mánager durante muchos años, "el hijo que nunca tuvieron" y quien ha tenido que lidiar con el dolor a cuestas por varias razones: por la pérdida de Celia y Pedro, y por una publicidad negativa que a ellos les hubiera dolido terriblemente, aunada a los abusos cometidos con la herencia que ella misma especificó, donde Omer sería albacea y administrador, y donde las cosas se salieron de control por muchas razones ajenas a los que Celia dispuso.

Pero el caso sólo sirve para ilustrar lo que le ha pasado a una lista de famosos, que rehuyeron del escándalo de su vida personal o de la financiera, y que a su muerte han protagonizado dolorosas historias de familiares enfrentados por el dinero y las propiedades. Basta mencionar a María Félix, a Cantinflas, a Pedro Infante, este último a los cincuenta años de su muerte y aún no tiene repartido lo poco que queda del patrimonio que dejó y que el tiempo ha ido minando.

En nuestro caso, las situaciones anteriores se convirtieron en una lección viviente. Por supuesto que Fabio nunca habría hecho un testamento a los cincuenta y dos años de edad. No lo habría hecho por lo mismo que no lo hace la mayoría de hombres y mujeres, (en especial los primeros): porque no imaginaba que la muerte pudiera llevárselo tan joven. Yo era diferente.

Por mi trabajo de periodista, cubriendo guerras, terremotos, desastres, huracanes durante años, y viajando en avión 260 días al año en promedio, como madre y cabeza de familia con dos hijas pequeñas, hacer un testamento no sólo era obligatorio ¡sino un acto de conciencia y de paz mental para mí!

Siempre me ha quitado el sueño que al faltar yo, el patrimonio que haya hecho hasta ese momento quede al gárrete y sea alguien que no sudó para hacerlo—por supuesto que me refiero a una corte—la que decida a quién y cuánto les va a tocar a cada uno. Esto es lo que me llevó a hacer mi testamento desde hace por lo menos una década. Fabio lo sabía y siempre decía que yo estaba mal de la cabeza.

Un Buen Abogado de Testamentos

Los buenos abogados existen en todas partes. El mío, "un santo" por la paciencia que me tiene, es el abogado veterano en testamentos Osvaldo Soto, con oficinas legales en Miami. Probablemente en más de una ocasión, Osvaldo habrá pensado que tengo "suelta una tuerca" del cerebro por los cambios y especificaciones de mis testamentos. Y digo en plural tes-ta-men-tos, pues durante la adolescencia de mis hijas me preocupaba que su inmadurez (o algún mal novio) las llevara al desastre financiero si yo moría por aquellos días, de manera que cambiaba las herederas según el modo en que se comportaran.... y esto sucedía a menudo. Cada vez que yo llamaba a su oficina, Osvaldo Soto reía adivinando mis intenciones y me preguntaba, "¿Ahora a quién le toca de heredera universal... 'A' o 'B'?" Y no era chiste. Así era yo, aunque ahora hace un tiempo que el documento permanece en santa calma. Pero al igual que en los *living will*, es decir los testamentos de salud y vida, un testamento proporciona una paz espiritual incalculable y debe hacerse cuando no se necesita.

Hacer un Testamento

En los Estados Unidos es algo fácil, a diferencia de América Latina donde es un trámite muy burocrático. En los Estados Unidos es un documento que usualmente llena un abogado, con testigos y con especificaciones que da la persona, o testamentario (similar al *living will*), y en donde se designa a quien o quienes se convierten en herederos universales. Hay que guardar una copia en un lugar seguro y, por supuesto, hacer saber a por lo menos a dos personas cercanas que ese documento existe para que, llegado el momento, se haga el reparto de la herencia.

Preguntas sobre el Testamento

Herederos o Representantes Personales

Hay que entender claramente una de las partes esenciales del testamento. Con un documento como éste, donde se nombra a un heredero como el representante legal y personal del difunto (*Personal Representative*), se le está dando todo el poder legal para vender o disponer, tanto de bienes como de objetos personales, sin requerir de la orden judicial dictada por una corte. Por tanto, este nombramiento es el más difícil de tomar. En este punto la decisión debe basarse en la conducta que el heredero tomaría llegado el caso, es decir, cuando deba disponer de la herencia que se le ha otorgado. En caso de que el representante legal y personal no pudiera cumplir sus funciones por muerte, enfermedad o incompetencia legal, entonces entraría en su lugar un segundo heredero llamado representante personal alterno (*Alternate Personal Representative*), que tendría, por supuesto, todas las ventajas y obligaciones del primer representante.

¿Cuánto Cuesta? ¿Qué se Necesita?

El testamento, usualmente y dependiendo de lo complicado que es por los bienes y repartos, puede tener un costo por lo menos de $400. Por supuesto, existen formatos estándar de testamentos que se compran en las papelerías por menos de $30 para ser llenados por uno mismo. Siendo parte importante de su vida la que queda plasmada ahí, personalmente le recomiendo no tomar riesgos y acudir a un profesional que se encargue de los detalles, ya que ellos conocen dichos documentos mejor que nadie. Para hacer un testamento no hay más requisitos que identificarse con un documento legal, como puede ser el pasaporte o la licencia de conducir, y dependiendo del estado donde se haga, por lo menos se necesitan tres testigos.

Cláusulas Indispensables

Aquí es donde surge otro punto vital del testamento. Se debe ser específico en cuanto a cualquier circunstancia que le preocupe y que cualquier buen abogado debe incluir. Por ejemplo:

A. Cómo se pagarán las deudas que existan en el momento de la muerte.
B. Cómo se pagarán los funerales.
C. Debe existir una lista de objetos personales que se quieran heredar a amigos y familiares en particular. No los deje sin especificar, pues esto producirá roces y problemas más grandes después de su muerte.
D. En qué porcentaje se repartirán los bienes, seguros de vida, etc.
E. En caso de que algún (alguna) heredero (a) muriera, ¿a quién se le heredaría su parte?

Disposiciones Finales

Esta es la sección donde un testamento sirve para transmitirles a sus herederos muchísima información. En las películas (especialmente en las del Cine de oro mexicano) el testamento se leía en una cita oficial con notario al frente, donde toda la familia se encontraba reunida y donde usualmente el muertito dejaba cartas dirigidas a los familiares. Eso lo hemos visto en cientos de películas. En la vida real (a menos de que se haya especificado una lectura con esas condiciones) la situación es diferente. En esta sección de mi testamento yo tengo tres requerimientos que son de suma importancia porque me preocupan, aunque me he dado cuenta que son muy comunes:

A. Si algún pariente o persona conocida o desconocida para mí, en algún momento después de mi muerte llega a reclamar una parte de lo que yo dejé, he incluido una cláusula especial (recomendada por el abogado Soto) para que a esa persona o personas, únicamente, y como deseo expreso dentro del

testamento, se le o se les entregue sólo ¡UN DÓLAR!
de mi herencia, y nada más.

B. Como me preocupa que me dejen enterrada en un
panteón lejano y nadie me visite, entonces he
instruido a mis hijas para que me sepulten en un
lugar céntrico con acceso fácil para que amigos y
familiares puedan irme a visitar al cementerio sin
excusas, ni pretextos.

C. Por supuesto, como amante de los animales, mi
tercera disposición es que mis hijas se encarguen y
cuiden de mis amados gatos y perros para que puedan
vivir en paz y tranquilidad hasta que mueran de
forma natural.

Sin cumplirse estas condiciones, nadie entra en poder de mis
bienes.

¿Cuántos Testamentos se Pueden Hacer?

Tantos como usted quiera (y pueda pagar), teniendo en cuenta que
siempre uno, el último testamento en fecha, es el que generalmente
sustituye y elimina al anterior.

Cumplir la Última Voluntad

Fabio ya no tuvo vida para poder ver que, por encima de cualquier derecho legal que yo hubiera tenido como esposa, prevale-
ció primero la decencia y la moral con la que fui criada desde
pequeña, y segundo, estuvo por encima de todo también mi
enorme respeto por la decisión tomada por un ser humano al
borde de la muerte, fuera justa o no. Por eso, cuando Fabio deci-

dió que de sus propiedades a mí me correspondían sólo dos, y no la mitad, yo lo acepté. En vida me hizo las transferencias debidamente legalizadas, algo que debo agradecer a mi amigo el abogado José Izquierdo, quien personalmente fue al hospital a realizar todos los trámites y, posteriormente, se encargó de las inscripciones para tener todo en regla.

Antón Cumplió con Su Padre y Conmigo

Si yo cumplí como esposa, quien también tiene el mérito inmenso de haber honrado la memoria de su padre para conmigo es sin lugar a dudas Antón, mi hijo. Entre nosotros no hubo ningún momento de mezquindad, sino todo lo contrario. De la misma forma en que siempre que lo requirió tuvo mi consentimiento para disponer de propiedades personales de su papá sin cuestionar nada, igualmente debo agradecerle que haya sido justo en las cosas que no se encontraban especificadas en ningún documento, (y que por supuesto que pudo haberse desentendido de ellas). Sin embargo, la calidad moral de Antón estuvo también por encima de cualquier otra cosa, y preocuparse por mí incluyó no dejar pasar por alto una importante suma de dinero que yo había pagado en gastos de Fabio hechos durante todo el tiempo de la enfermedad, y que con una gran nobleza me reintegró en su totalidad.

A Dios gracias, todos los involucrados en la muerte de Fabio ya sabíamos lo que habíamos sufrido por todo lo demás como para causarnos más daño innecesariamente, de manera que ni por un solo instante hicimos otra cosa más que mantenernos unidos. Así que si no quiere problemas, no deje al azar algo tan importante como el testamento. Pero no se equivoque, porque historias como la mía no son comunes. En su gran mayoría los escándalos dan "tela de donde cortar" y si lo duda, sólo recuerde a Celia Cruz, a María Félix, a Cantinflas, y espántese de lo que le puede suceder a usted, no importa si tiene poco o mucho. Actúe, hágalo en vida, porque una vez que la muerte llega, ¡ya nada se puede componer!

14

De Funerales y Luto…
¡Que Viva Cuba Libre!

El funeral de Fabio fue exactamente el que él hubiera querido: una fiesta donde mucha gente famosa fue a verlo. Ese fue mi mayor regalo para él y, a pesar del escándalo y demás, mis amigos no dejaron de ir a verme para estar un momento conmigo. Y amigos, estuvieron todos sin importar en qué cadena de televisión trabajaban. Fueron lo mismo aquellos de mi anterior casa, Univisión, como mi familia de Telemundo encabezada por su Presidente y su esposa, Don y María Browne, y por Mabel y Jorge Hidalgo, éste último, autor de muchos de mis cambios laborales. Estuvieron todos como me reseñara después en su muy especial estilo, Catriel Leiras, mi maquillador y confidente, "Chica, ese fue el velorio del año. Hubo un momento en el que aquello parecía la alfombra roja de un evento de farándula. No faltó nadie… las coronas de flores que llegaban, cada una era más grande y más bonita que la otra, parecía una carrera para ver quién enviaba la mejor."

Hubo un momento en que José Díaz-Balart, el más político de la dinastía de congresistas de su familia, se dio cuenta que en la capilla al lado de la de Fabio había otro difunto al que estaban velando y que, prácticamente estaba solo, porque los que habían ido a verlo se habían pasado a ver los personajes famosos que llegaban a darme el pésame. Entonces José, con su clásica simpatía, fue al lado a saludar a la única persona que estaba acompañando al anónimo difunto y le pidió disculpas, pues lo habían abandonado por la farándula televisiva. En fin, aquello fue el evento del año y, sobre todo, si te pones a ver bien, eso es lo que Fabio hubiera querido. Un velorio que pareciera una fiesta.

Yo, por supuesto, estaba en Babilonia, perdida como en una nebulosa porque desde la madrugada de ese 18 de octubre, después de que Fabio muriera, me mantuvieron con pastillas de forma que pudiera soportar ese último capítulo de la tragedia. Mi suegra Adys estaba igual que yo. Por supuesto que para que pudiera perderme en la nebulosa del duelo sin mayor preocupación de los trámites, Elma Martínez, mi amiga y administradora, desde el momento en que los doctores nos advirtieron que el final estaba cerca, se dedicó a hacer por mí esas dolorosísimas gestiones, que más vale que se hagan con anticipación. Los tragos más amargos son los preparativos para cuando alguien va a morir. La paradoja es que en la mayoría de las ocasiones son arreglos similares a los que se hacen cuando va a nacer un nuevo miembro de la familia.

Funerales

Afortunadamente Fabio y su hermana Yuyita (no para ellos, sino para la eventualidad de que fallecieran sus padres) hacía años habían comprado los servicios funerarios a futuro, como debe ser: a una empresa seria, bien establecida, que no dio pie para sorpresas y cumplió en el momento en que se la necesitó. Por el contrario, al Memorial Plan de Miami le debemos tanto la familia Fajardo como yo, un servicio inmejorable. Cumplieron lo que prometieron, y realizaron los funerales tal y como se los pedí: en veinticuatro horas. Tal y como aseguraron en el momento de sellar la transacción, no hubo mayores gastos que los que ya habían pagado y, por supuesto, todo se llevó a cabo sin contratiempos. Aunque cabe aclarar que en esto Elma Martínez también llevó gran parte del crédito, porque al momento cumplió con todos los requisitos que se le pidieron, lo mismo si se trató de papeles o de algo más triste.

El Último Vestuario

Cuando en enero de 2005, mi entonces compañera de Univisión, la periodista Edna Schmidt perdió a su novio y yo llamé a darle el pésame, Edna, una mujer dueña del control de sus emociones, se encontraba notablemente agobiada y me dijo, "Estoy en la funeraria. María Antonieta, haciendo trámites que nunca debí haber hecho a nuestra edad. Ambos estábamos planeando nuestra boda, y en vez de eso, hoy estoy aquí en los detalles de su velorio. Acabo de escoger las flores... esto es algo tan triste que nunca soñé hacer."

Aquella plática con Edna había resonado en mi inconsciente durante toda la enfermedad de Fabio. Si en todo ese tiempo tuve miedo de enfrentar algo, sin lugar a dudas fue ¡el momento en que muriera y yo tuviera que organizar su funeral y despedirlo físicamente! Gracias a Dios que Elma y Antonietta, sin decir nada, pensaron en todos los detalles que de otra forma yo hubiera tenido que cumplir. Días antes ellas, habían llevado la ropa con la que Fabio vestiría en su funeral.

"Yo lo hice," me dijo Antonietta, "porque no quería que ni tú ni Antón o Tía Yuyita y Jorgito pasaran más dolor. Sabía lo presumido que siempre fue, y entonces supe qué traje le hubiera gustado vestir para irse para siempre."

Esto también lo agradezco con toda mi alma porque es un momento extremadamente doloroso para una esposa, madre, hijo o hermana de un difunto. Debe asegurarse de antemano de que alguien se encargue de ello para evitar más tristeza que la que ya está enfrentando.

Morir en Casa o en un Hospital

Fabio no quería morir en casa, eso siempre lo tuve claro. Él quería morir, de ser posible, en el hospital donde le evitaran el sufrimiento. Esta es otra de las grandes decisiones que deben tomarse "en frío," es decir, de ser posible, teniendo en cuenta los deseos del paciente y, por tanto, haciendo los preparativos de antemano y no de último momento o al azar, ya que hay "otros" detalles desconocidos con los que hay que lidiar. En el caso del fallecimiento en un hospital de los Estados Unidos, eso evita traumas a la familia, puesto que el trámite de procesar y enviar el cuerpo a la morgue para la certificación de defunción y la liberación para entregarlo a una funeraria es más rápido, y se hace sin que ningún pariente esté presente. Es más, inmediatamente después de la muerte, se permite a los familiares despedirse del difunto y éstos deben marcharse en seguida para que el cuerpo pueda ser retirado de la habitación, momento en el que únicamente debe estar presente el personal del hospital. La funeraria, que con anticipación es avisada, se encarga del resto del procedimiento para preparar los servicios fúnebres. Así, los deudos no padecen mayores sufrimientos. Pero si el deceso no ocurre en un hospital o en un sitio autorizado por el Sistema de Salud de los Estados Unidos como son las Casas de Ancianos, los hospicios, etc., todo es diferente.

Cuando Sucede en Casa

Cuando la muerte ocurre en el domicilio de la persona, las cosas son dolorosas porque hay que cumplir con varios trámites burocráticos que pocos explican, y aún menos conocen. Primero, y de acuerdo a la ley, hay que dar parte a la policía, y esperar a que llegue a casa a certificar la defunción. Lo mismo debe hacer el médico que está atendiendo al paciente que ha muerto (lo que usualmente no es un trámite rápido). Una recomendación: pídale al médico que lo ayude para que, llegado el momento, complete el requisito lo más pronto posible. Debe tenerse en cuenta, además, que sin la certificación de la policía y la del médico ninguna funeraria puede remover el cuerpo del domicilio para llevárselo a sus instalaciones. En general, todo el proceso para trasladar un difunto en tales circunstancias que muere en casa a la funeraria toma un promedio de cuatro horas, en las que el cuerpo tiene que permanecer en el sitio donde falleció, con la familia usualmente alrededor.

Olivia Vela, a quien conocí en los primeros días de mí llegada a Telemundo, al igual que a su jefe, Manny Fernández, ha sido el gran apoyo para mis proyectos en *Cada Día*. Y desgraciadamente toma parte en esta historia porque sabe lo que es el martirio de un ser querido que muere en casa. Además de nuestro trabajo, a ambas nos unía una tragedia, de manera diferente pero con el mismo común denominador: nuestros esposos enfermos de cáncer. Al igual que a Fabio, a Julio Vela, esposo de Olivia, se le había diagnosticado cáncer en el colon con cuarenta años. Julio Vela luchó y sobrevivió a la enfermedad por ocho meses, y por decisión propia quiso morir en su casa en el sistema de *hospice* que expliqué en un capítulo anterior.

Este es el recuento de Olivia.

"Cuando llamé a *hospice* para avisarles que Julio, el paciente que ellos supuestamente estaban atendiendo, finalmente había muerto, me preguntaron, '¿Y cómo llegamos a su casa? Necesitamos instrucciones. Estamos en Dallas.' ¡Qué horror de que sea así! Se acaba de morir tu esposo, la primera llamada que haces es para ellos, para que lleguen a hacer su trabajo, ¡y para lo que menos tienes cabeza es para dar instrucciones de cómo llegar a tu casa! Julio murió a la una de la mañana y una hora después, cuando finalmente se presentaron los de *hospice* en casa, fue cuando lo declararon legalmente muerto. Eso es algo que yo no sabía, que a una persona lo declaran muerto a la hora en que se presentan las autoridades, no a la hora en que falleció. Datos como estos sólo se aprenden cuando suceden las cosas, aunque lo mejor que me había pasado es que mis amigas investigaron esa semana antes de que mi esposo muriera todos los trámites que había que hacer, de manera que cuando falleció, por lo menos supe a dónde llamar, y tenía a mano una lista de teléfonos que la mayoría de las personas no saben que deben conocer. En fin, sin la cabeza fría de mis amigas esos momentos habrían sido terribles para mí. Imagínate que con mi marido muerto en la recámara, hubiera tenido que ponerme a investigar cosas que nadie nos informa con claridad, por lo menos a los hispanos no nos llega esa información , no sé por qué razón."

Por todo esto, si la decisión del enfermo es morir en casa es importante preguntar e investigar los detalles para evitar aún más dolor y confusión.

¿Incineración o Sepultura?

Entre esos trámites que deben discutirse ampliamente y con anterioridad, el de la sepultura es otro que no puede dejarse pasar. En el caso de Fabio, el paquete que ellos habían comprado era para cremación, así que no había ni que discutir. Él quería eso para sus padres y como incluía todo para cuatro funerales, estaba claro que uno de esos funerales era para él.

Yo en cambio siempre le dije que cuando muriera me enterraran completita, "Yo voy a dar lata hasta el día en que me muera. Al igual que mi comadre Josefina Melo, a mí me tienen que pasear en la carroza por varias calles de Miami antes de llevarme a la tumba. Me gustan la calle Ocho de la Pequeña Habana y la calle Treinta y Dos del Southwest, que han sido mi vecindario por años."

Fabio se reía con mi explicación del por qué de semejante deseo.

"Antes pensaba que yo tenía que descansar para siempre en el panteón de Veracruz, la ciudad donde nací y donde se encuentran sepultados mis amados abuelos paternos. Junto a ellos había querido estar toda la vida, pero resulta que un buen día me puse a reflexionar sobre todos los muertos abandonados, porque las familias no pueden ir a verlos, ¡y me di cuenta que simplemente por la distancia entre México y los Estados Unidos yo sería una más de esa larga lista! Nada de eso, ¡que va! Así que abandoné la 'ideíta' esa del entierro en Veracruz, y decidí que el mío deberá ser en Miami.

¿Qué mejor lugar para un alma tropical como la mía? A fin de cuentas, los Estados Unidos es mi país, el país que me ha abierto las puertas, entonces ¿por qué irme a otro sitio a descansar para siempre? ¡No y No!"

Lo que no había tenido en claro era el asunto del entierro o la incineración.

Cuando en septiembre de 2004 murió mi papá en la Ciudad de México, la incineración fue lo más práctico y rápido. Fallece una persona, la velan en la funeraria, y después, en lugar del cementerio la llevan al crematorio, y ahí mismo es incinerada mientras los familiares esperan dos horas en una sala contigua. Terminado el proceso ahí mismo se entregan las cenizas y ¡se acabó! Por esto, y porque es muy barato en comparación con un entierro que cuesta miles y miles, es que la cremación es una medida que ha ganado popularidad sobre todo en América Latina, donde es una práctica extendida de la que yo era partidaria... hasta que murió Fabio.

En los Estados Unidos es totalmente diferente, y dependiendo de las leyes funerarias de cada estado, el procedimiento puede resultar doloroso para muchas personas. Ese fue nuestro caso.

En la Florida, por ley, la incineración de un cuerpo debe esperar por lo menos diez días para realizarse. Durante ese tiempo, el cuerpo permanece en un congelador y luego es descongelado para incinerarlo. Después llega el momento de recoger las cenizas y depositarlas donde se desee, o bien en el panteón, o en cualquier otro sitio permitido, o simplemente disponer de ellas lanzándolas al mar o en tierra, de acuerdo a los deseos del fallecido, lo cual viene a ser un segundo funeral.

Para mí era doloroso imaginar a Fabio en un congelador donde esperó los diez días para ser cremado, y después volver a vivir el dolor en el momento en que me entregaron las cenizas fue insoportable. Casi dos semanas después de haber muerto, de nuevo viví la tristeza de otro funeral, está vez en privado, y que reabrió las dolorosas heridas que ni siquiera habían comenzado a cerrar. Antón, Yuyita, Jorgito sobrino, Raymundo mi hermano y yo acompañamos sus cenizas hasta el nicho donde descansa. Por situaciones como esas, que duelen y que muchos ignoran, es que hay que evaluar cui-da-do-sa-men-te los funerales.

Un entierro es algo controlable, es decir, dependiendo del protocolo que se quiera seguir, los familiares deciden qué y cómo hacerlo. Generalmente se expone el cuerpo, se vela una noche y al día siguiente se sepulta. Se puede hacer de inmediato, o se puede hacer como se acostumbra en los Estados Unidos, es decir, con un período de espera de por lo menos tres días.

En el caso de la cremación, no olvide todos los detalles que he narrado, y si éstos no le representan un dolor que no pueda soportar, ¡adelante! Lo único que hay que tener en cuenta siempre es la voluntad del que se ha ido.

"Para mí la cremación," dice Olivia Vela, "fue una caja de sorpresas. Hasta que no se termina el funeral uno no asimila, AUNQUE SE LO HAYAN DICHO ANTES, que al terminar las horas de velación del cuerpo, entonces se llevan al ser querido al congelador a esperar el tiempo legal para incinerarlo. Además, en mi caso, el proceso fue aún más largo por razones personales: una cosa es aceptar la cremación y otra el tener que ir nuevamente a la funeraria a recoger las cenizas. A mí, a diferencia de muchos, me tomó seis meses asimilar el dolorosísimo proceso de tener que ir a recoger lo que quedó de mi esposo, lo que sin lugar a dudas es un segundo funeral, sólo que con gente más cercana, y más privado, pero tan doloroso o más que el primero. Y uno no se da cuenta hasta ese momento, porque con el tiempo tu crees que las heridas van sanando y de pronto te das cuenta finalmente que no, que eso no es cierto, porque te enfrentas de nuevo a verlo convertido en cenizas, y todo es como si hubiera acabado de suceder. Sin embargo, con todo y eso, soy partidaria de la cremación. Ya compré el nicho junto al de Julio para que podamos estar juntos, de no ser así, ¿dónde íbamos a estar? ¿Él por un lado y yo por el otro? ¡No!"

¿Cuánto Tiempo de Luto?

Eso sí que es de acuerdo a cada cual. Lo único cierto es que el luto se lleva realmente por dentro. Personalmente, el negro me ha acompañado durante un buen tiempo luego de la muerte de Fabio. ¿Por qué? No lo sé. Me siento a gusto con él. No me apetecían dos cosas: ni vestirme alegre y colorida ni escuchar música. Esta última me provocaba una ansiedad terrible. Sólo el tiempo ha ido disipando todo aquello que me produce un sentimiento de pérdida. Sigo vistiendo de negro, pero lo hago menos, y ya comienzo a salir a algún sitio donde hay música. Pero lo cierto, y lo que aprendí con creces, es que cada cual lleva el luto como mejor le sienta, y si la forma es con bombo y platillo, ¡bienvenido sea! que eso nunca significará que no se quiere al que se fue para siempre, ni mucho menos.

Simplemente, que cada quién debe decidir cómo y hasta cuándo estar de luto. Es algo muy personal.

Olivia Vela, mi amiga viuda a los 32 años y con un hijito de dos años, continúa contándome, "Yo guardé luto riguroso un mes, y ya después de ese mes, poco a poco lo dejé, aunque el negro es un color muy importante en mi guardarropa. No me visto con colores vivos, como lo hacía antes, porque es de acuerdo al ánimo de quien está viviendo el dolor. Y más que nada, para lidiar con el luto, me mantengo muy ocupada trabajando, viajando y también muy ocupada con la vida de mi hijo, que se quedó sin su padre de muy pequeñito. Al principio no podía escuchar música, aunque no fuera la que escuché con mi esposo, sino porque las letras me hacían llorar, pero poco a poco he ido mejorando. El luto y la forma de llevarlo es algo que decide cada quién a su manera. ¿Cómo lidiar con todo lo demás que me quedó sin respuesta? Eso es un sentimiento que poco a poco iré venciendo, lo demás el tiempo lo dirá."

¡Que Viva Cuba Libre!

Finalmente no puedo pasar por alto la inscripción de la lápida en el cementerio, algo que tiene que tomarse en cuenta y que quedará ahí por siempre. Un día, platicando de funerales con Guillermo Santa Cruz, Vicepresidente de Telemundo, y con Vivian Arenado, ejecutiva de la cadena y amiga de muchos años, ella nos contaba lo que les había sucedido al morir su mamá.

"Nosotros decidimos que fuera lo más sobrio y elegante posible. Una lápida con mármol y su nombre y fecha de nacimiento y muerte. Nada más. Y así ha estado durante años. Pero resulta que de un tiempo a la fecha, las inscripciones alrededor de las tumbas han cambiado tanto que en una ocasión visitando el cementerio uno de mis hermanos dijo: '¡Hay que ver lo que la gente pone a los muertos! ¡Les ponen de todo!'"

¡Upps! Me quedé callada sin decir nada.... porque yo soy una de esas, que (perdón Vivian) he ido a terminar con lo elegante y sobrio de los paisajes. Tienes razón, pero a mí no me quedaba de otra.

El mismo día en que, en compañía de mi hermano Raymundo—la mano que me sostuvo siempre en todo el proceso—, me entregaron las cenizas de Fabio allí en las oficinas del cementerio, la persona que nos estaba ayudando extraordinariamente me dijo que debía escoger la inscripción para el nicho porque esas eran las reglas del lugar.

"Le puede poner, por ejemplo, 'Te recordaré por siempre,'" me explicaba.

"¡Ay! No, no, no," le respondí en seguida. "No señora. ¡Si lo que menos quiero es recordar todas las porquerías que me hizo!"

Mi hermano Raymundo me miraba incrédulo, mientras la señora prefirió no darse por enterada de esa tragicomedia y seguía dando opciones, "Bueno, quizá quedará mejor 'Padre y esposo ejemplar.'"

"¿Que Queeeeeeeé?" exclamé. "No, no. Nada de eso. Fabio fue buen padre, pero, ¡qué va! ¿Quién puede ser esposo ejemplar luego de casarse con otra estando casado conmigo? ¡No y no! ¡Eso no!"

Mi hermano aguantaba la risa mientras escuchaba la última sugerencia, "¿Qué tal esta otra? 'Juntos en la vida y en la muerte.'"

"¡Mucho menos!" le dije. "Si le 'aguanté' lo que nadie más le hubiera 'aguantado' en vida, ¿usted cree que quiero 'aguantárselo' por toda la eternidad? ¡Ni Dios lo quiera!"

Como el tiempo corría y era la hora de poner las cenizas de Fabio en el nicho, la muy cariñosa señora, entendiendo lo que yo vivía, me sugirió entonces esperar un par de días para pensar bien lo que se iba a inscribir en la lápida. Le dije que así lo haríamos; sin embargo, la frase llegó más pronto de lo que pensábamos. Luego de la misma ceremonia con las cenizas, mientras yo las ponía, decidí que bajo su inscripción, la mejor oración rezaría, "¡Que Viva Cuba Libre!" ¿Por qué? Bueno, porque ese fue el brindis el día que nos casamos. Porque ese fue el motivo por el que Fabio huyó de Cuba remando en una balsa, buscando libertad como ser humano. Entonces, de haber podido escogerlo a tiempo, eso es lo que él hubiera querido, estoy completamente segura. Consulté con Antón y Yuyita y Jorgito, estuvieron de acuerdo... y fue lo que quedó en su tumba para siempre.

Fabio Orlando Fajardo Estrada

27 de julio, 1954—18 de octubre, 2006

¡Que viva Cuba libre!

Y así se lee en el panteón. Aunque pido perdón a los demás vecinos del cementerio, ¡porque con esto les arruiné el paisaje!

15

Lidiando con "La Doble Vida"

Aceptar que Fabio en realidad vivió "una doble vida," desde que se enfermó y se descubrió su infidelidad hasta que finalmente murió, fue lo más difícil y me tomó tiempo... mucho, tanto como el tiempo que ha pasado desde que se fue. Primero, no me daba cuenta de que había sido así, que no había sido una simple infidelidad como él repetía hasta el cansancio.

"Para mí esa mujer fue algo que no tuvo trascendencia, no importa lo que yo haya hecho, aunque me metiera en una iglesia en aquella farsa," me dijo Fabio una vez. "No fue alguien importante para mí, porque de haberlo sido, aquí estaría conmigo, pasara lo que pasara. Al fin de cuentas ya nos habíamos casado, ¿no? ¿En dónde se encuentra? ¡En ningún lugar de mi vida!"

A pesar de esa explicación que me repitió sin cansarse, aceptar "la doble vida" era algo que yo no quería hacer porque dolía; y finalmente, con terapia, y sobre todo con ganas de dejar atrás el pasado, un día tuve que decirme, "Sí. Sí lo hizo. Fabio, como muchos, vivió una 'doble vida' a pesar de que evitó que yo lo supiera. Pero lo hizo."

Si algo me avergonzaba no era ni siquiera el asunto de los "cuernos" o "tarros" (que a todas nos pasa) sino que él había estado viviendo vidas paralelas, tal y como miles de hombres lo hacen y por mi parte, yo estaba pasando este mal trago aún peor que miles de mujeres que se lo tienen que aguantar a solas porque son anónimas: lo mío era público, y el precio que tuve que pagar fue terrible. En el equipo de *Cada Día* la infidelidad y la tragedia de Fabio fueron por supuesto el pan diario de sus conversaciones durante muchísimos meses. Con las miradas, cuando entraba a la redacción, adivinaba de qué estaban hablando. ¡Por supuesto que era de mí, y del capítulo del día de mi 'telenovela personal'! Claudia Foghini, entonces productora, controlaba al ejército y me decía, "No hagas caso MAC, no lo hagas. Esto es una pesadilla que también tendrá que pasar."

Durante mucho tiempo evité saber lo que pensaban, porque estaba empeñada en salvar a mi esposo, pero apenas pude por supuesto que me dirigí a quien yo sabía que sí me iba a responder: Diana Montaño, periodista mexicana de Coatzacoalcos, Veracruz, quien es mi paisana no sólo de ciudad, sino también de escuela donde ambas estudiamos, claro, yo muchísimos años antes que ella, y donde ambas compartimos los mismos maestros. Diana, como todos los demás, estaba con la boca abierta porque recién se había sabido que Fabio, estando casado conmigo, se había casado por la Iglesia con otra mujer. Por tanto, yo era la comidilla de los programas locales de televisión de Miami y de las revistas nacionales de espectáculos. Al verla, sin más, veracruzanas las dos, y sin rodeos, de frente le pregunté, "¿Qué piensas?"

"¿Quieres la verdad?" me contestó honestamente.

"Sí, Diana, dime qué piensas."

"Mira, yo entiendo que mi madre se lo haya aguantado, pero tú ¿por qué? No lo necesitas, eres una mujer fuerte, independiente, con dinero. ¿Qué onda? No puedo entender que María Antonieta Collins, una mujer que todos los días hace un programa de televisión que aboga por la mujer, esté tolerando esa situación. Cómo puedes decirle a la televidente: lucha por ser feliz, defiéndete, no te dejes... ¿cuando tú misma estas aguantando una traición? Si me hubieran preguntado antes de todo esto si creía que tú soportarías una traición de ese tipo, yo hubiese jurado que NUNCA. No eres del tipo de mujer que se aguanta algo como eso. Lo más sorprendente es el cuidado que tienes con Fabio. Honestamente no entiendo por qué lo tienes en tu casa o por qué estás con él en el hospital. ¡Que lo cuide la 'pinche' vieja con la que te engañó, y si ella no quiere hacerlo, entonces que lo cuide su familia! ¿Por qué tú? ¡Córrelo de tu casa!

"Ya lo hice, Diana," le expliqué. "Le pedí que se fuera, creyendo que era lo que él quería, pero me dijo claramente que no se va a ir, porque no me quiere perder."

"Sácalo... mándaselo a la otra."

"No lo voy a hacer por muchas razones. Una, porque se está muriendo, y dos, porque a pesar de todo lo quiero y no lo vas a entender porque estás joven y nunca has vivido algo así."

Mi respuesta la calló.

"¿Lo quieres?" me preguntó.

"Sí, y éste es el momento de probarlo. Y yo te pregunto, ¿no querrías tú a tu marido, aunque te rompiera el corazón? ¿Aunque te partiera el alma?"

"MAC," me dijo, "en realidad no alcanzo a comprender por qué lo perdonaste. Aunque estoy tan confundida como tú. Lo re-

cuerdo siempre pendiente de ti y de tus cosas. Lo recuerdo llevándote al estudio de *Cada Día* aquel inmenso ramo de rosas el 14 de
febrero de 2006... ¡cuando sólo faltaban once días para que se casara con la otra! Y entiendo menos. Pero quizá al igual que muchas
mujeres que tienen más éxito que su pareja, tú sientes que de alguna
manera con todo tu éxito provocaste lo que pasó. Tal vez, tienes
razón y perdonarlo es cuestión de pensar en el tiempo que estuvieron juntos y felices y ese, como nos consta a muchos, supera con
creces el daño que te hizo; o tal vez es una cuestión de humanidad,
porque si no eres capaz de abandonar a un gato perdido y por eso
tienes tantos, entonces, ¿cómo podrías echar a la calle a un hombre
gravemente enfermo y con el que fuiste feliz? Sólo tú lo sabes."

Diana calló por unos momentos. Nos miramos a los ojos, y
sólo me pudo decir, "Lo siento muchísimo."

La vehemencia de Montaño me llamó la atención sobremanera, porque, por lo menos ella era sincera y me decía lo que estaba
pensando, mientras otros y otras callaban y "secreteaban" a mis
espaldas. Tiempo después supe que Diana era una víctima más de
lo que es que un hombre tenga "una doble vida": lo vivió con su
padre, y cuando escribí este libro, ella decidió abrir su corazón y
contar su experiencia. Para quienes se encuentren en este caso, esposas e hijas e hijos: sepan que no están solas y que, como todo en
la vida, esto también se puede remediar.

ACEPTAR LA DOBLE VIDA
(por Diana Montaño)

Todos los hombres de mi familia han sido infieles. Todos lo han
sido, pero ninguna de sus mujeres los ha dejado, mejor dicho nin

guna "los había dejado," porque la primera divorciada desde que mi familia existe fue mi mamá. Antes nadie lo había hecho, a pesar de todo lo que mi papá le causó en tres décadas de matrimonio y de que siempre le fue infiel, mi mamá aguantó todo heroicamente. Siempre fue así.

La primera vez que tuve noción de lo que pasaba tenía seis años y él se largó con otra mujer. Después volvió a la casa y a los pocos meses ya estaba haciendo lo mismo, y mi mamá peleándole a cada rato porque él no llegaba a dormir. Así transcurrió mi infancia. Siendo ya adolescente, como de catorce años, un día yo iba caminando con una amiga por las calles de Coatzacoalcos, Veracruz, y de pronto vimos que él venía con una mujer de la mano. Yo le pregunté, "¿Quién es esta señora?" La mujer le soltó la mano y se fue. Y él me dijo, "No, no es nadie, es sólo una amiga mía, pero no le vayas a decir nada a tu mamá."

Y como nunca antes, en ese momento, sacó la billetera y me dio dinero para que me fuera con mi amiga a tomar unos refrescos. Obviamente, tomé el dinero, me fui con mi amiga a tomar los refrescos... pero también se lo dije a mi mamá.

Ella se enojó terriblemente con él, como siempre sucedía, pero nunca pasaba nada; lo perdonaba, bueno, no sé si lo perdonaba, pero el asunto es que del tema no se volvía a hablar, mientras él seguía con sus actividades "clandestinas" sin que nada lo detuviera.

El Rencor de los Hijos

Durante mucho tiempo le tuve mucho rencor a mi papá a pesar de que yo lo quería y de que él era muy cariñoso conmigo. Finalmente se divorciaron a los treinta y tres años de casados y a mí me tomó mucho tiempo aceptar que mi papá no me gustaba como persona a pesar de que lo quiero como mi padre. No estoy de acuerdo con la forma en la que ha llevado su vida. Y entonces, como siempre, dicen que los hijos somos como son los padres. Yo rechazo eso. Desde el divorcio de mis padres y de su partida de la casa comencé a aceptarlo, porque en definitiva ya no estaba haciéndole daño a ella. Quizá ahí fue cuando el rencor que yo guardaba en el inconsciente comenzó a disminuir, pero eso no significaba que hubiera sanado.

Lo Impensable

Mi mamá se divorció de él, de manera que mi hermana y yo pensamos entonces que él se casaría, o por lo menos se iría a vivir con esa mujer con la que había llevado la doble vida ¡durante once años! Sorpresa. ¡No lo hizo! Además, las cosas para mi papá no eran de "doble vida" sólo con una, pues ¡también a ella, a la "querida," le puso "los cuernos" con otras "noviecillas," como él las llamaba! Finalmente, no hizo nada en concreto con esa mujer, y como él mismo lo reconoció, perdió su casa y su familia. Y lo peor es que a menudo dice que con la única mujer con la que él volvería a vivir y se casaría sería con mi mamá. ¡Ni Dios lo quiera!

¿De Quién Es la Culpa?

Aunque cada caso es diferente, pienso que en el nuestro la culpa fue de mi mamá por haber soportado tanta humillación que no se merecía. Ella vivió malos tratos emocionales, pues aunque mi papá nunca la golpeó, sus acciones y comportamiento eran peores que si lo hubiera hecho. Él simplemente no respetó la casa ni su mujer ni sus hijas ni nada. La "otra" mujer, porque mi papá lo permitía, llegó a un límite de desvergüenza tal que un día tuvo el descaro de llamar a nuestra casa. Mi mamá contestó la llamada y por la extensión del teléfono, mi papá le decía ¡que colgara el teléfono, porque él tenía que hablar con la mujer esa! Mi mamá creyó que le iba a dar un ataque al corazón. Ese día decidió divorciarse, y al día siguiente buscó al abogado que lo hizo. Dolorosamente, mi mamá comprendió entonces que la culpa de todo lo que mi papá hacía era solamente de ella, y que en ella estaba la solución. Me di cuenta de que cuando los límites llegan, importa poco lo que se haya pensado toda una vida: que no se divorcian "por la cruz que se carga," "por los hijos" y por lo que sea. A mi mamá le tomó treinta y tres años darse cuenta, pero finalmente lo logró.

¿Por Qué No lo Dejaste Antes?

Cuando le preguntábamos eso a mi mamá, siempre tenía varias respuestas, "porque es mi cruz," "porque me casé para siempre," "porque es pecado," "porque es su padre," "yo puedo encontrar otro marido, pero ustedes no van a tener a su padre."

Así crecí, escuchando todas esas excusas que eran parte de una cultura que existía en muchísimas casas, pero que nadie reconocía tener en la suya, y las pocas que lo hacían contaban unas historias peores que la mía. Me decían, por ejemplo, que las "queridas de su papá" se aparecían en sus casas con hijos, exigiendo dinero. Al oír eso, ¡yo me sentía hasta bien! Y con una paz mental me repetía, "Ah, no. ¡Hasta ese grado no ha llegado mi papá! Él será lo que sea, pero no tiene hijos con nadie más. Hijas suyas, sólo mi hermana y yo."

El Tiempo Sana Todo

Cuando nació mi hija Ángela pude comenzar el proceso de curación. No he sanado, pero sé que durante tres años he estado lidiado con el caso de mis padres, desde que, con mi bebé en brazos, comencé a hacerme varias preguntas. "Yo que he juzgado tanto a mis padres, ¿qué tipo de madre voy a ser? ¿Haré yo lo mismo que mi mamá? ¿Sería válido que Angelita o Diego en su momento me recriminaran por algo semejante, tanto como yo lo hice con mi madre? ¿Qué haría si a mí me pasara?" Y mi respuesta aún es: no lo sé.

Cómo Lidiar con la Herencia de la "Doble Vida"

Todo lo que viví con mi papá engañando a mí mamá, por supuesto, lo hace a uno desconfiado. Y también, aunque yo me casé muy jovencita, en el momento de escoger a quien sería mi compañero de vida y padre de mis hijos, busqué a alguien totalmente diferente al patrón masculino con el que crecí en mi casa. He luchado mucho conmigo para que en mi matrimonio no me afecte lo que mi papá haya hecho ni en la crianza de mis hijos. En eso todo me ha salido bien y no tengo problemas. En lo que me ha afectado es en la relación directa que tengo con mi padre.

¿Cómo lidié con mi dolor? Alejándome de él, no siendo parte de su vida directamente. Simplemente o no hablaba con él, o hablaba lo mínimo. Después, cuando mis padres se divorciaron luego de los treinta y tres años de casados, él cambió totalmente con nosotros y lo hizo para bien. Nos llama muy a menudo. Siempre está presente para el nacimiento de los nietos, en los cumpleaños, cuando hay algún problema, y se ha involucrado más con nosotras, con mi hermana y conmigo. Pero ésta soy yo.

Mi mamá es punto y aparte en su proceso de salir adelante, después de haber sido valiente y de no pensar como lo hacen muchas: ¿Para qué lo dejo si ya pasó tanto tiempo así? ¡Por el contrario! Ella está contenta con la decisión de haberlo dejado y lamenta muchísimo el tiempo perdido, porque sabe que esos años no regresan; sin embargo, a diario tiene que trabajar en su autoestima. Me duele mucho cuando ella dice, "No fui suficiente mujer para retener a mi lado a un hombre, para sostener mi matrimonio... cualquier mujer era mejor que yo."

Hoy por hoy, ella sigue tratando de reinventarse, lidiando con sus fantasmas del pasado que le dicen que, a pesar de todo, dejar a mi papá no fue lo correcto. Afortunadamente tiene el apoyo de sus hijas. Es abuela, no tiene que hacer nada obligada. Viaja entre las casas de sus hijas donde es querida y recibida con mucho amor y donde tratamos de devolverle un poco la alegría que nunca tuvo. En mi familia nunca hubo varones, todas éramos mujeres, y de las dos hijas soy la primera en tener un varoncito, mi segundo hijo y el primer nieto de mi madre, quien un día, contemplándolo con todo su amor, me dijo, "Edúcalo para que nunca dañe a una mujer."

¿Valió la Pena?

Cuando platicamos, mi madre siempre asegura que de nada valieron los años en los que tuvo que lidiar con el alcoholismo y las infidelidades de mi papá. Sin embargo, y a pesar de que siempre se lo digo, hoy veo en la pluma con la que escribo y en las páginas de este libro la oportunidad de asegurarle a ella y a miles de madres como ella... que ¡VALIÓ LA PENA!

Mamá: ¡Claro que valió la pena lo que hiciste! Gracias a tu sacrificio ni mi hermana ni yo conocimos nunca lo que era vivir bajo la tutela de un padrastro. Tampoco tuvimos que llamarle papá a alguien que no lo era ni mucho menos sufrimos abusos. Ojo, no todos los padrastros son malos y muchos incluso llegan a superar a los padres biológicos por el amor a su pareja, pero creo que aplicaste el sabio refrán, "Más vale malo conocido... que bueno por conocer."

A pesar de todo, gracias a ti tuvimos una imagen paterna; no perfecta... pero real. Mi papá jamás nos maltrató físicamente y en realidad siempre fue muy juguetón con nosotras. Recuerdo cómo disfrutaba las pocas tardes de fin de se-

mana que él se quedaba en casa, y todos juntos veíamos una película de esas que pasaban en "El Canal de las Estrellas." ¿Te acuerdas?

Gracias a que fuiste capaz de jugar el papel de "víctima" en la novela de tu vida, nuestro padre estuvo con nosotros en los momentos importantes: graduaciones, cumpleaños, ceremonias. Con mi padre ambas abrimos nuestros bailes de quinceañeras y de su brazo caminamos al altar. No tuvimos que pedirle a ningún pariente que nos entregara a nuestros futuros esposos. Has sido lo suficientemente noble para evitar que lo condenemos y para pedirnos a mi hermana y a mí que lo llamemos el día del padre o en su cumpleaños.

Ahora que soy madre la forma en que manejaste sus errores toman una perspectiva diferente. Yo misma querría lo mejor para mis hijos, yo no querría que en una sociedad cerrada como en la que a nosotros nos tocó vivir en México se los condenara por ser hijos de "divorciados." No puedo asegurarte si haría lo mismo que tú, pero tal vez tus motivos pasarían por mi mente al tomar las decisiones. Como hija es fácil criticar el pasado, lo que no hiciste, lo que pudiste hacer. Pero reconozco que cuando estás en medio del huracán no sabes por donde te vienen los golpes; problemas económicos, familiares, emocionales. Sin embargo, cuando recuerdo tus sufrimientos, cuando "cargabas tu cruz," como tú dices, me pregunto si tal vez, no era necesario soportar la conducta de mi padre por tantos años. De una forma u otra saliste victoriosa y con vida por delante para disfrutar alegrías que te fueron negadas por amor a tus hijas.

Es fácil juzgar a la mujer que perdona al hombre que lleva una "doble vida." No se la baja de tonta y se usan otros calificativos peyorativos para describirlas. A veces decimos, "¡Qué poca mujer!" "¡Qué poca cosa se siente!" "¿Por qué lo aguanta?" "¡Qué poco se valora!" ¿Por qué si a veces esas mujeres toman el camino difícil, las condenamos con tanta vehemencia? Lo hacemos sin entender que lo que hacen es cuestión de manejarse con integridad, porque entienden que el amor NO ES PERFECTO y lo han aceptado a cambio de un alto costo de dolor.

> *Esas valientes mujeres no creen que haya que salir corriendo al enfrentar el primer problema (como es la moda ahora), porque saben perdonar, amar en plenitud y luchar por lo que para ellas vale la pena. O tal vez perdonan, porque creen en los principios religiosos, "Hasta que la muerte los separe," y no "Hasta que 'otra' los separe."*
>
> *Son muy MADRES. . . mucha madre; como lo fuiste tú. Gracias mamá. Sí, valió la pena.*
>
> *Sí, mami. Tu sacrificio, ¡sí valió la pena!*

Al escuchar su testimonio y leer su manuscrito, y compararlo con el que mi hija Antonietta ofrece más adelante, en el capítulo "Antón y Antonietta, El Dolor de los Hijos," me di cuenta que eran similares ¡en cuanto a lo que hicimos su madre y yo! No importaba la época, sino lo que no queríamos transmitirle a nuestras hijos. En lo que soy diferente a ella es en las circunstancias.

¿Por Qué Cada "Doble Vida" es Diferente?

Cuando me pongo a pensar en lo que pudo haber pasado si las cosas hubieran sido distintas, sé que mi comportamiento también lo hubiera sido. ¡Es el maldito "hubiera"!

Fabio regresó enfermo de cáncer y listo para morirse de un viaje de dos semanas, el que realizó supuestamente bueno y sano. ¿Qué hubiera sucedido si él hubiera vuelto del viaje sin ninguna enfermedad y yo me hubiera enterado de la "doble vida" que estaba viviendo? ¡Por supuesto que lo hubiera dejado!

¿Qué hubiera pasado si me entero que en ese viaje se había casado y se había ido de "luna de miel"? ¡Troya hubiera ardido!

¿Por qué habría que seguir viviendo con un hombre así?

A él le hubiera tocado ver cómo destruyó su vida mientras yo seguramente hubiera triunfado más y más, ¡por lo menos como ser humano! Sabía que esa mujer era sólo para el sexo y nada más, y que eso se acaba, y me lo dijo muchísimas veces antes de morir.

"Por meterme con esa mujer yo tuve el único grave problema con mi hijo que nunca aceptó 'la doble vida,' pero al que desgraciadamente yo lo entendí muy tarde, aunque no tan irremediablemente si tú me hubieras dejado. Eso quiero que lo tengas presente. Ni quise que te enteraras, ella no fue mejor que tú. El que tuvo la culpa de todo fui yo. No había que ser adivino para entender lo que pensaba una mujer veinte años menor que yo, que cuando el viaje, supuestamente de "luna de miel" y mientras yo estaba enfermo todo el día "tirado" en la cama con fiebre, encerrado en el hotel, ella se ponía la tanga "hilo dental" y se iba a la playa a divertirse. El estúpido fui yo. Pero eso se le acabó."

Por todo esto mis circunstancias fueron diferentes. A una pareja enferma o moribunda no se la abandona, a menos que eso sea lo que él o ella quieran. Pero en mi caso siempre estuvo más que claro que él nunca ni quiso que yo me enterara de su "doble vida" ni quiso dejarme. Punto.

"Usted hizo lo correcto," me aseguró la siquiatra Adela Camarotta, una gran profesional con práctica en Coral Gables, Florida, y a quien acudí en las peores horas de mi tormento. Con la doctora Camarotta aprendí muchas cosas.

"Hay casos de hombres que al llegar a la andropausia, es decir, la menopausia masculina, simplemente enloquecen ante el temor de envejecer," me explicó. "Probablemente usted se enfrentó con un caso de esos, pero siéntase bien que en su historia había que actuar como usted lo hizo mientras él estuvo enfermo. Así tuvieron que ser las cosas, con usted junto a él en su enfermedad sin tregua y estando juntos hasta su muerte. Pero si las circunstancias hubieran sido otras, es decir, si él hubiera estado sano, o si se hubiera mejorado, entonces seguramente usted hubiera tenido que dejarlo, porque como le repito las cosas circunstancias hubieran sido otras. De haberse mejorado hubiéramos tenido que retomar el tratamiento, porque, entre otras cosas, la confianza como pareja no existía. ¿Cómo volver a confiar en un esposo que fue capaz de llamar como si nada luego de haber salido de la iglesia donde se casó con otra? ¡Muy difícil! Pero con esa y muchas otras situaciones usted ya no tiene que lidiar, por tanto, queda todo en la utopía."

Utopía. Esa palabra que significa tanto y que, sin embargo, designa algo que no existe y me lastimó sobremanera. Con esa palabra, y lo que significaba, también tuve que lidiar. Pero para llegar a éstas y otras conclusiones mi recomendación es la siguiente: busque ayuda profesional. Sola no va a poder salir. Busque la ayuda donde sea, que siempre la hay. Y algo más: no tenga miedo a la palabra "siquiatra." Profesionales como Adela Camarotta son ángeles para ayudarnos a transitar los caminos dolorosos.

¿Existe una Medicina para el Dolor del Alma?

Tampoco se debe tener miedo a tomar medicinas recomendadas por un especialista.

Recuerdo que algunas personas malas que sabían que yo estaba tomando medicina para lidiar con la depresión "filtraron" esa información a programas de chismes y farándula, y a tal punto que hubo quien dijo en uno de esos programas que a mí y a otra periodista de televisión nos decían las "maracas," porque cuando caminábamos, el ruido de los frascos de pastillas que traíamos en el bolso hacían el ruido precisamente de ese rudimentario instrumento musical. ¡Habráse visto mayor infamia!

En primer lugar no era cierto, pero, de haber sido así, ¿qué tenía de malo tomar algo recetado por un médico? ¿Quién dice que antidepresivos, y todos los medicamentos para la ansiedad y angustia son algo que no debe aceptarse públicamente? ¡Al diablo! Entonces, ¿para qué existen?

A fin de lidiar con los síntomas que atacaban mi cuerpo, conté con otro "ángel" en mi camino: el neurólogo Carlos Ramírez-Mejía, del Baptist Hospital de Miami.

Un dolor en medio del pecho que cada vez que respiraba me dolía era mi síntoma más frecuente durante el turbulento tiempo poco antes de que Fabio muriera, y empeoró después de que murió. Es como si me hubiese dolido el alma.

Ramírez-Mejía siempre estuvo ahí no sólo para recetarme, si no para darme consejos sabios, "Efectivamente, el alma duele. Viviendo por lo que usted ha pasado, es normal sentir angustia, ansiedad y dolor en el pecho, porque hay muchos músculos que se compriman, pero para todo hay solución. Para la ansiedad, la angustia, la depresión hay pastillas. La gente tiene miedo de tomar antidepresivos, y repito, siempre y cuando un médico especialista haga el diagnóstico y los recete, no hay problema. Sólo hay que tener en cuenta que las medicinas no tienen efecto de un día para otro, y que hay que tener constancia para tomarlas y para seguir las instrucciones correspondientes. Además, no causan adicción, de manera que cuando no se necesiten, las retiramos y ya."

A mí me ayudaron enormemente. Y tal y como el doctor. Ramírez-Mejía lo pronosticó, así sucedió. Un buen día, meses después y luego de sentirme mejor, fue ya tiempo de dejarlas de tomar. Pero ni me avergüenzo ni me callo por haber hecho uso de ellas.

La Verdadera Curación

Aunque ha sido terrible aceptar que mi perfecto esposo vivió "una doble vida," lo cierto es que hasta que no se asimile eso, es decir, hasta que no se acepte algo tan doloroso y, sobre todo, tan vergonzoso, el verdadero proceso de curación no puede comenzar.

La respuesta que sanó muchas de mis preguntas sobre la "doble vida" de Fabio, vino de una mujer a quien quiero y admiro como persona: doña Lilí Letaif de Tubilla, suegra de la Chata Tubilla, mi amiga de toda la vida en Coatzacoalcos, Veracruz. Cuando me fui para allá a pasar unos días, luego de los funerales de Fabio, ella junto a Chata, Jazmín y Corsi, sus hijas, en una inolvidable tarde en su casa nos dio a todas una gran lección:

"No sabes cuánto te quiere Dios. Sólo puedes entenderlo en la forma que se ha manifestado, aunque todavía no lo entiendas. Ésta, que sin lugar a dudas es una telenovela perfecta, ha tenido el mejor de los finales para ti: ¿Por qué? Porque Fabio murió y ahí se terminó toda su infamia. Ponte a pensar que la telenovela tenía tres finales, y que Dios escogió el menos terrible para ti.

"¿Qué habría pasado? Uno: si él se habría descubierto ante ti, te habría dicho que tenía una amante, te habría dejado, y después lo habrías visto feliz con una mujer más joven a su lado, burlándose y viviendo, como dicen, 'la vida loca.' ¡Habría sido muy doloroso para ti! ¿Cuántas mujeres tienen que sufrir al ver feliz y "con la otra" al hombre que han amado y que las engañó terriblemente y las abandonó? ¡Dale gracias a Dios que no fue tu caso!

"Dos: ¿Qué habría pasado si él se muere, ¡y nunca te hubieras enterado de su traición!? ¿Imaginas lo que habría representado saber todo sin que él viviera para darte su versión y pedirte perdón tanto como él lo hizo? ¿Imaginas el martirio de no haber escuchado de su boca cuánto desprecio sentía por esa mujer a la que nunca más volvió a ver o a hablarle, después del día que lo hizo delante de ti?

"Por eso tienes que aceptar todo lo que Dios te ha amado. Tanto, que le puso a esta historia el mejor final. Fabio tu esposo descansa en paz, y tu alma también debe comenzar a descansar."

Después de leer este capítulo, a quien sufra por un hombre que tiene una "doble vida" le dejo este consejo: evalúe sus posibilidades, y no se de excusas ni pierda el tiempo, que ese no se recupera.

Y para sanar verdaderamente, dome su ego y acepte que su hombre, al igual que muchos que lo hacen ¡tuvo una vida paralela! Después, repítase lo siguiente, como yo lo hago todos los días, ¡y verá que se sentirá cada día mejor!:

NUNCA MÁS SERÉ UNA VÍCTIMA.

Y A PARTIR DE HOY, ¡MÁS VALDRÁ DAR ENVIDIA QUE PENA!!

16

La Viudez Engorda

Mientras yo me preocupaba por sanar el alma, no me di cuenta de que al mismo tiempo me estaba ocurriendo otra cosa: había engordado a pesar de que en realidad no comía tanto. Mejor dicho, aunque casi no "picaba" alimento alguno, igual me engordaba. Si bien mi familia y amigos, que hicieron un círculo de protección alrededor mío, me veían más "gordita," evitaban hablar del tema porque comprendían que en medio de todo lo que yo había pasado el sobrepeso era lo menos importante por solucionar. Primero tendría que atender otras cosas que me estaban dañando, como serios problemas en el intestino y el colon que mi médico, el gastroenterólogo Roberto Fernández, atendió de inmediato.

"¿Dieta?" me dijo. "¡De eso ni hablar en este momento! Ahora mismo tenemos que dedicarnos a mejorar la condición del aparato digestivo, especialmente porque tienes el Síndrome de Colon Irritable (IBS), y eso te está haciendo sentir peor."

Juanita, su asistente, (¡mil gracias Juanita por atender cada uno de mis desesperadas llamadas!) me decía algo parecido, "No vayas a hacer ninguna dieta en este momento. No lo vayas a hacer ahora. Primero hay que sanar el cuerpo y el alma, que bastante has pasado."

Mi "círculo protector" actuó correctamente, pero no contó con la infamia que existía fuera de él. Resulta que un mes después de que quedara viuda, una mañana, al salir de Telemundo decidí comprarme unos zapatos en el conocido almacén del International Mall de Miami. Mientras la dependienta que usualmente me atiende buscaba los zapatos que le pedí, otra, sin más, se me acercó para decirme, "¡Mira que gorda te has puesto!"

Miré a la mujer aquella—dicho sea de paso, no sé cómo tuvo boca para llamarme "gorda" cuando ella misma ¡parecía un tinaco de agua de esos que se colocan en las azoteas!—y sólo pude responderle, "¿Y usted es así de impertinente y de 'simpática' siempre?"

Se me quedó viendo y con un descaro total me dijo, "Sí."

Afortunadamente, otros clientes que estaban junto a mí, que la escucharon y que, por supuesto, sabían de la muerte de Fabio y del escándalo, trataron de consolarme primero y le llamaron la atención después.

"¿Cómo puede usted decirle semejante cosa?" le dijo una mujer. "¿No sabe usted lo que esa señora ha pasado?"

Aquella señora nos miró sin decirnos una palabra y se fue.

Cuando la dependienta llegó con los zapatos que le había pedido, tuve que disculparme con ella, porque el incidente me había quitado las ganas de comprar. Avergonzada por el comportamiento de su compañera, me dio la razón y me pidió disculpas. Salí del lugar corriendo y hecha un mar de lágrimas; no podía creer cómo podían existir personas como esa mujer, que abren la boca para insultar sin motivo alguno, aunque para ella el motivo fuera que yo había engordado.

Lo que la impertinente ignoraba es que antes del 7 de marzo de 2006, cuando comenzó la tragedia, yo había adelgazado, pero una vez dentro de aquel remolino de siete meses y once días, ¿quién con tres gramos de sentido común podría pensar en sí misma y en la vanidad de una dieta cuando tiene a su lado a un hombre muriendo día a día? Nadie que tenga cerebro puede hacerlo.

Ciertamente gorda, dos meses después de muerto Fabio, fui al sitio donde siempre que lo necesito encuentro al profesional que me ayuda: a la consulta del endocrinólogo, el doctor Richard Lipman en el área de South Miami. Al verme, me dijo sin preocuparse, "Es normal que hayas subido de peso. La viudez engorda. Así como hay mujeres que adelgazan por una situación como ésta que has vivido, esas son la minoría. En general, la mayoría engorda cuando pierde al esposo o a la pareja. Es sencillo de explicar. Cuando se está por un largo período de tiempo sin alimento, el cuerpo—que tiene un mecanismo de defensa para no morir de hambre—entra entonces en un período de hibernación. Es decir, aunque comas poco, siempre guarda una reserva de calorías para irlas utilizando paulatinamente. El problema es que en los hospitales los familiares de los pacientes no tienen comida regular tan saludable como la de su casa. Comen cuando pueden, lo que hace que el cuerpo entre en ese período de hibernación. Encima, lo que se come ahí mientras se cuida a los enfermos es la clásica comida "chatarra," que se vende en las máquinas, se encuentra en los pasillos y tiene un alto contenido calórico. Al cabo de un tiempo, la reserva en grasa es terrible y el cuerpo va engordando como por arte de magia."

No tuve que decirle al doctor Lipman que por lo menos durante cuatro meses mi comida y mi almuerzo fueron mini-paquetes de galletas "Oreos" que compraba precisamente en las máquinas del hospital, y que devoraba uno tras otro acompañados de sodas, sin parar. El dulce de las galletitas me hacía sentir llena y, además, momentáneamente me calmaba la angustia. Y el doctor sabía perfectamente de dónde venían esas veinte libras que me llegaron de la nada.

Es Como un Tren que se Detiene

Richard Lipman también me explicó que durante todo el tiempo que una persona está al cuidado del esposo o pareja, el cuerpo es una locomotora que marcha a una gran velocidad sin detenerse. Pero, ¿qué sucede el día en que muere el paciente? La locomotora de pronto, sin mayor anuncio, se para. *¡Pum!* No hay más actividad que realizar. De golpe todo terminó. Ya no hay largos períodos en los hospitales ni días sin noches en los que no se duerme y se está en vela. Viene un período de relajamiento para el que tampoco se está preparado, porque después de los funerales, toda la actividad alrededor de la viuda o el viudo se calma. Ya no es el centro de la atención, y va recuperando su individualidad y la privacidad que perdió con la enfermedad y la muerte. Si la persona no está bajo tratamiento, los grandes niveles de angustia y ansiedad que vienen con el duelo y después de éste, generalmente se compensan con la comida.

A pesar de todo lo que me estaba cuidando, cuando el tren de la vida de Fabio se detuvo, detuvo a su vez mi vida sin ninguna conmiseración. De pronto me di cuenta que ¡YO TENÍA UNA NUEVA VIDA CON LA QUE NO HABÍA CONTADO! No había más enfermo que cuidar en el hospital y me di cuenta de muchas cosas más. Por ejemplo, que por primera vez en mucho tiempo me podía poner un pijama para dormir, lo que no hice en meses. Me di cuenta también que por primera vez era dueña de mi vida, ¡POR PRIMERA VEZ! No había horarios para atender ni a hijos ni a marido, y no tenía que cocinar para nadie. ¡Qué pereza hacerlo para mí misma!

Y me lancé a la vida loca de comer y comer a mis anchas por cualquier causa y donde fuera. Comía porque me sentía triste, comía porque extrañaba a Fabio, comía porque me acordaba que me había sido infiel y, ultimadamente, comía ¡porque me daba la regalada gana! Es decir, comí por todo lo que se me ocurrió, no sé si por duelo o por festejar que era libre. Pero lo hice a manos llenas.

La Liberación

El doctor Lipman dice que esa es una conducta normal...

"¡Por supuesto que lo es!" acierta el doctor. "Especialmente con las viudas. Se llama LIBERACIÓN. Es sentirse liberadas de toda la responsabilidad que han llevado a cuestas. Por lo general, las viudas son mujeres que se dedicaron la vida entera a cuidar la familia, el esposo, la pareja, la casa, cumplían con cien responsabilidades y le daban poca atención a sus propias necesidades. Al ocurrir la muerte del esposo o del compañero y con los hijos mayores de edad y fuera del hogar, como es tú caso, entonces quedan libres para hacer lo que quieran. Ya no hay horarios de comida, cena ni prisa para llegar a casa a arreglarla o cocinar. Esa sensación de liberación, también se compensa comiendo lo que sea, donde sea y como sea, y el resultado es el mismo: libras y más libras."

El Remedio

Siempre he pensado que el doctor Lipman es un hombre sabio por sus conocimientos sobre el cuerpo humano y el sobrepeso, y por eso lo admiro cada vez más. ¡Por supuesto que también en esta ocasión él tenía razón! Es cierto. La viudez engorda, pero ¿qué hay que hacer para contrarrestarla?

Primero que todo, la solución es saber que se tiene que poner un "alto" al desenfreno. Hay que recurrir a un profesional para perder peso. Hay que entrar en un plan que ordene nuevamente nuestra vida. Hay que volver a establecer patrones de conducta, tales como horarios de comida, de dormir, de todo lo que antes se hacía por lo menos "para dos," y que a partir de la muerte del compañero de la vida sólo hacemos para nosotras mismas. Hay que hacer ejercicio; por lo menos caminar una hora al día, y "echar a andar" el metabolismo. Que el cuerpo no crea que somos osas "que hibernamos," porque entonces no habrá nada que evite que ganemos peso. Hay que reinventarse.

¡Ah! Aquí le va un consejo más que me dio el comentarista radial Javier Ceriani al darme el pésame, "Ocupa tu tiempo. Ese que dedicaste por completo a tu esposo, ocúpalo con otras actividades. Aprende cosas nuevas, hazlo, porque de otra forma toda esa energía que empleaste para cuidarlo ¡puede volcarse en tu contra!"

Y Javier tenía razón. Haga todo lo que le siente bien. Yo me dediqué a estudiar piano clásico y a aprender salsa con Zasha Morel, mi instructora, así he ocupado el poco tiempo libre que me queda. La moraleja es: haga lo que se le ocurra siempre con algo más en mente, y que es una verdad tan grande como una catedral: NUNCA OLVIDE: ¡QUE LA VIUDEZ ENGORDA! Y que gordos, sólo los jamones en una *delicatessen*, ¿OK?

17

¡No Abandones a tu Pareja con Cáncer!

*E*l tema de este capítulo fue uno de los primeros cuando pensé en escribir este libro. Mejor dicho, surgió la primera noche de quimioterapia con Fabio en el Jackson Memorial Hospital de Miami. Hyacinth Stevens, la bondadosa enfermera del piso 12 del ala oeste, quien tantas veces me ayudó a aliviar los dolores de mi esposo, al verme rezando cuando se inició el tratamiento de quimioterapia en el cuerpo de Fabio nos dijo, "Al verlos, pienso que vale la pena estar aquí ayudando a personas enfermas como Fabio. Aunque unos deciden abandonar a su pareja con cáncer, otras, esposas y esposos permanecen a su lado. Sigan así, que ese es el verdadero ejemplo."

Nunca pude entender ni entiendo ahora que exista alguien tan infame como para abandonar a un hombre o a una mujer sentenciados por el cáncer, porque simplemente ya no podrán ser como antes. De querer hacerlo, pocas como yo tenían la excusa perfecta por lo que había sucedido entre nosotros, pero para mí esa nunca fue una opción. Por el contrario, yo soy una luchadora, e intenté hacerlo junto a él contra lo imposible, al costo que fuera. ¿Que me pasaba "matándome" para ayudarlo? ¡Sí! Pero al final yo sabía que no me iba a quedar ningún remordimiento de conciencia... y nunca lo tuve ni lo tendré, porque por encima de mí misma, estuve al lado del hombre al que adoré.

No hay excusa que valga para dejar a un enfermo así. ¿Que porque se acaba el sexo? ¡Desde el principio supe que Fabio y yo nunca más volveríamos a tener intimidad, y lo acepté sin discusión! Supe eso, como supe también que jamás volvería a caminar y lo acepté sin más. Por esto mismo es que no puedo aceptar que la mezquindad deje a otros abandonados, con una condena a muerte pendiendo sobre sus cabezas, sin pensar que en esta vida nadie está libre de ser una víctima más de ese flagelo.

Conocí a Mayte Prida hace muchos años, cuando ella era una famosa presentadora de noticias en el Canal 41 de San Antonio, Texas. Después le perdí el rastro, hasta encontrarla una noche en un restaurante de Miami. Ella estaba con sus dos hijitos, unos niños divinos y muy juiciosos. Y yo con mi adorado Fabio. Platicamos y nos despedimos. Con el tiempo supe de su cáncer y la batalla por vencerlo, y sentí dolor por ella como persona y como madre, pero me reconfortó saber la actitud tan valiente que había tomado sin victimizarse, no importando nada, incluso que la enfermedad le hubiera vuelto a atacar, y ella con fuerza la haya vencido una vez más. En octubre de 2005, cuando comenzamos la primera etapa de *Cada Día*, Mayte se unió a nuestro grupo de colaboradores en uno de los segmentos que más me gusta, "Entre Amigas," donde se discuten temas de actualidad. La mayoría de las veces no estamos de acuerdo con nuestros puntos de vista sobre un tema, pero de eso se trata, de una plática real entre mujeres que son amigas. La he vuelto a ver crecer y reconstruirse a pesar de todos los pesares que ha superado físicamente. Mayte es una mujer que no tiene la palabra "derrota" dentro de su vocabulario personal. Recorre ahora los Estados Unidos de norte a sur y de este a oeste en una campaña para ofrecer medicamentos a personas con muy bajos recursos, al tiempo que da conferencias sobre ese tema que ella con su dolor y su experiencia conoce mejor que nadie.

Por eso, porque junto a su historia la mía simplemente no es nada, le pedí que con su muy particular estilo, nos hablara del tema. Eso es un derecho que ella ha ganado.

¡NO ABANDONE A SU PAREJA CON CÁNCER!
(por Mayte Prida — sobreviviente de cáncer)

Cuando se enfrenta una situación difícil en la vida, cualquiera que ésta sea, se tienen dos opciones: o afrontarla con dignidad y valentía, o huir de la misma intentando ignorar su existencia. Cuando una mujer es diagnosticada con cáncer de seno como yo, no sólo se enfrenta al miedo natural que la palabra "cáncer" acarrea, sino que comienza a vivir una nueva gama de sentimientos de confusión y ansiedad que la enfermedad en sí produce. Como se sabe, el cáncer de seno ataca a la mujer en lo más puro, bello y representativo de la feminidad, por lo cual desde el punto de vista psicológico la deja en una situación realmente vulnerable. Dependiendo de la fortaleza de cada persona, un diagnóstico tan difícil como el cáncer puede llevar a serias depresiones, además de presentar las reacciones naturales como la negación de la enfermedad, sentimientos de rabia, apatía y desesperanza.

Cuando una persona es diagnosticada con una enfermedad terminal, cualquiera que ésta sea, el apoyo de la familia es vital para su espíritu. En esos momentos difíciles y de debilidad es cuando se tiene la necesidad física y emocional que brinda el apoyo de los seres queridos, el cual, a su vez, crea sentimientos de esperanza y fortaleza.

Aunque todos sufrimos, sentimos y vivimos situaciones similares con una intensidad diferente, el sentirnos queridas, deseadas y apreciadas en los momentos de la enfermedad enaltece nuestra autoestima, lo que, a su turno, nos ayuda en esa lucha por la vida.

Amores Diferentes

Afortunadamente mi experiencia personal durante esos momentos tan duros fue realmente muy especial y maravillosa. Aunque no estaba en una relación estable de pareja en esa época, estuve rodeada de diferentes matices de amor. Tuve el amor incondicional de mis dos hijos, que a pesar de ser muy pequeñitos se esmeraban increíblemente por no ser una carga para mí, sino un motivo de satisfacción. Durante esa época difícil pusieron mucho ímpetu en ser excelentes estudiantes para que yo me sintiera muy orgullosa de ellos. Se auto-nombraron mi "doctor" y mi "enfermera," y aprendieron a darme mis medicamentos durante el día y a levantarme de la cama cuando era necesario. Tuve el amor de mis familiares que, aunque vivía en ciudades lejanas, cuando tenían la oportunidad de visitarme estaban a mi lado y cuando no podían hacerlo me llamaban constantemente. Descubrí el maravilloso amor de quienes se convirtieron en mi "familia espiritual," aquellos amigos cuya ayuda sobrepasó mis expectativas, dedicándome incontables horas de su tiempo.

Un Amor Real

A pesar de estar así de enferma pude conocer una nueva e increíble faceta de lo que significa el amor de pareja. El amor real, puro, desinteresado, que no conoce barreras, que va más allá de lo físico y que llega a lo espiritual. En los momentos más difíciles de mi existencia, cuando mi cuerpo había sufrido el dolor de las cirugías, cuando había dejado de ser delgada debido a los medicamentos y cuando no tenía ni un pelo ni en la cabeza ni en el cuerpo, se me presento el verdadero amor y me permití recibirlo. Viví una experiencia incomparable a lo que había tenido anteriormente, pues pude constatar en primera instancia lo que es el amor puro, ese sentimiento que trasciende más allá de nuestros cuerpos y que no conoce límites ni fronteras por ser eterno e infinito.

Fue precisamente ese amor el que me devolvió mi autoestima, la cual había sufrido un considerable bajón. Fueron esas caricias y esos besos los que me recordaron que a pesar de estar físicamente deteriorada yo seguía siendo mujer, viviendo como mujer, pensando como mujer y, sobre todo, sintiendo esa increíble pasión que nos caracteriza a las mujeres latinas.

Aclaro, desde luego, que debido a las operaciones, las hormonas y los medicamentos mi cuerpo físico no tenía las mismas necesidades que puede tener bajo circunstancias normales. Pero la feminidad y nuestra integridad de mujeres no desaparece cuando nuestra belleza física se ve atacada, simplemente las ganas de tener relaciones sexuales disminuyen.

Un Abandono Más Que Cruel

Precisamente por haber tenido la fortuna de vivir ese amor, que a pesar de haber sido temporal fue incomparable, es que me duele mucho saber que aún existen miles de mujeres que son abandonadas por sus parejas cuando se les diagnostica un cáncer. Por increíble que pueda parecer, a través de mi recorrido por el país me he encontrado con muchos casos de señoras que se me acercan a contarme el terrible dolor que sienten cuando sus maridos las abandonan. Hombres que huyen de su lado cuando sus cuerpos han sido mutilados en esa lucha ardiente por la vida.

Uno de los casos que más me llamó la atención fue el de Marta, a quien conocí en Houston, Texas. Originaria de Saltillo, México, ella y su marido habían cruzado la frontera en busca de un mejor futuro. A los tres años de radicarse en los Estados Unidos, tuvieron a su primer hijo y diez meses más tarde a su niña. Cuando su hijo mayor tenía cinco años, Marta se dio cuenta que tenía un pequeño bulto en su seno izquierdo y, además, llevaba varios días teniendo muchas náuseas y malestares, por lo que acudió al médico. El diagnóstico fue una bendición y una bofetada al mismo tiempo, pues estaba embarazada de su tercera criatura y, a la vez, tenía un tumor canceroso. Debido a lo difícil de la situación y a que necesitaba comenzar con tratamientos lo antes posible para evitar el crecimiento o la propagación del cáncer, los médicos le recomendaron un aborto inducido. Según me contó, los días siguientes al diagnóstico fueron de mucho caos, sufrimiento y dolor, pero decidió afrontar su situación como ella consideró era la mejor manera posible por su bienestar y el de su familia.

Al cabo de varios días, después del *shock* inicial y de largas noches de duda e incertidumbre, Marta decidió bajo su responsabilidad, seguir adelante con su embarazo posponiendo sus tratamientos con lo que su marido no estaba de acuerdo, pues temía por la vida de ambos. De acuerdo con ella misma, después de varios días de llanto y discusiones interminables con su esposo, de gritos y acusaciones que creaban mayor confusión en su vida, un buen día él decidió marcharse de la casa. La única explicación que él le dio fue que "estaba defectuosa" y que con ese diagnóstico ¡ella ya no servía como mujer! En medio del sufrimiento de la enfermedad su mundo se había derrumbado y se había quedado sola con sus dos hijos, uno más en el camino y un terrible diagnóstico de una enfermedad terminal.

Cuando Marta llegó a una de mis charlas en una clínica oncológica de esa ciudad, vi a una mujer sumamente delgada y demacrada con una mirada de profunda tristeza. Su ropa se veía muy gastada y venía acompañada de sus dos hijos mayores. Esperó a que yo terminara mi presentación y me pidió un momento a solas. Cuando me empezó a contar su historia, comenzó a llorar con un sentimiento tan profundo que hizo que fuera muy difícil para mí el escucharla sin que notara el dolor que me provocaba lo que me decía.

Me preocupaba no solamente su llanto, sino también el hecho de que me estuviera contando todo su sufrimiento y su situación enfrente de sus dos pequeños hijos, los que al ver la angustia tan grande de su madre se abrazaban mientras no dejaban de llorar. El alma se me desgarraba al percibir tanto dolor. Al preguntarle por su hijo menor, me contó que había nacido a los siete meses de gestación y que estaba un poco delicado de salud, pero que su hermana se había venido de México para ayudarla mientras se recuperaba lo suficiente para viajar de regreso a su país natal en compañía de sus hijos.

Durante esa conversación tuvimos la fortuna de referirla a una consejera familiar, que tomó su caso y le ayudó a sobrepasar esa época tan difícil. A través de un sistema de voluntariado consiguió información y cuidados médicos especiales durante una temporada. Sus hijos también pudieron recibir ayuda psicológica para ayudarlos a entender la crisis de la enfermedad y del abandono.

Desafortunadamente a los pocos meses recibí un correo electrónico de su hermana informándome que Marta había fallecido como resultado de la metástasis ocasionada por la tardanza de comenzar con el tratamiento. Sentí una gran tristeza al enterarme de la situación y yo me pregunto si la muerte de Marta no se habría acelerado debido al abandono de su marido.

Personalmente pienso que así fue.

¡No Abandone a Su Pareja con Cáncer!

El caso de Marta es tan solo uno de tantos. Desgraciadamente y por increíble que parezca, aún quedan muchas personas que ya sea por cobardía o por ignorancia abandonan a sus parejas al ser diagnosticadas con una enfermedad terminal. Es difícil de comprender cómo en una situación así, que es precisamente el momento en el que más apoyo, cariño, comprensión y amor necesita un ser humano, hay quienes sean capaces de darles la espalda. En este siglo XXI, y a pesar de los avances sociales y culturales, aún hay hombres que hacen a sus mujeres a un lado cuando sus cuerpos han sido mutilados por causa de ese intruso traidor llamado cáncer.

Durante mi recorrido por diferentes ciudades del país como parte de mi labor de lucha y toma de conciencia a propósito de la enfermedad, he conocido un sinfín de historias de mujeres bajo situaciones muy similares. Ellas son madres, son hijas, amigas, hermanas, compañeras de trabajo, mujeres como cualquiera de nosotras. Luchadoras con la doble tarea de pelear no solamente contra el cáncer, sino también contra el inmenso dolor, la decepción y la tristeza que un abandono así acarrea. ¡Cuántas veces tienen que aparentar valentía ante los ojos de los hijos, los padres, los amigos, las familias cuando su tristeza va más allá de lo físico pues está arraigada en el alma! Su lucha se vuelve doblemente difícil pues no solamente pelean por su vida, sino también por su identidad, por su integridad y por su dignidad.

A pesar de las dificultades que pueda tener una pareja es incomprensible que una persona abandone a otra cuando ha sido diagnosticada con una enfermedad terminal, por más difícil que sea su relación.

Cuando me enteré de que a Fabio Fajardo le habían diagnosticado un cáncer, sentí un profundo dolor a pesar de que a través de los años sólo lo había conocido socialmente a través de María Antonieta. Mi reacción inicial fue de enojo contra esa horrible enfermedad. Me costaba trabajo entender que un hombre tan atractivo y relativamente joven, con una esposa exitosa que estaba comenzando a vivir una etapa nueva y llena de ilusiones, tuviera que enfrentarse a ese tirano llamado cáncer, que poco a poco nos roba la vida.

Sentí gran compasión por ambos: por él, porque sé en carne propia lo que conlleva tener cáncer y por ella, por lo duro que es el vivir al lado de quien lo padece. Cuando se lucha contra una enfermedad tan fuerte, el dolor y sufrimiento, así como las lecciones de amor y compasión, son tanto para el enfermo como para su familia, sus amigos y quienes están a su alrededor durante esos momentos.

En esos primeros días de aceptación y resignación, de entendimiento y toma de decisiones, de angustias y preguntas, de dudas e incertidumbre, nunca me hubiera imaginado todo lo que se desencadenaría entre ellos dos al poco tiempo.

Cuando la traición de Fabio se dio a conocer, y a María Antonieta le tocó luchar públicamente con todo aquello, me pregunté en más de una ocasión ¿cuál sería mi reacción si yo estuviera en su lugar? La respuesta a esa pregunta no la puedo saber ya que cuando uno ve las situaciones desde afuera puede pensar objetivamente en el "haría"; sin embargo, cuando uno vive los hechos actúa de acuerdo con su capacidad.

Después de los primeros meses de la enfermedad de Fabio, y cuando en público se hablaba abiertamente de su situación, coincidí con María Antonieta en un viaje a Los Ángeles. Casualmente, en el avión nuestros asientos quedaron juntos, de manera que conversamos esporádicamente. En cuanto aterrizamos y aún sin llegar a la puerta de desembarque, María Antonieta encendió su celular y lo primero que hizo fue llamar a Fabio, que estaba internado en el hospital. Estando sentada al lado de ella no pude evitar oír la conversación y al escucharla me invadió una gran compasión al ver con qué amor, cariño e interés ella le preguntaba por su salud y su estado de ánimo. Para mí, que hasta el momento soy una mujer felizmente divorciada desde hace nueve años, era difícil comprender lo que escuchaba. ¿Cómo una mujer podía hablarle con tanto amor a un hombre que la había herido, traicionado y humillado como él lo había hecho?

Intentando no ser muy entrometida, cuando colgó el teléfono le pregunté cómo podía hablarle de esa manera mientras ella misma estaba sufriendo tanto. Su respuesta fue sencilla y directa, "Porque a pesar de todo, lo he amado por diez años." No supe qué decir, pues en realidad no lo comprendía, pero el amor es un sentimiento intangible que simplemente se siente y que cuando existe no desaparece tan fácilmente. Desde ese momento, y a través de toda su enfermedad, admiré el hecho de que ella lo acompañara hasta el final, pues a pesar de todo con eso nos enseñó otra faceta de un amor real.

La educación y la labor de generar conciencia alrededor del cáncer sigue siendo un proceso. El padecer cáncer no significa una sentencia de muerte, sino una lucha por la vida. Mediante anuncios de servicio público, de programas de televisión y de radio estamos creando conciencia de que todos somos vulnerables ante esta enfermedad. Así como me pasó a mí, le pasó a Fabio y le puede pasa a cualquier persona, pues el cáncer no discrimina.

No me cabe la menor duda de que el apoyo moral que proporciona al enfermo el saber que no está solo puede llegar a marcar la diferencia entre la vida y la muerte, entre querer luchar o darse por vencido, entre querer vivir o dejarse morir.

A ustedes que leen este libro quisiera decirles que si conocen a alguien que esté atravesando por un cáncer o por cualquier otra enfermedad terminal, no importa en qué situación esté su relación, apóyenlo, acompáñenlo, denle amor y tengan compasión. Regálenle lo más valioso que tenemos los seres humanos aunque rara vez nos percatemos de su valor: el tiempo. Se van a sorprender al ver que cuando ustedes dan, comienzan a crear una sinergia maravillosa que retroalimenta su espíritu, enriqueciendo su ser. ¡No abandonen a sus enfermos! ¡Quiéranlos! Denles mucho amor, pues a final de cuentas todos vamos a partir de este mundo eventualmente, y no importa cómo lleguemos a morir, todo el amor, la compasión y el cariño que podamos dejar quedarán como legado de nuestras vidas.

¡No los abandonen, por favor!

18

Antón y Antonietta...
El Dolor de los Hijos

El 6 de mayo de 2007 fue una fecha anticipada en el calendario familiar por lo menos durante cuatro años. Era la fecha en que Antonietta, mi hija menor, se graduaría de su carrera periodística en Mount Union College, en Alliance, Ohio. Fabio, Antón, Antonietta y yo sabíamos que allí estaríamos en familia.

"¿Te imaginas?" me decía Fabio. "El momento en que finalmente 'el dragón de Chulavista, California' [como él cariñosamente llamaba a Antonietta] se gradúe y suba a recibir el diploma..."

Usualmente al escuchar eso, Antonietta le hacía una súplica a su padrastro, "*Please* Fabito, ese día me tienes que prometer que vas a prohibirle a mi mamá que haga 'alguna de las suyas', *please*. No dejes que cuando yo suba por mi diploma mi mamá grite '¡Arriba mi hija!' o '¡Esa es mi hija!' como lo hizo el día que me gradué de *high school*, ¡please!"

Fabio ya me tenía advertida de todo lo contrario, "Ese día hazme caso y aunque ella no quiera, a escondidas vamos a llevar cornetas de aire, de esas que hacen un ruido espantoso, y cuando la llamen, nos paramos tú, Antón y yo con las cornetas a hacer un ruido gigante, para celebrar que por fin 'el dragón de Chulavista' se nos graduó."

Yo sabía perfectamente el guión de aquella graduación, lo había ensayado en mi mente una y mil veces, pero no se lo dijimos para sorprenderla, porque aunque no lo confesara, ella iba a estar feliz de que le festejáramos la fecha "muy a lo nuestro."

Y la fecha llegó. Durante cuatro años, entre mis preparativos me había prometido no llorar ese día, pero no pude cumplirlo del todo, especialmente por los momentos emotivos que se dieron.

Primero, por primera vez en los 165 años que tiene de existencia de Mount Union College, fui la primera hispana en ser oradora invitada a la graduación número 161 que ha vivido la institución desde su fundación en 1846. Después, en el momento en que le tocó a Antonietta subir a recibir su diploma, en lugar de gritar "¡Esa es mi hija!" el mismo doctor. Richard Gease, Presidente del Colegio, puso el documento en mis manos, frente a todo el auditorio, para que yo se lo entregara personalmente a mi hija. Y finalmente las lágrimas nos traicionaron, porque durante el almuerzo que ofreció el colegio a los visitantes, alguien nos tomó la foto del recuerdo: y sólo éramos Antonietta, Antón y yo… sin Fabio.

Ambas comenzamos a llorar y aunque Antón, luchó con toda su fuerza para reprimir las lágrimas, tenía pintada la tristeza en el rostro, el mismo que en situaciones dolorosas sólo mira intensamente a los ojos sin poder decir nada más.

Hasta aquí he hablado de mi dolor. Pero quise dedicar este capítulo a los padres y cómo aprender a manejar el sentimiento de pérdida que enfrentan los hijos por las malas noticias, incluida la muerte.

¿Cómo hablar con ellos? ¿Cómo saber sus reacciones? ¿Hay algo que pueda aminorar su pena? ¿Cómo lidiar con la rabia que yo he sentido por la misma situación que tienen que vivir con la traición y, además, con la enfermedad y la muerte? Ellos, al igual que un adulto, pasan por todas estas emociones. ¿Cómo ayudarlos?

Estas preguntas me aterraban y las discutí ampliamente con una experta en el tema, que además nos conocía perfectamente como familia, la doctora Rebeca Fernández, psicóloga especialista en jóvenes y familias, con práctica profesional en Miami.

LA PÉRDIDA EN ADOLESCENTES Y ADULTOS
(por Rebeca Fernández)

Dependiendo de la edad, los hijos tienen diferentes reacciones ante la muerte de los padres. Los mayores pueden dialogar más, aunque no se puedan expresar tanto con los familiares o con el padre sobreviviente. En este caso es bueno establecer un método de apoyo para que hablen y puedan exteriorizar sus sentimientos o bien con el mejor amigo o amiga, o con el novio o la novia. A veces ellos sienten pena por los padres sobrevivientes, porque los ven sufrir, y no hablan para no remover las heridas; en ese caso, cuando hay silencios hay que estar pendiente de ellos.

Pérdidas en Niños y Menores de Edad
Los niños son diferentes. Los niños se demoran en asimilar la pérdida. Tienen una reacción tardía. Por eso se ve a niños chiquitos brincando y riendo en un funeral de alguno de los padres, porque pasan semanas y hasta meses sin darse cuenta de lo que ocurre. Sí, papá o mamá se murió, pero yo quiero ir a una fiesta

mañana. "Es el cerebro que los protege con el mecanismo de la negación, ya que el ser humano a temprana edad es indefenso y no sabe cómo reaccionar ante una inesperada pérdida.

Cómo se Reacciona en General

Después de varios meses se presentan síntomas en varias formas. Hay quienes, tanto niños como adultos, pueden volverse agresivos e hiperactivos, o pueden tener depresiones profundas y, en estos momentos, se les debe prestar mucha atención para brindarles la ayuda necesaria. Hay quien se dedica a la fiesta para aturdirse con la música y el alcohol, inexplicablemente para los demás, pero para quien está experimentando el proceso, es lo único que lo ayuda a subsistir.

Cómo Hablarles

Darles la noticia de que un padre o una madre, un abuelo o una abuela, un hermano o una hermana ha fallecido, es un momento terrible para quien lo tenga que hacer. Vuelvo a insistir en que cuando se trata de niños, la situación es más complicada porque con los niños las palabras pueden significar todo.

Si los niños son pequeños me gusta hablarles de lo que sucedió diciéndoles que Papi o Mami fueron a ayudar a Dios. Sin decirles que están en el cielo o con Dios, este concepto evita que dentro de su inconsciente surja un rechazo ante la Iglesia, la religión o el mismo Dios.

Toda la teoría ayuda, sin lugar a dudas, pero nada como conocer la gama de sentimientos cuando vienen de aquel que los está sintiendo. Siempre supe que hombres y mujeres se manifiestan en forma diferente, y que eso no significa que sientan menos. Por lo mismo me preocupaban Antón y Antonietta que habían vivido, cada cual a su manera, un huracán emocional que los trajo de un lado a otro, intentando estar de pie para no dar tumbos. Con Antonietta las cosas fueron un poco más fáciles porque siempre con mi cuñada Yuyita cerca, y mis amigas más allegadas, como Elma Martínez, yo sabía que ella por lo menos tenía con quién desahogar las penas, porque yo estaba ausente, sin saber dónde poner las mías y, por tanto, no podía ayudarla.

Antón era el otro centro de mi preocupación. A simple vista por él no pasa nada, pero no es cierto, porque sufre y mucho aunque no diga una sola palabra. Sufre en silencio, pues creció en una familia donde, a excepción de Yuyita, las cosas difíciles que les suceden no se hablan nunca; por lo contrario, se ignoran y se esconden y cuando se trata de sacar el tema, Adys mi suegra es la primera que finge no saber nada, o cuando mucho dice, "¡No quiero saber nada, no quiero detalles, por favor!"

Desde niño Antón vio eso y aprendió a sobrevivir por sus propios medios. Por su naturaleza rusa-cubana, Antón es alguien que se cubre con una coraza que, sin embargo, es débil; sufre inmensamente sin saber qué hacer, porque todo lo calla, porque se llena de silencios y porque no expresa lo que duele.

Un par de semanas después de que Fabio muriera, Ilia Calderón, mi amiga periodista y entonces compañera de trabajo, partiéndose (y partiéndome el alma) me contaba cómo Antón, que es muy amigo suyo, una noche no soportó más, y de visita en su casa, lloró como un niño por la pérdida del ser a quien más ha querido y que era todo para él: su padre.

¿Qué hacer con él? ¿Cómo ayudarlo? Pregunté a la doctora Fernández y a otros especialistas. La respuesta parecía sencilla, pero era a la vez era complicada, "Hay que hacerlo exteriorizar lo que guarda, que hable de lo que siente, de otra forma el dolor y la pena van a dañarlo."

Si se lo hubieran pedido a Fabio, habría respondido, "¿Antoncito hablando de lo que tiene dentro? ¡No es fácil!"

Eso era aún más difícil, especialmente porque al igual que con Antonietta, yo misma estaba hundida en un abismo tratando de salvarme y no tenía fuerzas para ayudarlo. Por el contrario, sumida en la depresión y la tristeza, ¡era Antón, quien como podía, me llamaba dos o tres veces al día para intentar devolverme un poco de la vida que Fabio se llevó con él!

Con el paso de los días, y aturdiéndose con mil actividades, Antón fue saliendo poco a poco. Cuando nos vemos, o con la llamada diaria que nos hacemos, intento que hable de lo que siente, trayendo algo de Fabio a colación por dos razones que me recomendaron los especialistas: una, para que conozca lo que su padre pensaba de muchas cosas que entre nosotros como pareja comentábamos y que, por tanto, él ignoraba. Y otra, para hablarle de su papá para que su alma tenga un poco de alivio y sepa que llorar no hace mal, todo lo contrario. Así, lo imposible ha ido sucediendo con el paso de los meses: ha ido venciendo su característica parquedad a la hora de hablar.

"El otro día fui al cementerio," me dijo un día, "pero todavía no tengo fuerzas para entrar a donde está mi papá."

Poco a poco he ido logrando que por lo menos diga algo. Poco a poco también nos hemos reído en más de una ocasión de las respuestas que Fabio tenía en ciertas ocasiones. Por ejemplo, lo que le preocupaba de que una novia quedara embarazada y, entonces, Antón sufriera porque se llevaran a su hijo a vivir fuera de los Estados Unidos y no pudiera verlo, como le sucedió con él. También le preocupaba que se casara con alguien que no tuviera una carrera o un oficio.

"Me preocupa esta novia de Antón porque ¡apenas si terminó el *high school!*" me solía decir Fabio. "Antón necesita una persona que vaya tan rápido como él. Que estudie, que quiera superarse, que sea culta, que tenga mundo, que quiera conocer más. Si llega a casarse con alguien que no tenga esos requisitos, te aseguro que ese es un desastre anticipado."

En otras ocasiones, Fabio y yo imaginábamos como sería la boda de Antón con su madre que vendría de Rusia. Fabio reía cuando pensaba el protocolo que debería seguir aquella boda. Le preocupaba también de que Antoncito (como le decía en muchas ocasiones) se casara "joven y sin haber vivido la vida." Yo le recordaba que Antón ya no era un niño y que, por lo contrario, era un muchacho que sabía bien lo que quería y que en su momento escogería lo mejor, tal y como lo hace con sus cosas personales.

Todo esto se lo repito a Antón cuantas veces puedo para aminorar su dolor, pero afortunadamente por ser mayores, él y Antonietta pueden comprender mejor la situación, lo que no significa que sientan menos, al contrario. Por eso de dos de mis tres hijos me preocupaban cosas distintas. Adrianna es otra cosa, porque formó su propia familia y no estuvo involucrada en la tragedia. En cambio Antón por ser hijo de Fabio tenía una óptica diferente de lo que sucedió en la vida "íntima" de su padre, aunque siempre, y debo agradecérselo con todo mi corazón, estuvo de mi parte, oponiéndose y defendiéndome cuando yo ignoraba los actos cometidos por Fabio. Juntos, con el paso del tiempo, hemos podido hablar del por qué de la sinrazón del cerebro de su padre.

"No tiene explicación, no la busques," me dijo Antón. "Aunque quizá la más sencilla es la que fue. Mi papá nunca tuvo tiempo para divertirse, siempre se dedicó a trabajar, en Cuba y en Rusia, además siempre lo consideré un tonto con las mujeres. No era un "picaflor," desde que ustedes se casaron siempre andaban juntos para todas partes. Pero de pronto, sintiendo que se hacía viejo al cumplir los cincuenta años, como muchos, decidió probar la tentación, pero como no lo había hecho, no estaba preparado y no supo cuándo parar. De otra forma hubiera sido imposible que un hombre como él, calculador e inteligente, hiciera las tonterías que cometió a pesar de que le aterraba perderte.

"Nunca quiso dejarte. Piensa que si hubiera querido podría haberlo hecho. Primero, no necesitaba tu casa, tenía el departamento de la playa listo para irse a vivir ahí en cualquier momento. Tenía dinero para vivir como quisiera. Nunca te dejó simplemente porque no quiso hacerlo; por el contrario, lo que trataba era que no te dieras cuenta de lo que había pasado, y en su cabeza, él creía que nunca lo ibas a saber."

Así es como Antón regularmente termina nuestras pláticas, dándome el apoyo moral que me ha sostenido en pie durante muchos días, que han sido terribles.

Yo por mi parte trato de que no pase un solo día en que no hablemos para que se de cuenta de que nuestra relación y el lugar que tiene como uno de mis tres hijos no terminó con la muerte de su padre. Por el contrario, me preocupan sus cosas, las mismas cosas que le preocuparían a Fabio si viviera, por ejemplo, los negocios que emprende, que no vaya a quedarse sin dinero, en fin, trato de aconsejarle como una madre, y me aseguro de que sepa que siempre estaré ahí para cuando me necesite. Ya bastante ha tenido con sobrellevar una pérdida, como para que tenga que enfrentar más. Sé que tengo el compromiso moral de velar por él y de pensar como Fabio lo hubiera hecho cuando lleguen los momentos importantes de su vida, como será el de casarse. Ahí estaré también en esa boda, aunque la rusa madre de Antón me "haga caras" no importa. Pensaré en cómo Fabio estaría disfrutando de ver la escena, o también cuando lo hubiera hecho abuelo, algo a lo que le tenía terror.

También sé más: si vuelvo a casarme, llegaré al altar del brazo de dos personas: de Antón y Antonietta.

Si Antón como hijo varón me preocupa, Antonietta como mujer me quita el sueño. Siempre supe que sufría inmensamente, pero que callaba para no darme más carga emocional. Como lo suyo (al igual que lo mío) es escribir, le pedí que me dijera qué puede hacer una joven como ella para poder recuperarse de la muerte y de lo impensable. Esto es lo que escribió.

UN DÍA DE MAYO DE 2007
(por Antonietta González-Collins)

El cáncer era una palabra que siempre me había dado miedo, algo que uno esperaba que nunca fuera parte de su vocabulario, especialmente porque era la enfermedad con la que me había enfrentado a los diecinueve años de edad al enterarme que mi padre, Antonio Sala, lo padecía en el páncreas, y que a los veintitrés años golpeó mi vida con mi padrastro Fabio Fajardo.

A lo largo de siete meses y once días, que duró ese martirio con Fabito (como yo le llamaba a él), fui testigo de muchas cosas que otros aprenden a lo largo de la vida entera. Fui testigo de cómo el carácter de un ser humano pasa pruebas, desafiando cada uno de esos sufrimientos diariamente, sin quebrarse; así mismo, fui testigo de la traición que hubo en un matrimonio que yo consideraba el fundamento y el centro de mi familia.

Quisiera estar hablando de una telenovela—ese sería mi deseo más grande en este momento, estar escribiendo un capítulo para una telenovela—pero tristemente a casi siete meses de la muerte de Fabio, escribo acerca del dolor y del sufrimiento que he pasado con la persona que es mi vida entera y que nunca mereció la traición y la angustia que la vida le deparó.

Como rutina diaria, como cuando estudié mi carrera universitaria en Ohio, las llamadas con mi mamá son por lo menos tres veces al día, ya que nos hablamos para contarnos sobre nuestros "tasmanios" (como llamamos a nuestras aventuras del día por el demonio de Tasmania). En los primeros días de marzo de 2006 noté que las llamadas o eran cortas o sólo podía dejarle mensajes en su celular. Durante varios días no respondió ni una sola llamada, hasta que una noche, que nunca olvidaré, mi teléfono sonó alrededor de las once, algo raro porque mi mamá siempre está en la cama alrededor de las nueve o diez de la noche, lista para levantarse a la madrugada para irse a trabajar.

Lo que empezó como una llamada normal terminó en llanto y desesperación por varias razones: la primera, por no poder estar junto a ella y Fabio y, lo demás, porque esa noche supe que él tenía cáncer, pero nunca me dijeron el nivel de gravedad.

"Vamos a estar bien," me dijo ella. "Fabio va a tener el mejor tratamiento y todo va a estar bien, porque vamos a pelear y a derrotar a la enfermedad. Por lo pronto la hemos desafiado, y no queremos que tengas miedo de la palabra cáncer, puesto que ya vas a ver que Fabio no va a ser uno más de los miles que mueren por culpa de la enfermedad, todo lo contrario, Fabio va a ser uno más que vivirá con cáncer."

Esa es mi mamá. La que evita preocupaciones a los demás. La que se multiplica para tener a todos contentos. La que no me dejó interrumpir mis estudios para poder estar allá en Miami a lo largo de esos meses que cambiaron su vida completamente. Por el contrario, al saber mis intenciones reaccionó como sólo ella sabe hacerlo (aunque no lo sienta de verdad):

"¿Queeeeé? ¿Dejar la escuela para venir a cuidarme? ¡Nunca! ¡Yo no soy de esas madres de telenovela que sufren y sufren, pero quieren hacerlo acompañadas y, entonces, obligan a los hijos a estar junto a ellas! Aquí no ha pasado nada más que Fabio tiene cáncer y que estamos luchando por su vida con lo mejor que existe ¿OK? Así que estudia mucho, que pronto llegará la graduación. ¿Venir a Miami y dejar aquello? ¡Nunca!"

Y no hubo nada más que discutir. Durante los meses que faltaban para terminar el penúltimo semestre escolar hablaba dos y tres veces al día con Fabito y con mi mamá, para que supieran que los quería mucho y para informarme acerca de su estado. Cuando el semestre terminó regresé a Miami en una fecha que nunca voy a olvidar: el 17 de mayo de 2006. Ese día me encontraría con mi mamá en el aeropuerto ya que yo llegaba más temprano que ella y por lo tanto, sería yo quien la recogería cuando regresara de Nueva York luego de haber transmitido en vivo su programa. Y así fue. Venía junto a quien entonces era su colega, Ilia Calderón, a quien quiero como mi hermana mayor. De pronto las vi a ambas a la salida del aeropuerto.

Lo que tenía que ser un momento de alegría se convirtió en uno de confusión y tristeza porque nunca, nunca en mi vida, había visto a mi madre totalmente destrozada y llorando de esa manera, como aquella tarde. En los quince minutos que nos tomó ir del aeropuerto al hospital, me contó sobre la traición que Fabio le había hecho no solo a ella, sino a la familia entera y de la cual se había enterado apenas ese mismo día, mientras estaba transmitiendo el programa. Al instante, dentro de mí fue creciendo una rabia que hasta hoy no la puedo describir.

Pero la rabia fue contenida por la misma actitud que asumió mi madre. No sé si ella misma recuerde ese momento cuando, en medio del dolor que tenía, me pidió dos cosas: una, que la dejara durante unas horas a solas con mi padrastro y su familia "para hablar de lo que se acababa de enterar" (que se había casado con otra mujer y que había incurrido en la bigamia), y otra, por la que más la admiro, y es que antes de dejarla en el hospital, y a sólo horas de haberse enterado de esa gran traición, mi mamá me dejó en claro una cosa:

"De ninguna manera, Antonietta Collins, de ninguna manera, y fíjate bien cómo te lo digo, de ninguna manera te voy a permitir que seas grosera o mala con Fabio. Él te quiere mucho y está ansioso por verte. Tampoco quiero que hables de esto con Adrianna tu hermana, porque ella reacciona en forma diferente. Cuando pase el tiempo veré cómo se lo digo a Adrianna. Por lo pronto, ayúdame."

Eso me dejó fría y no entendí entonces cómo mi mamá me podía pedir que no tuviera rabia contra Fabio después de todo lo que él le había hecho. Poco a poco, y con el paso de los días, pude comprender la gran lección que ella me quería dar: el carácter y el amor que mi mamá mostró por Fabio fueron trascendentes y revelantes, y le permitieron enfrentar los retos de los meses siguientes.

Ese verano de 2006 pasé todo el tiempo que pude con Fabito. Lo llevaba a hacer diligencias que tenía pendientes; como Antón estaba trabajando (y Fabio no quería molestarlo) entonces me pedía que yo lo acompañara. Íbamos a la playa, al departamento de Miami Beach, él a sentarse en la arena mirando el mar, y yo a correr. En otras ocasiones, comíamos después del programa y trabajo de mami. En fin, todo lo que podíamos hacer con y por Fabito lo hicimos a ojo cerrado, y a pesar de cualquier cosa que hubiera sucedido entre ellos como marido y mujer.

De mi parte lo hice con todo el amor que le tenía, por todo lo que él me ayudó en mi época de adolescente problemática. A veces mi lealtad me hacía sentir como la peor traidora, especialmente cuando recordaba que el mismo hombre a quien yo consideraba, después de Antonio Sala, mi segundo padre y a quien quería mucho, era el mismo que le había causado el sufrimiento y el daño más grandes a la persona que considero mi todo.

Al terminar las vacaciones de verano y antes de regresar a Ohio en agosto, le pedí una cita a mi médico y me dijo la única fecha disponible era el 14 de octubre de 2006. Sabiendo que regresaría en menos de dos meses, dejé a Fabio y a mi mamá en lo que yo consideraba un estado terrible, porque ya se había quedado paralizado casi totalmente. Fabio era prisionero de su cuerpo y mi mamá, de él.

Pero me fui a terminar la universidad, habiendo aprendido las lecciones más importantes como ser humano, y que en ningún otro sitio hubiera podido aprobar. Ese verano de 2006 será uno que nunca olvidaré mientras esté viva, porque supe en carne propia lo que significa el amor. Supe cómo un ser humano que ama a otro, lo ama pase lo que pase y sin ninguna condición. Durante los cuatro meses que estuve en casa, antes de regresar a la escuela nunca había conocido a un héroe de carne y hueso. Uno conoce a los héroes porque los lee en libros, revistas y periódicos, o porque los ve en las películas y la televisión. Desde entonces yo puedo decir que vivo con una heroína de verdad: mi mamá.

Siempre lo habíamos sabido: mi mamá ha sido padre y madre, una mujer luchadora, que trabaja por lo que tiene, pase lo que pase, hasta el final y siempre tratando de darnos lo mejor a mí y a mi hermana. Eso no me era nuevo, así crecí viéndola día a día. Pero lo que nunca en mis 23 años de vida me había sucedido era verla llorar o sufrir día tras día a lo largo de esos meses, en los que las "sorpresas" que salían de la asquerosidad que Fabio le hizo, parecía que la iban a derribar, pero asombrosamente sucedía lo contrario.

Cada día (como el título de su programa) yo encendía la televisión con miedo de no verla aparecer, y sucedía lo opuesto. Ahí estaba con esa sonrisa a pesar de todo lo que estaba viviendo. ¡Era asombroso!

Así es que aprendí que la lealtad a un ser humano existe en las buenas o en las malas. Aprendí lo que en verdad es amar a alguien, con un amor incondicional, sin importar lo que le recomendaran amigos o extraños, que sabían todo el escándalo desatado en la prensa.

"Déjalo. Ahora que lo cuide la otra."

"Que su familia lo lidie, tú descansa."

"Que se vaya a un hospicio, o a un *home*."

"¿Ahora sí te quiere tener a su lado? Y ¿por qué no quiso eso cuando andaba feliz de la vida haciendo desastres en Suramérica?"

"¿Le importas tú o tu seguro médico, que lo está salvando?"

En muchas ocasiones mi mamá le respondía a la gente que por nada del mundo iba a dejar a Fabito. Eso siempre estuvo más que claro. En otras, simplemente se desconectaba para poder sobrevivir. Por eso es que se transformó: de un ser humano alegre que vivía y disfrutaba cada día, a una mujer exhausta, triste, sabiendo que todo era más doloroso no sólo por una enfermedad que les estaba ganando terreno irremediablemente, sino, además, por la traición que recibió de su gran amor. Mi única desesperación es que yo no podía hacer nada para hacerla sentir mejor o hacerla sonreír. No había poder humano que la ayudara.

Hasta hoy, pensando en ese tiempo, sigo sin entender algo: ¿Cómo pudo Fabito haberle causado tanto dolor a ella y a su familia? La gente dice que todo pasa por alguna razón, pero yo no la encuentro. ¿Cuál fue la razón? ¿Cuál? ¿Por qué no dejar a mi madre e irse? Fabito no hubiera sido ni el primero ni el último en abandonar a su mujer por otra más joven. Pero no lo hizo, por el contrario, siempre actuó como un hombre que la quería mucho. Honestamente, no lo entiendo y me da rabia. Rabia por eso y porque la muerte se lo llevó cuando nunca debió haberlo hecho, deshaciendo todos nuestros planes como, por ejemplo, los que teníamos para mi graduación de la universidad en mayo de 2007. El momento que sabíamos sería el más feliz de mi vida y que estaría lleno de orgullo y risas, estuvo fue colmado por mis lágrimas al ver que en la foto familiar faltaba Fabio.

Fabio tenía que estar en esa graduación, aplaudiéndome, y contento con mi mamá, con mi papá Antonio Sala, y mis hermanos Antón y Adrianna.

Pero, regresando al año 2006, al volver a aquel 14 de octubre para mi cita con el doctor, irónicamente volví para estar mis últimos cuatro días con Fabito. Cuando entré a mi casa la noche que llegué a Miami, no me topé con la casa en la que crecí, sino con un "mini hospital." Mi mamá había derrumbado todo. Su baño era otro, había regalado su juego de recámara para acomodarse a las necesidades de Fabio y había puesto una cama *twin* para ella y nuestro perro Dumbo, que siempre la acompañaba.

La condición de Fabito era horrible. Si cuando me fui de Miami en agosto pensé que estaba como ningún ser humano podría estar, al volver me di cuenta de que entonces yo estaba bien equivocada. Fabio ya no era Fabio. El Fabio con el que me encontré era un cuerpo desecho por las llagas y los aparatos, nada en él tenía vida, nada más que sus ojos, ya que casi no tenía fuerzas para hablar y estaba paralítico. ¿Y mi mamá? Mi madre era un zombi, con un rostro lleno de cansancio y sufrimiento, pero en el momento en que Fabio hacía un ruido o el más mínimo movimiento, ella era la primera persona en darle una sonrisa y regalarle lo que necesitaba.

Aquella noche, llorando, Fabito me volvió a pedir perdón por lo que le había hecho a mi madre. Yo lo abracé y le besé su cara, también ayudé a mi mamá a limpiarle las heridas y las llagas que tenían en carne viva en gran parte de su cuerpo, mientras a él se le escapaban las lágrimas al vernos ayudarlo, y sólo nos decía, "Perdónenme, perdónenme." Al día siguiente las cosas empeoraron. No había que ser médico para saber que Fabito estaba grave, y fue internado gracias a las atenciones y lealtad del doctor Belisario Arango, que fue el único ser humano que pudo convencerlo de ir al hospital para tratar de salvarlo.

Al ver que la vida de Fabio se acababa, nuestra relación de padrastro e hijastra comenzó a pasarme como si fuera una película. Lo conocí cuando yo tenía once años, y mi mamá y él se casaron. Entonces, fui una niña celosa porque tenía que compartir a mi mamá con él, pero con el tiempo y muchas cosas que pasamos en familia, nuestra relación se volvió una tremenda amistad con un amor que no cambiaría por nada del mundo; ojalá todos pudieran tener eso en su vida. Aquellos tres días, los últimos en el hospital que pasé sin ir a casa al lado de mi mamá, de Fabito, y de Antón, los tengo grabados en mi mente para siempre.

Escribo esto cuando yo quisiera creer que lo que dice la gente es cierto: que el tiempo cura todo, pero ese no es mi caso.

No lo es porque sigo viendo a mi mamá tratando de sacar fuerzas de cualquier parte. La veo trabajar arduamente y aturdirse con mil cosas, incluido escribir este libro, pero siendo una montaña rusa de emociones y hasta el día de hoy, como hija, esto me mata.

Daría todo lo que tengo por verla permanentemente contenta, pero contenta de verdad y sonriente como antes. ¿Que el tiempo cura todo? ¡Ojalá! Porque a pesar de razonar lo que he escrito y haberlo puesto en práctica, todavía tengo rencor y tristeza porque Fabio no está aquí.

Cuando él murió le estaba escribiendo una carta con todos mis sentimientos, pero tristemente, hasta el día de hoy no la he podido terminar. Quizá porque prefiero pensar que está de viaje, o porque no quiero cerrar ese capítulo de mi vida y tener que aceptar la realidad de que nunca vamos a poder volver juntos a la playa, o hacer chistes sobre mi mamá y sus cosas, como siempre hacíamos, o no podremos reírnos del día que Antón se fuera a casar. Tengo mucha tristeza, pues no podrá cumplir la promesa de llevarme a la mitad del camino al altar el día de mi boda hasta entregarme a mi papá, Antonio Sala.

También Antón es para mí una montaña rusa de emociones, porque sé que él sufre mucho, y es fuerte porque nunca dice nada. Sé que se siente solo y ¿cómo no va a estarlo? Su papá era su todo, como mi mamá es lo mío, y yo en su lugar no sabría qué hacer.

No nos ha quedado más que ir viviendo día a día. Hasta el momento, tía Yuyita, los abuelos, Jorgito, mi mamá, Antón y yo seguimos "echándole ganas" a todo lo que hacemos. Es cierto que la vida continúa para todos en mi familia, pero también es verdad que ya no es igual, y que nunca más lo será. Sin embargo, siento que debo dar las gracias por algo: tengo que estar más que agradecida con todos los colegas y amistades de mi madre. Sin ellos, valga la repetición, sin ellos, ella no estaría donde se encuentra en este momento, es decir, a punto de dejar atrás el dolor. Gracias a Elma, su mano derecha, que siempre está a su lado apoyándola.

Por mi parte, a Fabito, donde quiera que se encuentre, y a mi madre, les debo haber crecido y haberme dado la mejor lección de la vida con la persona más fuerte en mente y espíritu que la vida me pudo poner como ejemplo.

Gracias a la forma como mi mamá manejó la situación conmigo es que no tengo odio contra ningún hombre. Gracias a eso, es que sé que la vida no es para desconfiar de la pareja que está contigo. Gracias a la manera como mi madre actuó al saber lo que su gran amor había hecho es que no pienso que a mí me puede pasar también. Ella me ha enseñado lo que su amigo José Díaz-Balart le repetía en los peores momentos, y que es el pensamiento del filósofo Sören Kierkegaard:

"Darle la espalda al amor es un pecado que no se perdona ni en la eternidad."

Gracias por borrar de mí el odio, el rencor, y por poner al amor por sobre todas las cosas.

Únicamente espero que algún día yo pueda ser al menos una pequeña parte de lo que es ella y hacerla sentir la persona más orgullosa, contenta y feliz, porque es lo único que se merece mi heroína y mi todo… mi mamá."

Como madre quedé sin palabras al leer su testimonio. Por esto es que tengo una gran satisfacción que quiero compartir con quienes, como padres, se encuentren en mi caso. Al leer el texto de mi hija me di cuenta que actué correctamente, de acuerdo a lo que los expertos me recomendaron, sin victimizarme y sin satanizar a otros por lo que me sucedió, siempre teniendo en cuenta que nadie podía ser culpable de lo que me había pasado. Como el mismo Fabio me repetía, ¡ni yo misma fui culpable de nada de lo que él hizo!

Es necesario enfrentar las situaciones difíciles con algo en mente: nada de lo que nos está pasando como adultos puede lesionar la vida futura de nuestros hijos. Que lo malo que llegue pueda irse sin dejar mayores heridas que las que ya ha provocado al hacerse conocer, y que no se quede como un testamento de dolor para aquellos que tendrán que luchar para olvidar, como para todavía darles más.

Hágame caso, dígales cuánto los quiere, repítales a sus hijos e hijastros que las relaciones no se acaban porque ha muerto su padre o su madre, y no los abandone (a menos que ellos lo deseen). Pero de otra forma, ¡no lo haga, por favor!

Y que así sea.

19

El Adiós Final

Cada vez que alguien me decía que sólo el tiempo podía sanar las heridas para poner el punto final a una historia, ¡me daban ganas de meterle una papa en la boca para que se callara! ¿Cómo hablarle del tiempo a una persona que ha vivido dolorosamente segundo a segundo la pérdida de un ser querido? ¿Cómo hacerlo con alguien que lo que quiere es que el tiempo pase y rápido para no sufrir más? Parece imposible.

Poner punto final a una historia significa, sin más, dejar el pasado atrás para siempre. Y, ¿qué debe hacerse para lograrlo? La mejor respuesta es una muy sencilla: cada quién a su medida. Háblelo, grítelo, cuéntelo.

Si su caso es el mío, donde el papel de víctima no existe en su telenovela personal nunca más y le toca iniciar una vida nueva, entonces hágalo en una forma especial, muy personal para lograrlo.

Por esto es que decidí ponerle letra a esa misiva que mi esposo hubiera querido leer y que comienza diciendo:

Querido Fabio:

   Te escribo esta carta desde el sitio—de todos cuantos pensé—a donde menos imaginé: en la recámara de nuestra casa. Es el mejor lugar para poner el punto final a éste, el último capítulo del libro que tantas veces discutimos, pero que, a diferencia de los otros cinco libros, ya no pudiste ver. (Te libraste de mi paranoia escribiéndolo, cuando dejo todo de lado en casa porque sólo escribo y escribo.) ¿Recuerdas que tú decías que ibas a hacer otro que se llamara *Lo que hacen los esposos mientras sus mujeres escriben libros*? En el fondo creo que siempre estuviste cerca viendo cómo iba llenando estos capítulos palabra por palabra.
Pero una carta no se escribe sin una razón. Ésta es para que tengas, donde quiera que te encuentres, la paz por aquello que te atormentó en tu final: ¿Qué iba a ser de mí al quedar sola?

   En ese entonces te dije mentiras, y te aseguré que iba a estar bien, porque quería que te fueras en paz. Pero ¡*come on*! ¿Por qué iba a estar bien sin ti cuando nos faltó estar el resto de la vida juntos como lo habíamos planeado?

Fue muy difícil acostumbrarme a no marcar tu número de teléfono (ni a que tú marcaras el mío). Fue doloroso cuando la grabadora de mi celular borró tu último mensaje y desde entonces ya no tengo cómo recordar el sonido de tu voz, que sólo quedó grabado en mi cerebro.

Pero hay más que quiero contarte: ¿Sabes que alguien me dijo el otro día que lo que nos pasó a nosotros, NOSOTROS mismos lo habíamos decidido en otra vida? Es una bella historia "kármica" que, según esa persona, tú y yo dejamos inconclusa entonces, y que a sabiendas del dolor que encerraría, decidimos que era nuestro tiempo de concluirla. Fue mi examen de ser humano y tu gran prueba, para al final corregir el camino y quedar finalmente juntos a pesar de todo. Si fue así, gracias, porque nos probamos amarnos por encima de nosotros mismos. Como todas las viudas (qué palabra, ¿verdad? Viu-da.), como todas ellas, tuve que acostumbrarme a muchas cosas que yo no quería, como por ejemplo al momento en que mi despertador sonara por primera vez en la madrugada para irme a trabajar, y ya no estuvieras a mi lado. También quiero que sepas que he comenzado a reubicar mi vida. Ya

no manejo en las mismas direcciones de
aquellos siete meses con once días que
sobreviviste al cáncer. Ya mi carretera no es
de Telemundo al Jackson Memorial Hospital ni
veo las luces del aeropuerto de Miami todas
las madrugadas cuando voy camino a casa para
cambiarme de ropa antes de ir a trabajar.
Comienzo a vencer los miedos a muchas cosas
que no existían mientras viviste: el miedo a
la oscuridad y el miedo a aceptar la realidad
de que nunca más vas a estar aquí. Eso es lo
que puedo hacer hoy, pero hay cosas que no
puedo hacer todavía, como ir a la playa o ver
el mar de cerca, porque me duele que,
gustándote tanto, ya no puedas verlo.

Pero esta carta es para contarte sobre mis
avances, no sobre los lamentos, y mira, en
lugar de llorar, ahora te cuento las cosas
que me pasan como, por ejemplo, que he ido
reconstruyendo mi vida, y que me ha tomado
cerca de un año aprender a tocar "Claro de
Luna" de Beethoven (que no te gustaba por lo
nostálgico de la melodía) en el piano. Sigo
en mis clases de "salsa" y aunque he
engordado, he aprendido que para recuperar mi
paz mental no podré seguir atentando contra
mi cuerpo con la comida, que tan bien me hace
sentir ante tanta pérdida.

He dejado atrás el tiempo de la rabia y
los reproches en tu contra. Créemelo. Ya tú y

yo estamos en otro plano. El tuyo es infinito
y quedaste ahí tal y como siempre lo hubieras
querido: guapo, alto, delgado y eternamente
joven. El mío me toca reconstruirlo. Voy a
verte al panteón donde te encuentras, que no
imaginas, ¡queda a sólo una salida del
expressway de nuestra casa! Desde el auto te
saludo todos los días, y cuando voy de fiesta,
siempre te digo a dónde me encamino, como
entonces, para que sepas en qué cosas ando.
Por último quiero que sepas algo más: estoy
aprendiendo a perdonarme, a darme tiempo para
lo que antes no tuve. ¡Qué importante! ¿No?
Y sobre todo, cada día estoy aprendiendo a
vivir mi propia historia, esta que no escogí
vivir, pero que con todos los bemoles que me
ha dado, es la mía... y es la que me ha
tocado.

Es tiempo de despedirnos o de despedirme,
no sin antes decirte...

Gracias Fabio, por todo. Descansa en paz...
Y adiós para siempre... ¡Adiós!

Miami, Florida, 28 de mayo, 2007